교사,
교육개혁을 말하다

교사,
교육개혁을 말하다

초판 1쇄 발행 2017년 10월 14일
초판 3쇄 발행 2020년 10월 5일

지은이 | 실천교육교사모임

발행인 | 김병주
출판부문대표 | 임종훈
주간 | 이하영
팀장 | 신은정
마케팅 | 박란희
펴낸 곳 | (주)에듀니티(www.eduniety.net)
도서문의 | 070-4342-6114
일원화 구입처 | 031-407-6368 (주)태양서적
등록 | 2009년 1월 6일 제300-2011-51호
주소 | 서울특별시 종로구 인사동5길 29 태화빌딩 9층

ISBN 979-11-85992-68-6 (13370)
값은 표지에 있습니다.

교사,
교육개혁을 말하다

ㅣ 실천교육교사모임 지음 ㅣ

에듀니티

언제까지 위로부터 개혁인가
교사가 이구동성으로 말하는
교육개혁부터 착수하자

이 책은 현장 교사들의 절절한 경험에 기반을 둔 교육정책 제안을 담고 있다. 교사가 공통적으로 지적하는 교육현장의 문제점을 알고 싶은가? 이 책을 보라. 교육개혁의 우선순위를 알고 싶은가? 이 책을 보라. 가장 효과적으로 교육개혁을 이루어 교사의 지지를 이끌어내고 싶은가? 이 책의 공통처방을 빛의 속도로 이행하라. 교사를 개혁주체로 세우고 싶은가? 먼저 이 책에서 교사들이 아우성치는 소리에 귀 기울이고 함께 춤춰라. 그리고 나서도 교사들이 바뀌지 않으면 그때 교사를 다그쳐라. 이 책을 읽다 보면 이런 소리들이 들린다.

우리나라엔 문화재급 현장 교사가 적지 않다. 교육활동과 교육정책에서 공히 전문성과 창의성으로 이름난 훌륭한 선생님이 의외로 많다. 이 책은 교육활동과 교육평론에서 모두 내로라하는 권위를 인정받는 현장 교사들이 펴낸 학교 현장 보고서이자 교육정책 처방전이다. 대한

민국의 문화재급 현장교육 전문가들이 모처럼 한자리에 모여 발표, 토론한 내용을 묶어낸, 보기 드문 책이다. 책의 말미에 수록한 질의응답 녹취록에서 실천교육교사모임의 현장 토론 열기를 생생하게 느낄 수 있는 것은 덤이다.

　이 책의 미덕은 현장 교사의 관점에서 교육정책과 교육행정의 현실과 그 대안을 생생하게 그려낸 데 있다. 초·중등교육정책에 관심 있는 모든 이에게 도움이 되겠지만, 누구보다도 교육정책을 다루는 교육감, 도지사, 시장, 군수, 구청장, 국회의원, 시·도의회의원, 시·군·구의회의원들이 꼭 읽어야 한다. 내년에 교육개혁과 학교 혁신을 기치로 지방선거 출마를 저울질하는 모든 이에게도 필독서로 적극 추천한다. 교육정책과 교육개혁에 관심 있는 모든 교사도 이 책부터 공부하는 게 좋겠다. 동료교사들의 경험과 고민, 통찰과 혜안을 만나면서 '옳다구나'를 연발하게 될 것이다.

　1부에서는 문재인 정부의 교육정책과제와 진보교육감들의 교육정책과제를 빠짐없이 소개하고 검토한다. 여기서는 향후 5년간 교육현장에 영향을 미칠 위로부터의 개혁과제가 빼곡하게 모습을 드러낸다. 이 책의 본령은 2부다. 현장 교사 집필진은 여기서 무서운 집중력을 발휘한다. 수많은 교육정책 중에서 많은 교사가 개선이 시급하다 생각하는 정책들에 초점을 맞춘다. 교사들이 원하는 교육개혁은 첫째, 교원업무 정상화, 둘째, 교장승진제도 혁파, 셋째, 교원성과급폐지, 넷째, 학교폭력대처제도 개선, 다섯째, 방과후학교의 관리책임 외부화로 모아진다.

　현장 교사들의 열화 같은 지지를 받을 이 다섯 가지 정책과제를 해낼 수 있는 정치적 상황은 어느 때보다 좋다. 문재인 정부의 초대 교육부장관 김상곤은 원조 진보교육감으로서 누구보다도 위 핵심과제들의 의미와 파급효과를 잘 안다. 김상곤 교육부장관과 진보교육감들이 힘을 합쳐 무엇보다 먼저 이 다섯 가지 정책을 전면적으로 성공시켜야 한다. 그래야만 현장 교사들이 교육활동에 전념할 수 있는 학교구조가 만들어지고 교사들의 교육개혁 체감도가 높아질 수 있다. 그래야만 고교학점제, 자유학년제, 대입전형제 종합개편 등 문재인표 교육정책의 현장 추진 동력을 획득할 수 있다.

이 책을 먼저 읽으면서 나는 김상곤 교육부장관과 진보교육감들에게 호소하고 싶어졌다. 이번에는 눈 딱 감고 현장 교사들이 이구동성으로 바라마지않는 위의 교육정책과제부터 본격적이고 전면적으로 시행해보자. 현장 교사들을 춤추게 하지 않고 교육을 바꿀 수 있다는 환상에서 확실하게 벗어나자. 위로부터 내리꽂는 교육정책은 지금까지로 족하다. 현장 교사 제일주의를 표방하고 현장 교사들의 공통된 고충부터 말끔하게 처리해주자. 문재인 정부의 교육개혁전략을 이것들로 삼자. 교사의 자발적인 협력을 이끌어내지 못하는 교육개혁은 반드시 실패한다는 점을 명심하자.

교사들이 꼽는 5대 교육정책과제 외에도 이 책에는 교육감들의 귀를 잡아당길만한 반짝이는 아이디어가 적지 않다. 예를 들어 중학교 교사이자 교육학 박사로서 빼어난 집필활동으로 유명한 권재원은 고경력 평교사를 예우할 수 있는 좋은 방안을 제시한다. 15년 이상의 경력교사(24호봉 이상)를 4급 공무원 상당의 경력으로 인정하라고 규정한 공무원임용규칙을 지키라는 것. 교원단일호봉제 아래서 교장, 교감, 교사는 직책일 뿐 직급이 아닌데도 현장에선 교장 4급, 교감 5급, 교사 6급으로 대우한다. 공무원임용규칙의 규정대로 고경력 교사를 교장과 같이 4급 공무원으로 예우할 경우 평생 평교사로 헌신할 유인이 된다.

권재원은 또한 여성교사비율이 높은 학교의 특성상, 회식, 협의회, 단합대회, 1박2일 워크숍 같은 행사의 최소화를 주문한다. 학교 현장에서는 이런 모임이 대체로 학교장의 권위를 강화하는 기제로 작동한다. 그렇기 때문에 이런 행사를 최소화한다면 학교민주화에도 바람직한 효과를 낼 게 틀림없다. 고경력 평교사에 대한 사회적 예우를 법대로 한다든가 학교회식 등 업무시간외 행사를 최소화함으로써 김상곤 교육부장관과 진보교육감들은 교장과 교사들의 환호와 지지를 받을 수 있을 것이다.

현행 교장승진제도의 폐해를 완화하기 위해 내부공모제 확대나 선출보직제 도입을 넘어 교장의 고유 업무부여로 교장특권의 축소를 겨냥하는 것이 중요하다고 지적하는 밀양송진초 교감 박순걸의 주장도 경청할만하다. 교장, 교감이 민원이나 부적응아 지도를 도맡아 처리하도록 고유 업무를 정해서 관리직의 메리트를 줄여야만 교장이 되려는 사람이 줄어든다는 것이다. 물론 학교민주주의의 기치 아래 교사회, 학부모회, 학생회로 교장의 권한을 과감하게 이양하는 것도 필요하다.

왕성한 집필활동과 명징한 주장으로 유명한 고등학교 교사 이기정은 교사는 교육에만 전념할 수 있도록 교사성과급 예산으로 교무행정사를 전국적으로 5만 명 고용해서 학교에 배치하자고 제안한다. 이리 되면 교사는 성과급을 못 받아서 손해겠지만 의미 없는 성과급 등급경쟁을 안 해도 되고 교육활동에만 전념할 수 있어서 지지할 것이고, 사회적으로도 일자리가 늘어나니 시도할만하다는 것이다. 물론 교육부와 교육청이 일하는 방식을 바꿔서 학교에 공문을 쏟아내지 않는 것이 더 중요하다. 이렇게 되면 성과급 50%만 내놔도 필요한 교무행정사를 채용할 수 있을 것 같다.

『교육과정에 돌직구를 던져라』라는 책으로 유명세를 탄 초등교사이자 실천교육교사모임 회장 정성식은 교육이란 것이 법에 의해 촘촘히 근거지어지고 뒷받침 받는 공적 활동이므로 교사들이 반드시 법을 알아야 한다고 강조한다. 교육이 과연 법대로, 법에 따라 이뤄지는지, 나아가서 그 법에 문제는 없는지를 철저하게 따져봐야 한다고 역설한다. 그밖에도 이 책에서는 여기서 일일이 소개할 수 없는 참신한 아이디어를 많이 마주칠 수 있다.

학생, 교사, 학부모를 교육의 3주체라고 해도 교육의 가장 중요한 주체는 교사일 수밖에 없다. 그렇기 때문에 교사를 주체로 세워 교사의 자발성과 전문성을 이끌어내지 않고 달성할 수 있는 교육개혁과 교육혁신이란 있을 수 없다. 교사를 개혁주체로 세우는 첫 단추는 교사의 목소리를 듣는 것이다. 『교사, 교육개혁을 말하다』가 전달하는 현장 교사의 절절한 목소리를 많은 독자들이 접하기를 기대한다.

곽노현, 전 서울시교육감

아직은 익숙하지 않은
희망의 시작

교사는 힘이 세다. 진료실에서 아이들을 만나면서 나는 늘 교사의 힘을 느끼곤 한다. 새 학년이 되면 아이들의 상태는 급격히 달라진다. 어떤 선생님을 만나는지에 따라 표정이 바뀌고 마음의 온도가 달라진다. 2월에는 비슷하던 두 아이가 5월에는 전혀 다른 아이가 되어 있다. 선생님과 궁합이 맞는 아이는 한 해 동안 뚜렷하게 성장한다. 반면 사이가 좋지 않은 아이는 심리사회적 성장이 거의 멈추곤 한다. 이런 상황을 온몸으로 꾸준히 느껴왔으니 교사의 힘을 인정하지 않을 수 없다.

하지만 교사는 또 힘이 없다. 교사의 자율성은 아무렇지도 않게 무시당한다. 어떤 교재를 이용해 어떤 방식으로 가르칠지, 어떻게 평가하고 어떻게 기록할지를 교사가 정할 수 없다. 아이들이 싸움을 벌여도 그 사안이 학교폭력인지 아닌지 교육부의 자잘한 지침에 따라 판단하고 해결해야 한다. 교육부는 교사를 믿지 않고 교육청도 교사를 믿지 않는다. 관리자는 사고를 예방하고 문제를 막는 데 온통 초점을 맞춘다. 자율적으로 다양하고 창의적인 교육을 해본다고? 교육 행위에 드는 시간보다 더 많은 시간을 설득과 싸움에 들여야 한다.

교사는 힘이 세지만, 실제 교사는 힘이 없는 상황. 여기에 우리 교육의 가장 큰 모순이 있다. 아이들의 실질적 변화는 교실에서 이뤄지는데, 교실을 이끌어가는 교사는 존중받지 못하고 있다. 사람은 자신이 존중받을 때 남을 존중할 수 있다. 존중받지 못하는 교사가 아이들을 존중하기란 쉽지 않다. 자신이 하는 일에 자부심을 갖기란 더욱 어렵다. 아이들이 변하는 곳은 교실이다. 교실에서 선생님을 만나고 친구들을 만나면서 아이는 성장한다. 그 공간에 성장과 행복이 있다면 교육은 자기 몫을 다 하는 것이다. 교실이 변해야 우리 교육이 변한다.

우리 교육에 희망이 있을까? 새로운 정부가 들어섰지만 사람들의 기대는 크지 않다. 그렇다고 열망이 작은 것은 아니다. 다들 교육이 달라져야 한다고 목소리를 높인다. 교육이 달라져야 아이들이 행복해지고, 우리의 미래가 보장되며, 조금 더 나아가면 심각한 저출산 문제까지 해결할 수 있다고 말한다. 그렇다면 소매를 걷어붙이고 적극적으로 나서야 하는 것이 아닐까? 하지만 그런 움직임은 눈에 띄지 않는다. 말은 무성하지만 행동은 없다. 실은 어디에서 시작하고 어떻게 움직여야 할지 아직 방향을 찾지 못하고 있다.

어디서 희망을 가져야 할까? 어디서 시작해야 할까? 답을 찾기 어려울수록 기본으로 돌아가면 어떨까 싶다. 교육이 이뤄지는 가장 기본적인 단위인 교실, 그 안에서 교사와 학생이 만나는 순간에 초점을 맞춰

보면 어떨까? 더 나은 수업, 더 따뜻한 사제 관계가 가능해져서 학교에서 아이들이 행복하게 성장할 수 있다면 그보다 더 큰 희망은 없다.

교육에 관심을 갖고 지켜보다 보니 알게 된 좋은 선생님이 많다. 아이들이 함께하고 싶어 하는 선생님, 수업을 제대로 만들어내는 선생님, 교사로서 자부심을 갖고 높은 수준의 전문성을 개발해온 선생님. 그분들의 작업을 보고 이야기를 들으면서 나는 행복했다. 희망을 가질 수 있었기 때문이다. 게다가 그 희망이 연약하지도 않다. 좋은 사람은 좋은 사람을 알아보기에 그분들 주변으로 점점 더 많은 교사가 새로운 희망을 가지려 모이고 있다. '실천교육교사모임'이 이 모임에 붙은 이름이다. 이 이름 아래 모여 서로 배우고 가르치며 전문가 교사, 학급에서 민주주의를 실현하는 교사, 아이를 제대로 사랑하는 교사, 동료를 돕고 연대하는 교사로 성장하고 있다.

이 책은 실천교육교사모임에 속한 여러 선생님이 제시하는 교육개혁에 대한 의견이다. 소박하지만 교사로서의 자기 삶에 기반을 둔 목소리다. 현장의 이야기다. 한걸음이라도 발전해 보자는 마음을 담은 당장에 실천할 수 있는 제안이다. 이제 시작이다. 아직은 익숙하지 않은 희망의 시작이다. 이 책의 제안이 책 안에 머물지 않길. 현실의 변화를 가져오길. 그래서 선홍빛 뺨과 반짝이는 눈으로 세상을 향해 걸어가는 아이들에게 희망을 줄 수 있길.

서천석, 행복한아이연구소 소장

| 목차 |

3부 교육난상

교사들의 이야기가
교육개혁의 실마리가 되기를 바라며

문재인 정부 출범 이후 사회 각 분야에서 개혁을 바라는 목소리가 높아지고 있습니다. 헌정질서를 유린한 대통령이 탄핵되고 새로 출범한 정부이니만큼 변화를 바라는 열망도 그만큼 클 것입니다. 교육도 예외가 아닙니다. 이 기회에 교육적폐를 청산하고 교육개혁의 실마리를 찾아야 한다는 말을 많이들 합니다. 정부도 대선공약을 구체화하여 '100대 국정과제'를 발표하는 등 개혁의 실마리를 찾아가고 있습니다.

그러나 학교 현장에서 교육을 책임지고 있는 교사들은 정부의 교육정책에 기대와 우려를 함께 갖고 있습니다. 세월호 참사로 숨진 기간제 교사의 순직 처리, 국정교과서 폐지 등의 적폐청산은 분명히 반기고 있지만, 교사를 교육개혁의 대상으로 삼거나 현장을 살피지 않고 일방적으로 추진한 그동안의 교육정책들이 오히려 학교에 도움은커녕 어려움만 주었던 기억이 떠올라 불안해하기도 합니다. 이런 불안은 최근에도 계속되고 있습니다. 신규 교사 임용 TO 급감, 기간제 교사와 강사의 정규직 전환 논의, 수능 절대평가 전환 논의 등을 화두로 교육계가 술렁이고 있습니다.

교육정책은 백 년을 내다보고 설계해야 하지만 지금껏 교육정책은 5년도 내다보지 않고 널뛰듯 이루어졌습니다. '5·31 교육개혁안'이 나온 지 20여 년이 지났지만 별다른 교육개혁안이 나오지 않고 있습니다. 매 정부마다 말로는 교육개혁을 이야기하면서도 정작 교사들이 교육개혁에 능동적으로 참여하는 데는 관심을 갖지 않았고 기회도 주지 않았습니다.

촛불혁명으로 문재인 정부가 들어섰지만 대선 캠프에서조차 교사들의 이야기를 제대로 들을 수 없었습니다. 교육공무원의 정치기본권을 지나치게 제한하고 있기 때문입니다. 문재인 정부의 교육공약에도 현장의 목소리가 부족합니다. 이런 상황에 또다시 섣부른 정책이 시행된다면 바뀌는 것은 없고, 혼란과 실망만 키웠던 과거 교육개혁의 실패를 되풀이할 가능성이 큽니다. 따라서 현장 전문가인 교사들이 진단하는 교육개혁의 방향과 새 정부가 제시하는 교육개혁의 방향을 서로 나누고 폭넓은 토론을 거쳐 보다 나은 방향과 방법을 찾아내고 조율해야 합니다.

문재인 정부 출범 직후 실천교육교사모임에서 '교사가 바라는 교육개혁'이라는 포럼을 열었던 것도 이 때문입니다. 포럼의 기획, 진행, 발제, 토론까지 모두 현장의 교사들이 준비하고 실행했습니다. 교육개혁은 현장에서부터 시작되어야 한다는 절박한 외침이었습니다. 교육개혁을 바라는 많은 이에게 교사들의 간절한 목소리를 전하고 싶었습니다. 이 목소리에는 문재인 정부만큼은 교사를 개혁의 대상으로 삼지 말아달라는 요구가 담겨있습니다. 나아가 교사들의 생생한 목소리를 듣고 현장감 있는, 진짜 교육에 도움이 되는 교육정책을 시행해 달라는 기대가 담겨있습니다. 때문에 포럼만으로도 의미가 있었지만 포럼에서 쏟아져 나온 이야기를 모아 책으로 펴내기로 했습니다.

교육개혁의 의미와 방향을 현장감 있게 전달하기 위해 이 책은 총 3부로 구성했습니다. 1부에서는 정부의 교육 분야 공약과 교육정책을 대략적으로 다루었습니다. 정부 교육정책의 구체적인 내용을 살펴본 다음, 교육정책이 나아가야 할 방향을 제시했습니다. 문재인 후보 선거 캠프에서 교육특보로 활동한 이인규 한국교육연구소 소장, 그리고 시·도교육감협의회에서 파견근무 중인 유재 장학사의 입을 통해 생동감 있게 이 제안을 들을 수 있습니다.

2부에서는 교사들이 제안하는 교육개혁을 다루었습니다. 지난 2017년 6월 17일에 열린 실천교육교사포럼, 7월 6일에 실시된 광화문 1번가 정책포럼, 그리고 실천교육교사모임 홈페이지에서 회원들을 대상으로 공모한 교육개혁에 대한 제안들을 한 데 묶어서 교사들의 생생한 목소리를 전달하려고 했습니다.

3부에서는 실천교육교사포럼에서 공유한 다양한 의견을 담았습니다. 발제 후에 진행한 현장 토론의 대화를 기록했고, 참가자들의 못 다한 이야기는 구글 문서에 모아 정리했습니다. 지면이 허락하는 한 모든 내용을 담으려고 했고 최소한으로 편집했기 때문에 포럼 현장의 뜨거웠던 열기와 교사들의 생생한 목소리가 독자들에게 전해질 것이라 기대합니다.

개혁은 명분과 당위만으로 이루어지지 않습니다. 현실에 뿌리를 두고 실현 가능한 대안을 제시하며 이를 실현하려고 움직이는 이들이 있을 때 힘을 얻습니다. 학교가 교육의 현실이고 교사가 교육을 움직이는 힘입니다. 그렇다면 앞으로의 교육개혁은 정부로부터의 개혁이 아니라 학교로부터의 개혁이어야 합니다. 그리고 교사는 교육개혁의 대상이 아니라 주체여야 합니다. 학교의 변화는 애타게 더디지만 그 작은 변화마저도 교사의 힘에서 비롯됩니다.

함께 어울려 교육개혁을 이야기하며 교육이라는 두 글자에 다시 가슴이 뛰었습니다. 이런 느낌이 얼마만인지 모르겠습니다. 이 가슴 뛰는 교사들의 이야기가 널리 퍼져갔으면 합니다. 그래서 이 작은 책이 우리 교육의 현실을 제대로 진단하고 앞날을 함께 내다보는 데 도움이 되는 교육개혁의 실마리가 되기를 바랍니다.

2017년 가을

정성식, 실천교육교사모임 회장

1부
새 정부 교육정책 기조

1부에서는 교육현장의 목소리를 통하여 새 정부의 교육 분야 공약과 교육정책을 개괄한다. 문재인 후보 선거 캠프에서 교육특보로 활동한 이인규 한국교육연구소 소장, 그리고 전국시도교육감협의회에서 파견 근무 중인 유재 장학사가 발언해주었다. 이를 통해 새 정부의 교육정책의 현 상태를 점검하고 향후 교육정책의 방향을 제안하고자 한다.

문재인 정부 교육정책에 거는
기대와 전망

이인규(사단법인 한국교육연구소 소장)

새 정부의 교육정책 기조

새 정치권력이 들어서면서 두 가지 생각이 겹친다. 하나는 '대통령 한 사람만 바뀌어도 국가의 품격이나 국민의 자존심이 너무도 달라지는구나' 하는 느낌이다. 국가의 최고 지도자가 국민의 눈높이에서 몸을 낮추고 소통하는 모습을 보면 '이게 나라다운 나라이구나' 싶다. 다른 하나는 다당제 하에서 5년 임기 정치권력으로 할 수 있는 일이 많지 않을 것이라는 전망이다. 향후 5년 교육정책에 대한 기대와 전망도 요약하면 이 두 가지 생각의 범주 내에 있다.

새 정치권력의 특징은 촛불시민혁명에 있다. 새 정부는 촛불혁명이 낳았으며, 촛불혁명의 과정에 있는 정부이다. 적폐를 청산해야 하고, 촛불시민혁명 정신에 의거하여 헌법을 개정해야 하는 정부이다. 그리고 대선 기간 동안 약속한 더불어민주당 대선공약을 실천해야 하는 정부다. 다른 나머지 흐름은 정치권력이 제어하는 것이 아니라 사람들의 생각과 욕망, 경제적 여건과 기술 변화의 흐름, 그리고 대외 정세 등이 지배한다.

일반적으로 정권 초기에 정치권력 외적인 변인 간의 상호작용을 예측하는 것은 어렵다. 만약 과학적으로 예측할 수 있다고 고집한다면 이는 학자가 아니라 무당에 가깝다. 그래도 할 수 있는 것은 욕구나 희망을 각각 내놓는 일이다. 욕구나 희망이 쌓이면 그것은 현실이 되기 때문이다. 만약 욕구와 희망이 토론을 통해 개인이나 소수 집단의 것이 아니라 공공적인 것으로 확장되고 촛불혁명의 과정에서 결합된 정치·시민권력으로 유지될 수 있다면 이것이 다당제의 한계를 뚫는 핵심열쇠가 될 것이다.

지금 우리는 과학적 예측보다는 우리의 집단의지가 결합된 희망을 보고 싶어 한다. 그것은 촛불시민혁명의 뜨거운 열기가 아직 식지 아니한 탓이고, 지금이 바로 촛불시민혁명의 연장선에서 삶과 문화 전반에 녹아있는 구질서를 청산하고 헌법 개정을 해내야 하는 시점이기 때문이다. 이 점을 고려한다면 우리가 왜 과학적 분석이라는 차가운 글보다는 시민의 일반의지를 담은 따뜻한 글을 필요로 하는지 금방 이해할 수 있다.

교육 부문도 마찬가지이다. 촛불시민혁명의 정신이 교육 부분에 투영되어 헌법의 교육기본권 조항에 반영되어야 하며, 새로운 교육정책을 이끌어가는 원리로 적용되어야 한다. 교육 부문에 남아있는 적폐를 청산하고, 교육계 기득권의 이해를 반영하기보다는 학생·학부모·시민의 공공적 이해를 반영하는 정책의 실현에 교육계가 마음을 합친다면 5년간의 교육정책은 순조롭게 흘러갈 것이고, 그렇지 않으면 또다시 우리 교육은 불신과 불만족의 늪에서 허우적거리게 될 것이다. 새 정부의 교육정책에 대한 기대와 전망을 요약하면 이렇다.

그러면 구체적으로 새 정부 교육은 어떻게 적폐를 청산하고, 헌법상의 어느 교육기본권 조항을 고쳐야 하며, 학생·학부모·시민의 공공적 이해를 두루 충족시키기 위해 어떤 방식으로 교육공약을 실현해야 하는가?

먼저, 교육계 적폐 문제부터 살펴보자.

적폐라는 말은 오래 쌓인 폐단(弊端)을 뜻하고 다른 말로 하면 구질서라 할 수 있다. 교육계에서 거의 대부분이 동의하는 적폐 제1호는 국사 교과서의 국정화이다. 국정 중심 교과서제도는 몇몇 독재국가와 후진국에서만 활용되는 제도이고, 교육의 자주성, 학문의 자유, 사상의 자유를 침해하는 제도이다. 거의 모든 학교가, 교사가, 깨어있는 시민이 반대했던 국사 국정교과서 정책은 문재인 대통령이 취임하자마자 취소되었다.

두 번째 헌법 개정에 관한 것이다. 헌법 개정 요구는 87체제의 청산 및 촛불시민정신의 반영에 집중되어 있다. 구체적으로 1) 헌법 전문에 광주민주화운동의 정신을 반영하고, 2) 제왕적 대통령제에서 벗어나 4년 중임제, 중앙권력의 분산, 지방분권 등 승자독식의 폐단을 극복하며, 3) 국민발안 제도 도입 등 직접민주주의를 강화하고서, 4) 국민의 기본권 조항을 시대에 맞게 반영하라는 것으로 집약되어 있다.

교육기본권을 반영한 헌법 제31조의 조항도 개정 대상이다. 헌법 제

31조 제1항은 제헌헌법의 내용이라도 시대 변화를 반영해야 한다. 능력에 따라 균등하게 교육받을 권리 조항은 국가 교육의 형평성과 격차 해소 노력 의무를 강조하는 방향으로 바뀔 전망이다. 제31조 제4항은 개정 논란 중이다. 교육의 자주성·정치적 중립성 조항은 5·16 군사 쿠데타 이후의, 교육의 전문성 조항은 전두환 쿠데타 이후의 정부 하에서 규정되었다. 교육의 자주성과 대학의 자율성은 국가는 교육자치 및 대학자치를 보장하여야 한다는 식으로 표현을 바꾸고, 교육의 정치적 중립성은 파당적 견해로 인한 학습권의 불가침을 규정하는 것으로 바꾸어야 한다. 무엇보다도 학습의 전 과정에서 학습자의 인권이 침해되어서는 안 된다는 규정을 새로이 마련할 필요가 있다.

그런데 적폐 청산과 헌법 개정이 오늘 토론의 중심 주제는 아니다. 모두가 궁금하게 생각하는 것은 대통령이 공약을 내걸었는데, 이것이 학교 현장에 어떠한 파급을 줄 것이며, 이 파급이 과연 바람직하냐는 것이다.

이번 새 정부는 교육공약의 기조를 '교육의 국가책임 강화'로 내세웠다. 복지로서 교육에 대한 국가 개입을 강화할 것이며, 교육의 형평성 강화와 교육격차 해소에 앞장서겠다는 선언이다. 그만큼 많은 예산을 투여한다. 공약집에 있는 재원조달 방안에 따르면 대학 절반등록금제, 온종일 돌봄학교 운영, 누리과정 국고지원, 고교무상교육 실현 등 교육복지 실현을 위한 예산에 연평균 5.6조 원(예산의 10% 수준)이 필요하다. 효과적인 재원 조달을 위해서는 재정 구조조정과 불필요 사업의 정리가 필요할 것이다. 아마 조세 정책의 전환도 필요할지 모른다.

새 정부는 구체적으로 다음과 같은 13개 조항의 비전을 내세웠다.

가. 국공립유치원을 확대하고 유아기 출발선의 평등을 실현하겠습니다.

나. 방과 후, 방학 중 나홀로 방치되는 아동·청소년이 없도록 열린 온종
일 돌봄학교를 운영하겠습니다.

다. 교실혁명을 통해 공교육을 혁신하고 사교육비를 경감하겠습니다.

라. 고교학점제(DIY형 교육)로 진로맞춤형 교육을 추진하겠습니다.

마. 한 아이도 놓치지 않도록 1:1 맞춤형 교육을 추진하겠습니다.

바. 선생님들의 전문성을 높여 든든한 울타리 학교를 만들겠습니다.

사. 위험하고 낡은 학교를 안전하고 쾌적한 학교로 바꾸겠습니다.

아. 대입제도를 단순화하고 공정성을 높이겠습니다.

자. 고졸 우대를 통해 고졸희망 시대를 만들겠습니다.

차. 제4차 산업혁명 시대를 대비한 교육체제를 만들겠습니다.

카. 교육의 공정성을 높이고 교육의 계층사다리를 복원하겠습니다.

타. 대학의 글로벌 경쟁력을 높이고 대학의 체질을 강화하겠습니다.

파. 소통·협력·효율성을 높이는 교육 거버넌스 개편을 추진하겠습니다.

구체적인 내용을 하나하나 검토해 보자.

항목별 세부공약 내용

국공립유치원을 확대하고 유아기 출발선의 평등을 실현하겠습니다.

교육 격차는 교육 수요자의 출발선이 각기 다르다는 데에서 비롯된
다. 이런 점에서 새 정부는 다음과 같은 세부공약을 발표했다.

첫째, 국공립유치원을 증설하고, 국공립유치원 이용률을 40% 수준까지 늘리며, 저소득층 유아에게 특별히 국공립유치원 이용을 확대한다.

둘째, 누리과정 예산을 늘리고, 사립유치원교사의 처우를 개선하며, 유치원과 어린이집의 교사 교육프로그램과 교육시설 등 질의 균등화를 통해 유아교육 만족도를 제고한다.

셋째, 유치원과 어린이집에 '학부모안심교육인증제'를 도입하고 유치원 간, 어린이집 간 격차를 줄인다.

선거 기간 논란이 되었던 경쟁 후보의 단설 유치원 반대, 병설유치원 증설 주장과 대비하면 새 정부의 공약은 일단 학부모 선호도가 높은 국공립 단설 유치원의 증치를 약속한 것으로 해석된다. 단설 유치원은 용지 및 시설에 높은 비용이 들어가는 대신 놀이시설부터 식단까지 유아 중심으로 관리되기 때문에 '워킹맘'의 선호가 높다. 병설유치원은 정부 입장에서 예산이 적게 들지만 문자 그대로 초등학교 중심 시설에 끼어들기식 시설인데다가 방학이 길어 워킹맘이 선호하지 않는다.

유치원과 어린이집 사이의 벽은 생각보다 높다. 각각 보건복지부와 교육부로 담당 부처가 다른 유치원과 어린이집은 20년 동안 부처 간 칸막이 때문에 학부모들이 혼란을 겪고 있다. 양성 과정, 보수 등의 차이를 극복하고 교사 통합 문제만 일단락시킬 수 있다면 국무총리실을 중심으로 이어져 온 20년간의 해묵은 과제를 해결할 수 있을 것으로 기대한다.

문제는 여전히 남아 있다. 출발선이 뒤에 있는 아이들이 문제가 아니라 출발선이 앞선 아이들이 문제이다. 서울 성북구 우촌 유치원의 학부모 부담금은 대학등록금보다 비싸다. 이 유치원은 고액·불법 영어 교육으로 중징계를 받았는데, 학부모 부담금은 월 90만 원에 이른다. 영어학원, 미술학원 등 값비싼 유사 유아 교육기관도 출발선을 달리한다. 이들에 대한 법적 규제가 시급하다.

그리고 유아교육 공교육화가 보편적 복지의 입장을 우선해야 하는지, 선별 복지의 입장을 우선해야 하는지 명확한 선을 그을 필요가 있다. 보편 복지를 앞세우다 보면 취약 계층, 특히 차상위 계층의 복지는 뒤로 밀리기 마련이다. 선거에서 발언권이 적은 이들이야말로 유아교육 복지의 진정한 대상임을 잊어서는 안 된다.

방과 후, 방학 중 나홀로 방치되는 아동·청소년이 없도록 열린 온종일 돌봄학교를 운영하겠습니다.

행정은 학습과 돌봄, 여가 등으로 특화해서 각각의 업무를 교육부, 보건복지부, 여성가족부로 나누어 관리한다. 학교는 국가교육과정을 전담하는 학교를 운영하고, 여성가족부는 청소년 시설을 운영하며, 보건복지부는 지역아동센터를 운영한다. 맞벌이·저소득층 가정은 방과후 돌봄의 확대를 원하지만 아동·청소년의 삶이 아침돌봄, 정규 수업, 저녁돌봄, 심야돌봄 등으로 나뉘어 이른바 뺑뺑이 돌림을 한다. 이를 해결하기 위해 등장한 개념이 온종일 돌봄학교이다.

새 정부는 이를 위하여 다음과 같은 세부공약을 발표하였다.

첫째, 초등학교 전 학년으로 돌봄학교를 확대하고 온종일 완전돌봄체계를 구축한다.

둘째, 온종일마을학교(학교 안 마을학교, 학교 밖 마을학교)를 도입해 아동·청소년의 완전책임 돌봄체계를 구축한다.

셋째, 방과 후 나홀로 방치되는 초등학생에 대해 의무조사를 실시한다.

공약을 분석해보면 이전에 예산 부족 때문에 수요를 모두 수용하지 못한 점을 고려하여 돌봄예산을 확대해서 돌봄전담사 고용을 확대하고 초등학교의 돌봄을 19시까지 운영하겠다는 것이다. 그리고 마을학교라는 개념을 통해서 청소년까지 돌봄 기능을 강화하겠다는 것이다.

그렇다고 돌봄학교 확대가 오직 예산 부족 때문에 어려웠던 것만은 아니다. 돌봄교사의 처우가 낮은 상황에서 돌봄의 질을 강화하기 어려웠으며, 겸용 교실의 난제를 안고 있었던 점도 유의해야 한다. 일부 학부모에게서 24시간 돌봄에 대한 요구가 늘어나고 있는데, 이에 대한 대책도 마련되어야 한다. 돌봄학교의 교육 프로그램이 없는 것도 큰 문제이다. 아이들을 붙잡아놓는 것이 중요한 것이 아니다. 행복하고 유익한 삶이 그 안에서 이루어져야 한다. 학교장과 교감의 책임성을 어떻게 강화할 것인지도 숙제이다.

청소년까지 돌봄 대상을 확대하는 방법은 간단한 공약 한 줄로 진술하기 어려운 과제이다. 여기에는 여러 가지 개념이 혼합되어 있다. 교육부의 방과후학교, Wee센터, 교육청의 교육복지센터, 여성가족부의 방과후 아카데미, 드림센터, 학교 밖 청소년 지원센터, 보건복지부의 지역아동센터 등에 더하여 새로이 마을학교라는 개념이 추가되었기 때문이다. 역시 청소년 입장에서 보면 삶은 하나인데 부처별 칸막이에 따라 삶이 분절화될 수 있다.

이 문제를 해결하기 위한 방안은 방과 후 활동 전반에 대한 종합적 지원을 할 수 있도록 특별법을 제정하는 것이다. 법의 핵심은 학교나 청소년시설, 지역아동센터를 넘어서 지자체 중심으로 방과후활동 종합지원센터를 만들어 통합 지원하는 것이 되어야 한다. 학교는 시설만 관리하고 방과 후 업무는 이 센터에 이관하도록 하면 된다. 이렇게 되면 통합 관리의 이점으로 좋은 일자리가 생겨나고 겸용 교실의 문제를 극복할 수 있다.

교실혁명을 통해 공교육을 혁신하고 사교육비를 경감하겠습니다.

우리나라의 가장 심각한 문제는 공교육의 경쟁력에 대한 수요자의 불만족이 높고, 사교육에 따른 교육격차가 심각한 상황에 이르렀다는 것이다. 스위스 국제경영개발원(International Institute for Management Development, IMD)에서 4대 분야, 20개 항목, 333개 지표로 평가하는 국가경쟁력 순위에서 2014년에 우리나라는 26위를 기록하고 있는데, 특히 교육 분야는 교육제도 29위, 대학교육 53위, 경영교육 47위 등으로 낮은 수준이다.(한국교육개발원, 2014) 2015년 현재 우리나라의 초·중·고를 전반적으로 평가한다면 어떤 성적을 줄 것인지에 관한 질문에서 평가점수는 5점 만점에 평균 2.5~3.1점을 보여 공교육에 대한 불만족이 큼을 보여준다.(한국교육개발원, 2015)

이 문제에 대해 새 정부는 다음과 같은 정책을 공약으로 내걸었다.

첫째, 혁신학교를 전국적으로 확대한다.

둘째, 학생맞춤형 학습을 위해 초·중·고 필수교과목 수를 축소하고 선택과목을 확대한다.(교과목 수 축소, 교육과정 난이도 및 분량 적정화, 미래핵심역량중심의 교수방법과 교육평가혁신을 위한 학교 교사 연수 전폭적 지원)

셋째,　아동인권법 제정으로 적정한 학습시간과 휴식시간을 보장한다. (유엔아동권리협약에 명시된 놀 권리, 평생 습관이 되어야 할 독서시간을 보장하기 위해 초등학생 놀이와 독서시간 보장 추진, 영유아 대상 과도한 사교육 억제)

넷째,　자유학기제를 확대한다.(초·중학교 일제고사 폐지, 중학교 교사별 평가·절대평가, 현행 한 학기의 자유학기제 내실화 및 자유학기제 확대, 자유학기제 기간 중 진로탐색과 부족한 학습 보충 지원, 빅데이터, AI를 이용한 진로 찾기와 진로프로그램 코칭, 중·고등학교 휴학제 허용)

다섯째, 초·중·고의 문·예·체 교육을 강화한다.(초·중·고 교과 수업을 예술활동과 결합하기 위한 지원 확대, 지역사회의 시설과 인력풀을 활용하여 학교의 문·예·체 교육 실시)

혁신학교는 자율학교, 교장공모제, 변혁적 리더십, 전문적 학습공동체 구축이라는 네 가지 기존 프레임워크를 바탕으로 하고 있다. 혁신학교의 근간은 경기도교육청에서 시작되었으며 현재 국가 수준 정책으로 추진되고 있다. 앞으로 혁신학교에서는 경쟁보다는 협력을, 인적자본의 성장보다는 사회적 역량의 성장을 더욱 강조할 전망이다. 고등학교의 경우 학점제와 결합하여 운영하게 된다. 혁신학교 프레임워크를 입법과정을 통해서 전 학교에 강제하는 방식이 아니라 혁신학교의 몇몇 모형에 따라 참여 학교를 공모하고, 교사 연수와 컨설팅을 별도로 지원하는 방식이 될 것으로 보인다.

미래 핵심역량 중심의 교실 혁신을 위해서는 교육과정 개혁을 통해 제4차 산업혁명에 어떻게 대비할 것인지에 대한 논의가 필요하다. 국가교육위원회를 중심으로 이러한 논의를 심화시킴으로써 2015 개정 교육과정 이후의 교육과정 개혁을 추진할 수 있을 것이다. 5년마다 큰 개혁을 해왔던 관행대로라면 2020년에 개정교육과정이 추진될 것임을 예상할 수 있다.

경기도에서 추진했던 9시 등교제가 학부모들의 지지를 받았던 만큼 국가 차원에서 전면화될 수도 있다. 학부모들을 대상으로 실시한 2015 한국교육개발원 교육여론조사(KEDI POLL 2015)에 따르면 학생들의 9시 등교에 대해 초·중·고 학교급 모두 높은 비율로 찬성했다.(초 75.3%, 중 64.6%, 고 57.3%)

자유학기제는 진로직업체험과 일제고사폐지라는 두 가지 프레임워크로 구성된 정책이다. 자유학기제에 대한 국민의 지지가 높았던 만큼, 이번 정권에서도 자유학기제는 중학교에서 초·중·고로 확대된다. 다만 진로직업체험이 현장에서 형식화되고 있다는 비판이 높은 만큼 학교 밖 진로체험 지원의 체계 정비가 시급한 상황이다.

고교학점제(DIY형 교육)로 진로맞춤형 교육을 추진하겠습니다.

아마 이번 교육공약 중에서 가장 혁신적인 정책으로 평가받는 것이 바로 이 고교학점제일 것이다. 기존의 교과교실제가 이동식 수업을 의미하는 것이었다면, 여기에 중·고등학교에서도 대학처럼 수강 신청으로 원하는 과목을 선택하여 수강하는 제도이다. 학교를 차별화하여 학생들의 학교 선택을 강화하려는 보수 정권의 정책과 달리 학교를 연계하여 과목 선택을 강화하자는 취지의 정책이 이 고교학점제이다. 그간 경기도교육청에서는 진로맞춤형 교육과정 클러스터제를 운영해왔으며, 세종시교육청에서는 캠퍼스 클러스터제를 추진해왔는데, 이것이 공약에 반영된 결과이다.

공약의 내용은 다음과 같다.

> 첫째, 복잡한 고교체제를 단순화한다.(일반고, 외고·과고·국제고 등 특목고, 마이스터고, 특성화고, 자율형 사립고, 자율형 공립고 등으로 복잡화되어 있는 고교체제 단순화, 외고·국제고·자사고를 일반고로 전환, 일반고와 특목고, 자사고 고교 입시 동시 실시)
>
> 둘째, 진로, 적성맞춤형 고교학점제(DIY형 교육)를 추진한다.(고등학교에서 필수교과를 최소화하고 학생에게 교과 선택권 부여, 학생이 원하는 강좌를 신청하여 학점제로 운영, 고교학점제 도입 시 진로설계 코칭 강화, 고교학점제는 유형별·단계별로 확대)
>
> 셋째, 고교학점제를 통해 벽 없는 학교를 추진한다.(일반고-특성화고교-대안학교 간 학점 연계로 학교 간 이동 허용, 일반고 학생의 특성화고 전공인증제 도입)

고교학점제는 고교 체계의 전면 수술에서 시작된다. 우리나라는 해방 이후부터 일반고와 실업고로 나누어 운영돼 왔는데, 일반고 입시로 인하여 학생 간 경쟁이 치열하고 학부모의 부담이 커서 1974년부터 고교 평준화 정책이 실시되었다. 일반고에서 학교별 선발 대신 추첨제로 학교를 배정한 것이다. 그러나 처음부터 예술고와 체육고를 허용하였으며, 결정적으로 1980년대 과학고와 외국어고 설립을 허용한 후, 설립 취지와는 달리 이들 학교가 명문고 지위를 차지하게 되었다. MB 정부에 와서는 자립형 사립학교를 강화하고, 특성화고교 중에서도 마이스터고라는 또 다른 특목고를 만들어내면서 일반계 고등학교는 서열의 가장 아랫단에 속하는 학교로 전락하고 슬럼화되었다.

사실 특목고와 자사고가 자율성을 강화하고 이러한 자율성을 바탕으로 특수 목적을 가진 학생들의 성장을 돕거나 전인적 교육철학을 전제로 한 사학의 정신을 반영하려는 취지는 온데간데없고, 평준화 이전처럼 상황이 돌아가니 1974년 평준화 도입이라는 당시 정책으로 다시 복고되고 있는 것이다. 이렇게 복고 정책이 수립된 데는 고교학점제 정책으로 충분히 학생들의 자질과 능력에 따른 맞춤형 요구를 반영할 수 있다는 자신감이 반영된 것으로 해석된다.

학점제가 완벽하게 이루어지려면 학교 규모가 크거나 교사들의 전공이 더욱 많아지거나 더 많은 코스웨어가 개발되어야 한다. 사실상 학생 입장에서도 상당한 준비가 필요하다. 일찍부터 자신의 생애목표를 분명히 하고, 이러한 생애목표에 따른 학습이력 청사진을 가지고 있어야 한다. 때문에 시행과정에서 다음과 같은 패키지 정책이 함께 수반되어야 한다.

첫째, 고교학점제 연구학교의 도입으로 다양한 모델을 정립하는 것이다. 우선 계열별로 다양한 코스웨어의 개발이 필요하다. 특목고, 자사고가 일반고로 편입되면서 필요한 학점제, 특성화고교에서 필요한 학점제, 대도시형 고교학점제, 중소도시형 학점제(학교 클러스터), 농촌형 학점제(고교 K-MOOC 연계형), 기타 자율형 학점제(지역사회 연계형) 등 최소 6가지 모델의 개발이 시급하다. 어느 정도 모형이 정립되면 고교 학점제 운영 모델학교 공모를 시작할 전망이다.

둘째, 학생들의 학습이력관리 컨설팅 제도가 확립되어야 한다. 아직 경쟁 문제가 뿌리를 내리고 있는 상황에서 복잡한 학점제 운영이 학교 생활기록부 입학전형 제도와 맞물려 컨설팅 사교육을 부추길 우려가 있는데, 이에 대한 강력한 대비책이 필요하다. 분당 1만 원 이상 호가 하는 강남 사교육 컨설팅도 지역사회 차원에서 대응할 수 있도록 마땅한 정책을 수립해야 한다.

셋째, 학생들의 개별적 요구를 반영하기 위해서는 교육과정의 개발 과정에서 학교 측에 더 많은 권한을 부여해야 하고, 이를 위해 수업시수의 변동이 심한 선택 교과 담당 교사의 경우 교육청 소속으로 근무하며, 그 지역의 학교에서 과목이 개설되면 바로 수업할 수 있도록 해야 한다.(교육청 교사 파견제)

넷째, 고교 입시에서 특목고 특혜를 폐기해야 한다. 단기적으로 현재의 전·후기 선발을 폐기하고 장기적으로 3단계 배정 방안(1단계에서 특성화·마이스터고, 2단계에서 특목고·자사고·일반고를 동시에 선발하고, 3단계에서는 각 단계에서 부족한 인원을 충원하는 방식)으로 전환하였으면 한다.

한 아이도 놓치지 않도록 1:1 맞춤형 교육을 추진하겠습니다.

성적 중심의 획일적 경쟁주의에서 벗어나 아이들의 개별적인 성장에 초점을 맞추고 성장이 느린 아이들을 끝까지 책임지는 성장 책임주의 교육을 바라는 시민의 요구가 더욱 커지고 있다. 이에 대한 정책이 이번 공약에도 반영되어 있다. 구체적인 내용은 다음과 같다.

첫째, 한 아이도 놓치지 않도록 초등학교에 1:1 맞춤형 성장발달시스템과
　　 기초학력보장제를 추진한다.(이와 관련된 아이들의 기초학력을 꼼꼼히
　　 챙겨 공교육 책임과 만족도를 향상, 수업 이해를 못해 낙오자가 되지 않도
　　 록 기초학습력을 재고, 학부모 · 교사 · 학생의 면담 의무화, 개인별 학습
　　 계획 수립, 학교에 학습지원 전문교사 배치 및 학습코칭팀 구성)
둘째, 1수업 2교사제를 추진한다.(학생 간 학력 격차가 크게 발생하는 교과목
　　 수업에 2명의 교사 배치, 사범대 등에서 교직이수 과정 중에 있는 예비 교
　　 사 인력 활용, 초 · 중 · 고 교사 확대)

1:1 맞춤형 성장발달시스템은 충남의 학생성장발달 책임교육 제도
의 성공에 바탕을 두고 있는 것으로 해석된다. 성장 책임주의 교육이
란 인지적, 정의적, 사회적, 신체적 영역 등 각 영역에서 균형 성장을
촉진하기 위해 한 아이도 낙오시키지 않겠다는 교육자들의 의지가 반
영된 교육이다. 충남교육청은 학교가 학부모와 협력하여 교과 및 비교
과의 제반 영역에 걸쳐 학생의 전인적인 성장과 발달을 체계적으로 지
원하고 촉진하는 운영 체제를 학생성장발달 책임교육 제도라고 정의
하고, 이 제도의 성공을 위해 충남 학생성장발달 헌장과 학생성장발달
학교운영원리를 바탕으로 전인적 학생 성장발달을 위해 3주체(학생 · 학
부모 · 교사)가 협약하고 학생의 올바른 성장에 집중할 수 있도록 학교를
재구조화하는 데 정책자원을 집중해 왔다.

충남교육청에 따르면 이는 진단-공유-기록-지원의 4단계로 구성된

다. 진단은 SAT 학습능력 진단검사, 창의인성 진단검사, AMHI 정신건강검사, 수면시간 및 스마트폰 이용시간 분석, 신체발달상황 측정, 양자 분석 측정(결핍 영양소), 다중지능 검사, 학습전략 진단검사 등의 학교 주도 검사에 의한 성장단계 파악을 의미한다. 공유는 3자 협약 및 대화를 의미하는데, 3자 협약이란 학생, 학부모, 교사가 학생의 성장발달을 위해 함께 책임지기 위한 선언을 공유하는 활동이고, 3자 대화는 교사·학생·학부모 간의 지속적인 대화를 통해 학생의 성장 발달 목표를 공유하는 활동이다. 기록이란 학생이 자신의 과거와 현재 그리고 미래 발달을 생각하고 자신이 원하는 개선 사항을 목표로 세우며 성장과 발달을 이루는 과정을 학부모·교사와 함께 기록하는 것을 의미한다. 지원이란 학생의 개별적 차이를 존중하고 학생 개개인의 온전한 발달·성장을 위해 지지하고 돕는 활동이다.(심성보 외, 2015)

이 제도는 교사의 품과 열정을 매우 많이 필요로 한다. 따라서 학력격차가 큰 영어, 수학 등 교과 교실에는 격차 해소를 위해 교사를 더 많이 배치하고 예비교사를 활용하는 방안을 보충적으로 공약에 제시하고 있다. 현재의 우리나라 경제 상황에서 교사 인력의 확충은 그만큼 1:1 맞춤교육, 고교학점제, 혁신학교 확대 등과 맞물려 비상(非常)한 상황에서 진행되는 것으로 해석해야 한다.

선생님들의 전문성을 높여 든든한 울타리 학교를 만들겠습니다.

교육의 질은 교사개혁에 달려 있다. 그래서 등장한 공약들은 다음과 같다.

첫째, 미래사회에 부합하도록 교원양성과정을 혁신한다.(교사양성기관

과 교직 이수 기관의 교육과정을 미래형 교육과정 중심으로 개정)

둘째, 학급당 학생 수, 교사 1인당 학생 수 여건을 개선한다.

셋째, 교장공모제를 확대한다.(유능한 교사가 교장으로 임용될 수 있도록

교장공모제 확대)

넷째, 교사의 수업기획력 · 수업 집중을 위해 교사의 행정업무 부담 경

감(학교 공문처리 전담팀 및 행정 지원 인력확대, 교과 수업과 학생 생

활지도 등에만 전념할 수 있도록 업무 경감)

다섯째, 학교 교과 교사와 비교과 교사를 증원한다.(기간제 교사, 임용고사

를 준비하는 사범대와 교직이수 학생에게 교직기회 확대, 기간제 교사

의 처우 개선)

여섯째, 학교비정규직의 정규직화 및 처우를 개선한다.

먼저 교원양성과정의 문제이다. 현재의 교사 양성 체제에서 주로 지적되는 문제는 교사의 사명감 부족, 낡은 교수법, 실습시간의 부족, 허술한 자격관리 체계, 복수 전공 요구에 대한 무시 등이다. 이를 대대적으로 수술해야 할 상황이다. 학급 당 학생 수 및 교사 1인당 학생 수 여건과 관련하여 교육부는 최근 업무보고에서 2017년 말까지 교원 3,000명을 추가로 임용한 뒤, 2018년부터 2022년까지 초등학교 6,300명, 중 · 고등학교 6,600명을 추가로 뽑을 계획을 발표하였다. 문재인 대통령 임기 동안 교사 1만 5,900여 명을 늘리겠다는 것이다. 물론 학령인구 감소에 따른 우려가 존재한다. 보건복지부 제2차 저출산 고령사회 기본계획(2010)에 따르면, 학생 수가 학령인구(6~21세)가 2010년 990

만 명에서 2050년에는 절반 이하인 460만 명으로의 감소가 예상되며, 필요 교사 수는 2010년 50.1만 명에서 2030년 32.3만 명으로 감소하여 현 교사 수준을 유지 시 OECD 평균수준에 근접하고 이후 초과공급이 예상된다. 그럼에도 불구하고, 신도시 개발, 인구의 지역 간 이동으로 학교신설 수요가 지속 발생하는 반면, 소규모 학교의 기계적 통폐합이 곤란하여 학교 수 증가추세는 지속되고 있다. 분교 수를 제외하고 지난 십여 년 동안의 학교 수 증가추세를 살펴보면 초등학교는 2003년 5,463개 교에서 2012년 5,895개 교로 432개 교 증가, 중학교는 2003년 2,850개 교에서 2012년 3,162개 교로 312개 교 증가, 고등학교는 2003년 2,031개 교에서 2012년 2,303개 교로 272개 교 증가할 전망이다.(박현정, 2013)

이에 따라 초등양성기관 전체 입학정원을 현 3,800명에서 5,000명으로 확대하는 것이 필요하고, 중등교원양성은 추가 감축보다는 교과별 수급 조절 정책이 필요하다. 고교학점제 수요를 감당하기 위해서는 사범대 복수전공 활성화가 필요하다. 산업계 수요 조사를 통한 적정 특성화 고교 정원 조정 및 내실화가 필요한 상황이다.

교장공모제는 여전히 초빙형 중심이어서 문제이다. 조사에 따르면 2012년부터 2015년까지 공모교장 가운데 94.4%가 교장자격증 소지자이다. 굳이 교장공모제를 통하지 않고서도 교장이 될 수 있는 사람들이 공모교장으로 임용된 셈이다. 평교사는 전체 공모교장 1,770명 가운데 36명으로 2%에 그쳤다. 이는 '내부형 공모교장' 가운데 평교사가 지원할 수 있는 학교를 15%로 제한한 교육공무원 임용령 때문이다. 이 규정의 삭제 혹은 개정이 필요하다.

최근 학교비정규직의 처우 개선에 대한 요구로 인하여 교육공무직법이 추진되었다. 전국학교비정규직노동조합에서는 기간제 교사, 공무직, 원어민영어보조교사, 영어회화전문강사, 영어전담, 체육전담, 스포츠전문강사, 교육업무실무원, 방과후교사, 특기적성강사, 꿈나무지킴이, 코디네이터 등의 학교비정규직이 정규직인 일반 교사에 비하여 낮은 보수 등의 문제를 겪고 있다는 의견을 꾸준히 피력해왔다. 이에 정규 교사의 확충과 더불어 채용 절차의 공정성과 신뢰성 확보를 전제로 한 기간제 교사의 정규직화, 비정규직의 공무직화, 프리랜서 강사 채용의 지역화 등의 정책을 마련하는 것이 필요하다. 이를 통해 보다 안정된 일자리, 인간적인 대우를 받을 수 있는 근무 여건을 만들 수 있을 것이다.

위험하고 낡은 학교를 안전하고 쾌적한 학교로 바꾸겠습니다.

학교 시설의 개선은 많이 이루어졌지만, 아직도 문제가 많다. 더욱이 학점제에 대응하고, 안전 욕구에 반응하고, 학교 보건을 위해서 확충해야 할 요소가 많다. 공약 반영사항은 다음과 같다.

첫째, 40년 된 노후학교 시설 개선을 위한 국가 차원의 계획을 수립한다.(학교건물 안전평가제도 전담기관 및 전담인력 확보를 통해 진단에서 후속조치까지 종합적 대책 마련)

둘째, 학교교육시설 안전 인증제를 도입한다.(석면 제거, 내진 보강 추진)

셋째, 분필, 칠판, 노후 책걸상 및 화장실을 개선한다.

넷째, 찜통·냉골 교실을 쾌적한 환경으로 개선한다.(학교 전기요금 부

담완화로 교실 환경 개선)

다섯째, 교육환경보호구역 내 화상경마, 화상경륜, 화상경정 등 도박시설
진입을 금지한다.

무엇보다도 노후 시설부터 개선했으면 한다. 올해 교육부가 2~3월
17,918개 학교·기관의 시설물 84,503개와 놀이시설 9,635곳 등을 안
전 진단한 결과, 안전등급에서 D, E등급을 받은 재난위험시설이 20곳
이상인 것으로 파악되었다. 주기적인 안전점검과 학교안전 원스톱점
검·컨설팅, 40년 이상 된 노후시설의 정밀 점검, 그리고 즉각적인 시
설 교체 작업에 서둘러야 한다.

그리고 새 정부는 미래형 학교 시설 프레임워크를 정확히 기술해내
고, 이에 대한 권한 및 책임당사자의 협약을 이끌어 관리하였으면 한
다. 참고로 계보경(2011)에 따르면 미래학교 시설 및 환경 개선의 방향
은 크게 스마트학교, 글로벌·지역사회와 연계된 학교, 생태지향적 학
교, 안전한 학교, 즐거운 학교의 다섯 가지 방향으로 압축된다. 스마트
학교는 유비쿼터스를 기반으로 하여 맞춤형 학습관리가 가능한 학교
로서, 여기에는 행정 및 시설 시스템 등의 학습 환경을 포함한다. 글로
벌·지역사회와 연계된 학교에서는 학교가 글로벌 사회 및 지역과 연
계되어 있으며, 개인 학습자의 학습 경험 및 이력이 개발될 수 있도록
돕는다. 생태지향적 학교는 환경친화적인 학교로, 친환경적으로 건축
또는 설계되어 그린에너지를 이용하는 학교를 의미한다. 안전한 학교
는 첨단 기술이 적용된 안전장치를 통해 외부와의 소통을 강조하면서
안전성을 높이는 시스템이 구축된 학교이다. 끝으로 즐거운 학교란 창

의적이고 협력적인 학습 문화 속에서 학생이 중심이 되어 서로 협력하는 가운데 창작물을 창조해내는 체험형 에듀테인먼트 공간을 뜻한다.

대입 제도를 단순화하고 공정성을 높이겠습니다.

우리나라 교육 문제의 원인을 진단해보라 하면 대부분 잘못된 대학입시를 들 정도로 대학입시 문제의 해결은 초미의 관심사이다. 최근 10년을 되돌아보면, 상위 대학이 의존하는 본고사(논술), 관료들이 의존하는 수능, 교사들이 지지하는 내신 등 공급자 입장을 모두 수용하다 보니 결국 '죽음의 트라이앵글'이 되었던 지난 입시 제도가 입학사정관이라는 관문을 통해 점차로 논술 폐지, 수능 비중의 축소, 학생부 강화로 가닥을 잡고 이번 공약에 다음과 같이 반영되었다.

> 첫째, 대학입시를 단순화한다.(학생부 교과전형, 학생부 종합전형, 수능전형
> 3가지로 단순화, 사교육을 유발하는 수능전형 대폭 개선)
>
> 둘째, 대학입시의 공정성을 확보한다.(대학입시 부정 · 비리 강화, 대학입
> 시 · 학사비리에 연루된 대학은 각종 지원 배제 · 중단)
>
> 셋째, 대입전형 절차를 간소화한다.(원스톱 대입전형 시스템 구축 강화, 대학
> 입학 전형 수 축소 및 대입전형 명칭의 표준화)
>
> 넷째, 학교교육을 정상화하도록 중장기 대입제도를 개선한다.(2015 개정
> 교육과정에 따른 수능은 절대평가로 추진, 수능에서 최저학력기준 폐지
> 검토, 예측 가능한 대학입시가 되도록 법제화 추진)

최근의 입시 경향은 한마디로 학교종합생활기록부 종합전형, 교과

전형이 크게 늘어나는 추세이다. 이러한 상황에서 논술전형을 없애고 2015 개정 교육과정이 도입되는 첫 학년부터, 그러니까 2022학년도 입시부터는 수능도 절대평가를 하자는 것이다.

학생부전형은 지역 간 교육 격차를 해소하고 학교를 정상화하는 장점이 있다. 다만 기록과 선발 과정에서 엄정성에 문제가 많고, 깜깜이 입시라는 비판을 받고 있기도 하다. 컨설팅 과정에서 고액 사교육이 발생한다는 비판도 있다.

이에 맞물려 내신과 수능의 절대평가 방식도 도입되고 수능을 아예 입학자격시험화하자는 주장도 있을 것으로 예상한다. 수능 절대평가제는 변별력을 높이려는 상위권 대학의 엄청난 반발을 뚫어내야 가능하다. 대학들은 성적이 뛰어난 학생을 잘 뽑아서 좋은 대학을 만드는 것이 아니라, 대충 뽑아 잘 가르치겠다는 새로운 각오를 다져야 한다. 대학수학능력시험이 면접에 응시할 수 있는 최저자격을 갖췄는지 여부를 측정하기 위한 시험으로 변경되면 전형 자료는 자기소개서와 학생부, 면접, 실기 등 네 가지로 요약될 것이다. 이렇게 된다면 대학입시제도가 교육 모순의 근본 원인으로 언급되는 일이 줄어들 것이라 확신한다.

고졸 우대를 통해 고졸희망 시대를 만들겠습니다.

우리나라 고교졸업자의 고등교육기관 진학률은 1995년에 50%를 넘었으며, 2008년 83.8%를 기록한 이후 점차 줄어들어 2014년에 70.9%, 2015년에 70.8%, 2016년에 69.8%에 이르고 있다. 그래도 OECD 평균인 41%에 비해 여전히 높다. 앞으로는 고졸 졸업만으로도 행복한 삶을 누릴 수 있도록 해야 한다.

새 정부는 고졸 희망시대를 위해 다음과 같은 공약을 제시했다.

첫째, 특성화고 학점제를 실시하고 그 운영을 유연화한다.(특성화고 3년
재학 연한 폐지 및 학점제를 도입해 학교 안과 학교 밖의 교육·훈련을 학
점으로 인정, 전문숙련기술인을 육성하기 위해 특성화고와 전문대의 연계
강화, 특성화고학점제를 통해 일반고 학생들도 특성화고 전학이 용이하도
록 유연화)

둘째, 선교육 훈련경험 인정제를 추진한다.(특성화고 졸업생의 대학 진학 시
선교육 훈련경험을 학점으로 인정, 교육·훈련비용을 줄이고 전문대 조기
졸업 기회 제공, 학교 내, 학교 밖의 교육 훈련을 학점과 자격으로 전환,
고등학교-대학 간, 대학 간, 대학-산업체 간 교육훈련경험 공유)

셋째, 고졸 취업자 지원을 확대한다.(공공기관과 공기업 고졸 적합 직무를 발
굴하여 우선 채용, 민간기업의 고졸 적합 직무 발굴 및 채용 기업에 인센
티브 부여, 특성화고 졸업생의 군입대 시 특기병으로 갈 수 있는 조치마
련, 고졸기능기술인재 국비 유학생 및 글로벌 인턴 확대, 고졸자 선취업
후진학 확대)

넷째, 특성화고 현장실습을 개선한다.(전공 적합성이 높은 산업체 현장 실습
실시, 산업체 실습 현장 관리강화, 노동 인권교육 강화)

선취업 후진학 패러다임을 중심으로 한 고졸 취업 활성화 정책은
MB 정부의 가장 큰 성공으로 평가된다. 2009년 16.7%였던 고졸 취업
률이 2011년 25.9%, 2012년 37.5%, 2013년 37.8%로 꾸준히 증가하

는 등 가시적인 성과가 나타났다.(교육통계연보, 2013) 그러나 이러한 통계는 곰곰이 분석해보면 허수였다. MB 정부의 고졸 취업 활성화 대책이 고교단계 직업교육에 초점을 두고 있어 그 주 대상이었던 신규 고졸 저연령 청년층에게는 어느 정도 성과를 거두었지만, 이들의 고용이 25~29세의 고용을 대체하는 의도치 않은 부작용이 나타남으로써 결과적으로 고졸 청년 전체적으로는 성과가 제약될 수밖에 없었다.(채창균·양정승, 2015)

이러한 상황에서 박근혜 정부는 고졸 취업 활성화 정책을 다소 등한시했고 결과적으로 2012년 8.1%를 기록했던 고졸 실업률은 2013년 8.8%, 2014년 10%, 2015년 10%, 2016년 1분기 12%, 2016년 2분기 10.9% 등 지난 5년간 상승세를 보였다.

새 정부의 정책은 특성화고 학점제를 통해 선취업 후진학 패러다임을 강화하려는 것으로 해석된다. 더욱이 최근 일반고에서 직업 과정에 대한 진로 욕구가 높고 만족도도 높은 만큼 산업정보학교의 활성화, 일반고와 전문계고 사이의 연계 강화, 취업중심 대안학교 과정 등이 강조되거나 신설될 가능성이 커 보인다.

이 중에서도 핵심 정책은 선교육 훈련경험 인정제(Recognition for Prior Experiential Learning, RPL)이다. 이는 일종의 선행학습을 직업교육과 관련하여 인정한다는 것이다. 학생이 선행학습이나 체험으로 얻은 전문 역량을 인정하여 교육과정을 이수한 것으로 확정하면 학령 기간을 단축할 수 있고, 학교 밖 경험으로 전문성도 강화하는 효과가 있다. 호주, 캐나다, EU, 미국 등 서구의 주요 국가에서는 국가 또는 대학 차원에서 관련 수요를 인식하고 선행학습인정 체제의 구축과 운영을 위해 노력을 경주하고 있고, 우리도 이를 도입한 것이다. 현재 한국의 많은 대학이 계약학과나 위탁학과 등의 형태로 산업체와 연계된 학위과정을 운영하고 있는데, 이 제도 시행으로 RPL이 더욱 확산될 것으로 전망된다. 물론 선행학습을 인정하기 위해서는 교육과정 체계를 정비하고, 학점 인정 전담부서를 설치하고 매뉴얼을 제공하며, 참여 기업에 대해서는 세제 혜택을 지원을 해야 하는 등 넘어야 할 산이 많다.

직업 교육 분야에서 가장 높은 관심은 NCS 제도가 어떻게 정착될 것인지에 관한 것이다. 1999년 국무조정실 자격제도 규제개혁 과제의 일환으로 '국가직업능력표준의 조기 개발·보급'을 제시한 이래 2015년 12월까지 총 847개 NCS 개발이 완료된 상황이다. 이것을 고교학점제와 연관하여 어떻게 조정할 것인지 상당한 연구가 필요하다.

제4차 산업혁명 시대를 대비한 교육체제를 만들겠습니다.

제4차 산업혁명이 미래의 산업구조와 일자리에 어떤 영향을 미치고, 그래서 정부는 어떻게 중장기적으로 대응해야 하는지 하는 문제가 초미의 관심사이다. 특히 청소년 직업교육 기관들의 혁신도 매우 중요한 사안이다. 각 부문이 연일 토론회로 방향을 탐색하고 있는데, 새 정부는 공약을 통해 직업교육의 혁신 방향을 다음과 같이 정리하였다.

> 첫째, 지식정보지능사회에 맞는 미래형 학교환경을 조성한다.(SW 교육
> 확대 및 스마트 학교환경 구축, STEAM-창의융합인재교육 강화, 향후 5
> 년 동안 초·중등 소프트웨어 교육인력 1만 명 확보)
> 둘째, 미래사회에 체계적으로 대비하는 직업교육을 강화한다.(국가차원

의 체계적인 직업교육 마스터플랜 수립)

셋째,　직업교육기관에 대한 국가재정 지원을 확대한다.(정부주도의 기
　　　　획, 교육과 산학협력, 재정지원 확대, 특성화고실정에 맞게 상담 진로
　　　　교사, 교과·실습 지원 교사 추가 배치)

넷째,　전문대학의 질을 제고한다.(우수 전문기술인을 양성하는 전문대학에
　　　　지원 확대, 국공립전문대학 및 공영형 전문대 육성)

다섯째, K-MOOC를 통해 제4차 산업혁명 시대 적합 단기학위(한국형
　　　　Nano degree) 운영.(인공지능, 빅데이터, SW 등 4차 산업분야를 우선으
　　　　로 핵심 강좌를 묶어 교육과정을 개발, 6개월~1년의 단기간에 특정 교
　　　　육과정을 집중적으로 이수한 후 단기 학위 발급)

　2016년 1월 세계경제포럼(WEF)은「직업의 미래」보고서에서 인공
지능과 로봇의 발전 등으로 2020년까지 미국, 유럽, 중국, 일본 등 15
개국에서 새로 만들어지는 일자리는 200만 개에 불과한 반면, 사라지
는 일자리는 710만 개에 이를 것이라고 전망했다. 사태가 이러하니 상
당수 어른들이 자기의 일자리를 인공지능에게 빼앗길까 두려워한다.
청소년들은 그렇지 않아도 교육과 일자리의 미스 매칭으로 막막한 상
황에서 더욱 기가 막혀 한다.

　그러나 제4차 산업혁명으로 기존의 직업은 없어지고 직무형태도 변
화하겠지만 청소년들에게는 새로운 기회이기도 하므로 미래에 대한
막연한 불안감을 키울 필요도 없으며, 새로이 생기는 일자리에 미리
적응하고, 일하는 방법을 변화시키면 되는 것이라는 주장도 제기된다.
전체적으로 인간의 노동을 인공지능이 대체하는 만큼 인간의 새로운

욕구가 늘어나고 이에 대한 노동수요 역시 끊임없이 발생할 것이기 때문이다.

제4차 산업혁명 대응 직업교육은 결국 평생 직업을 얻기 위한 취업교육이 아니라 어느 직업에나 요구되는 직업기초능력을 함양할 수 있는 초·중등 연계 교육과정이 되어야 한다. 그리고 수시로 일과 학습, 그리고 삶이 연계될 수 있도록 대학과 기업, 마을의 협력적 거버넌스를 구축해야 한다. 이러한 직업교육 패러다임 전환을 위해서 국가차원의 체계적인 직업교육 마스터플랜 수립하고 이를 모니터링할 수 있도록 총괄지원센터를 구축하겠다는 것이 공약의 요체이다.

교육의 공정성을 높이고 교육의 계층사다리를 복원하겠습니다.

과거에 교육은 가난으로부터 탈출하는 중요한 수단이었다. 그러나 지금의 교육은 거꾸로 부와 지위를 대물림하는 수단으로 작용한다. 최근 통계청이 발표한 2000~2015년 사이의 교육수준별 출생·사망·혼인·이혼 분석에 따르면 2015년 남자 고졸의 혼인율은 대졸 이상보다 0.4배 낮다.(통계청, 2017.5.23.) 이는 2015년 여자 고졸의 합계 출산율 1.02명, 대졸 이상보다 0.3명 적다. 2015년 남자 고졸의 이혼율은 대졸 이상보다 1.5배 높다. 2015년 60세 이상에서 중졸 이하의 사망률은 대졸 이상보나 2배 높다. 학력주의, 학벌주의의 폐해는 이렇게 삶의 한가운데를 관통하고 있다.

이 문제에 대한 새 정부의 공약은 다음과 같다.

첫째, 입학, 고용, 승진에서의 학력·학벌 차별관행을 철폐한다.

둘째, 학력과 학벌의 차별이 없는 공정한 출발선을 만들기 위해 기업의 블라인드 인재 채용을 확대, 대입에서 사회적 배려 대상자에 대한 지원을 확대한다.

셋째, 모든 대학에 기회균형선발전형을 의무화한다.(기회균형선발을 정원 내외 20%까지 확대하는 대학에 인센티브를 제공, 중소기업에 근무하는 분들에게 대학 진학 기회 확대, 저소득계층과 지방 고졸생들에게 지방대의대·한의과대·치과대·약학대 의무 할당제 실시 및 장학금확대)

넷째, 로스쿨제도의 공정성을 강화한다.(로스쿨 저소득층 장학금 확대, 입학 시 정량평가 비중 강화와 블라인드 면접 의무화, 지방인재 및 계층선발비율 확대, 면접시험자료 등 입학전형자료 보관 의무화, 로스쿨 입학부정과 졸업생의 취업 부정에 대한 처벌 강화, 변호사시험성적 공개의 확대)

다섯째, 특수교육대상자 지원을 확대한다.(특수교육대상 학생 교육권 보장을 위해 학교-급 신·증설 확대, 특수교사법정 정원 단계적 확보, 통합교육지원교사 배치)

여섯째, 탈북학생, 다문화학생 등 사회취약계층에 대한 지원을 확대한다.(탈북학생과 다문화학생의 학업중단 방지를 위한 학력·심리·사회적응프로그램 지원 확대)

우리 사회에는 학력주의와 학벌주의 의식이 팽배해 있는데, 그 출발은 대학입시 경쟁에서의 지원배치표이다. 일류대와 이류대의 구분, 상위권과 중위권 대학의 구분, 명문대와 비명문대의 구분은 사회적 지위, 직업 및 배우자 선택, 그리고 삶의 수준을 결정하는 변수가 된다.

학벌주의를 조장하는 각종 언론 기사에 대한 시민 모니터링, '적극적 차별시정 조치'(Affirmative Action)의 법제화를 통한 일류대 위주 취업 구조 개선, 학력 간 임금 격차 해소, 학력차별 감시 네트워크 구축 등의 다양한 방법이 제시되고 있는데, 이번 정부에서는 핵심 정책으로 기업의 블라인드 인재 채용과, 대입에서 사회적 배려 대상자에 대한 지원 확대를 공약으로 제시하고 있다.

대학의 기회균등 선발제 확대도 교육을 통한 계층 대물림 현상을 막는 데 중요한 정책이다. 새 정부에서는 20% 수준의 확대를 공약으로 내걸고 있다. 그런데 필자의 판단으로 이 정도 조치로는 미흡하다. 아예 칸막이형 선발제를 시행하자는 것이다. 이 방법은 지역과 계층별로 합격예상자 수를 먼저 칸막이한 후 이에 따라 면접으로 합격자 수를 정하는 방식을 말한다. 그러기 위해선 먼저 지역균형 선발 및 기회균형선발 시에 정원 외 선발 방식을 고집할 것이 아니라, 지역균형 선발 및 기회균형 선발의 틀 내에서 적격자를 선발하도록 하는 획기적인 패러다임 전환이 필요하다.

대학의 글로벌 경쟁력을 높이고 대학의 체질을 강화하겠습니다.

우리나라 대학의 큰 문제는 글로벌 경쟁력이 낮고, 대학 입학 학생수의 감소로 문 닫아야 할 대학이 많으며, 무엇보다도 대학을 나와 봤자 취업이 잘 안 되는데, 설사 취업이 되어도 학교에서 배운 게 별로 쓸모없다는 것이다. 이와 관련된 교육공약은 이렇다.

첫째, 거점 국립대가 명문대학으로 발전할 수 있도록 집중 육성한다.(국립대학 간 선택 · 집중을 통해 대학들이 주력 학문을 특성화할 수 있도록 자율적 혁신방안 추진에 대해 지원, 거점 국립대의 교육비 지원 확대)

둘째, 지역 소규모 강소 대학을 육성 지원한다.(교육 · 직업 중심 특성화 사업에 대한 지원 확대)

셋째, 공영형 사립대로 전환하고 이를 육성한다.

넷째, 중장기적으로 대학 네트워크 구축을 통해 대학 서열화를 완화하고 대학경쟁력을 강화한다.(국공립대 공동 운영 체제를 통해 대학들의 자발적 고등교육 혁신체제 방안 구축, 국공립대 간-연구중심 · 교육 중심 · 직업중심 등 기능별-중점 분야별 특화 추진, 국공립대 네트워크 구축, 이후 혁신 강소 대학 네트워크 구축)

다섯째, 대학 재정 지원 사업을 개편하고 대학 자율성을 확대한다.(대학 재정 지원 사업은 일반 재정 지원 사업과 특수목적 지원 사업으로 구분하여 지원, 일반 재정 지원 사업은 미래사회에 대응하기 위한 중장기 발전계획을 토대로 협약을 통해 대학을 지원하고 협약 이행 실적 위주의 평가 실시)

향후 한국의 학령인구 감소추세를 보면 올해부터 대학 입학 정원보다 고교 졸업자 수가 줄어들어, 2030년에는 졸업자 수 대비 입학정원이 약 16만 5천여 명이나 부족할 것이다. 이미 수도권 4년제 대학도 14%나 정원을 못 채웠다. 지방 4년제 대학은 55%나 미달이다. 외국인 학생 유입과 성인 학습자의 대학 정규과정 참여에도 불구하고 입학 정원 자체의 대폭 감축이 불가피하며, 최대 20~30%의 대학이 문을 달아야 하는 상황이다. 학령인구 감소에 대한 정부의 대응책으로 교육부는 지난 2015년에 2023년까지 대학 입학정원 16만 명 감축을 골자로 한 '대학구조개혁 추진계획'을 발표하고, 이어 '2015년 대학 구조개혁 평가 기본계획'을 확정했다.

이런 상황 속에서 거점 국립대, 혁신 강소 대학, 공영형 사립대, 대학재정 지원 사업 대학 등에 대한 차별적 육성책이 발표된 것이다. 그리고 이 사이에 공동 학위제를 포함한 국공립대 네트워크를 통한 서열화 완화 대책을 내놓았다. 이 중에서도 논란의 여지가 있는 정책은 국공립대 네트워크이다. 각 대학이 공동의 건물, 실험실, 커리큘럼, 교수 등을 공유, 혹은 공동운영으로 연계되는 이 방식은 프랑스 파리의 통합 국공립대가 모델이다. 파리 대학은 13개 국공립대가 같은 졸업장을 받는다. 서울대의 귀추가 주목된다.

소통·협력·효율성을 높이는 교육 거버넌스 개편을 추진하겠습니다.

촛불시민혁명이 영속화되려면 교육개혁은 관료 주도 개혁이 아니라 국민 참여에 의한 개혁이 되어야 한다. 다른 한편으로 이 개혁은 여야가 바뀌고, 정부가 바뀌더라도 큰 원칙은 일관되게 유지될 수 있어야 한다. 그리고 교육현장까지 뿌리를 내릴 수 있어야 한다. 그렇게 되려면 교육개혁은 장기적 비전 아래 여야 혹은 사회적 합의를 거친 뒤에 추진되어야 하고, 교육현장의 주체들이 두루 참여하여야 한다. 과연 어떻게 교육개혁 청사진을 만들고 이를 시행할 수 있을까? 이에 대한 공약은 다음과 같다.

첫째, 교육부 기능을 개편하고 국가교육위원회 설치를 추진한다.(집권 초
기교육개혁 추진을 위한 대통령 직속 국가교육회의 설치, 장기적으로 중
장기 국가교육정책 논의를 위한 독립기구인 국가교육위원회 설치 추진.
초 · 중등교육은 시 · 도 교육청과 단위 학교로 권한을 이양하고, 교육부는
고등 · 평생 · 직업교육 중심으로 기능을 재편)

둘째, 학교운영위원회 제도를 내실화한다.

셋째, 국가 책임을 높이기 위해 교육정책이력제를 추진한다.(안정적이고
지속적이며 책임성 있는 교육을 추진하기 위한 정책이력제)

넷째, 교육정책 추진 시 교사, 학교 현장, 시 · 도 교육청과 소통 · 협력을
통해 정책 파트너십을 강화한다.

기존의 대통령 자문기구들은 실행에 있어서 한시적이고 이해 대립
이 수반되는 사회적 쟁점에 취약했다. 혁신정책은 저항을 수반하기 마
련인데, 갈등 관리 기능이 없는 혁신기구는 당연히 무력할 수밖에 없
기 때문이다. '문민정부'의 교육개혁위원회, '국민의 정부'의 새교육공
동체위원회와 교육인적자원정책위원회, '참여정부'의 교육혁신위원회
등이 있었지만 정책 자문기구에 불과한 한계 때문에 교육부를 제어해
혁신 목표를 달성하는 사실상 어려웠다. 그러므로 교육부의 대체기구
는 국가교육위원회로 하고 다음과 같이 구성해 나가야 할 것이다.

▲ 국가교육혁신기구는 정당과 파당을 초월하여 존재할 필요가 있다. 대
통령에 속하지 않는 특별기구 성격을 갖는다.

▲ 국가교육혁신기구는 여야 합의 성격을 갖는 기구이다. 이를 위하여 반

드시 법률적 근거를 가져야 한다.(헌법개정 국면에서 헌법기관으로 반영할 수도 있다.)

▲ 위원 임명에 대한 국회의 참여는 필수적이며 위원의 임기는 보장되어야 한다. 위원은 대통령과 국회, 대법원이 동수로 추천한 인사 9인과 법률이 정한 당연직 위원 3인, 이들에 의해 새로이 선출된 3인 등 총 15인으로 구성한다. 그 수장은 위원 중에서 대통령이 임명한다.

▲ 국가의 장기적 비전과 목표를 설정하고 이를 도달하기 위한 정책을 개발하는 데 주요한 목적을 갖는다.

▲ 목표에 따른 집행 절차에 대한 감시 기능을 수행하고, 필요한 경우 정부입법 및 정책시정을 권고할 수 있어야 한다.

▲ 교육부의 주요 교육정책은 위원회의 심의 권한이 있어야 한다.

▲ 국가교육혁신기구에는 실제적 정책을 다룰 수 있는 분과별 전문가 소위원회가 적절하게 분산되어야 한다.

▲ 특별위원회는 이해관계의 대립으로 인한 사회적 쟁점을 합의하여 처리하기 위해 설치한다. 위원 구성면에서 중립적 인사로 과반수를 선임하고, 나머지를 이해당사자에게 절반씩 배분한다.

매우 중요하지만 공약에서 빠진 정책에 대한 논의

이번 대통령 선거는 탄핵으로 인한 선거였기 때문에 교육공약에 대한 치밀한 준비 기간이 길지 않았다. 이 때문에 반드시 들어갔어야 하지만 빠진 내용들이 두루 보인다. 이번 정부에서는 촛불시민혁명에 의한 정부인 이상 반드시 포함해야 할 사항을 정리하면 다음과 같다.

교육주민자치로의 혁신이 필요하다.

농어촌 지역에 가면 학교 건물 및 운동장은 중앙 정부의 조차지(租借地) 같다. 국가 공무원(교사)이 도시에서 파견되고, 학교는 지역사회의 변화나 요구와는 무관하게 운영되는 경우가 많다. 특히 지금과 같이 학령인구가 급격히 감소하고 있는 상황에서 학교가 폐교 위기에 몰려도 학교 내의 온도와 지역사회의 온도는 크게 차이가 난다. 필자가 학교 체제 개편 컨설팅을 담당했던 한 학교의 사례를 보아도 그렇다. 폐교 상황에 안타까워하는 것은 지역사회 주민이고, 외지인이 상당수인 교원들은 이 상황이 아무래도 덜 절실하다. 이런 상황에서는 학교를 교육부와 교육청의 것이 아닌 지역사회의 것으로 되돌리는 것이 참 바람직해 보인다.

도시 지역도 사정이 크게 다르지 않다. 한 구청 자문위원으로 들어가면 지역교육의 발전을 바라는 지역주민의 열정은 높다. 그러나 학교에 교육경비보조금 지원하는 것 이외에 직접적으로 무언가를 할 수 있는 권한은 크지 않다. 만약 지원을 하여도 학교가 필요로 하는 업무에 쓰이지 지역사회의 절실한 부분을 채워주지는 못한다. 도시 지역에는 의사, 변호사, 엔지니어, 성공한 자영업자, 가수 등 많은 직업인이 있고 이들은 자신의 성공 경험을 학습 동아리 개념으로 학생에게 들려주고 싶어 하지만, 학생들은 기존 학교교육(사교육 포함)이 부과한 학습을 채우기도 바쁘다. 그러니 교육에 대한 지역사회 참여의 문은 농어촌과 도시를 가리지 않고 마땅히 열려야 한다.

이런 점들을 고려해 현재의 자치제를 교육자자치에서 교육주민자치로 혁신해야 한다.

지역사회 참여를 바라보는 교육자들의 시선은 그리 곱지 못하다. 지역사회가 참여하면 오히려 학생들을 불필요한 학습경쟁으로 내몰거나 일이 번거로워질 것이라고 생각한다. 그러나 현재 국가의 중앙집권적 관료제 방식이나 교육청의 광역거점 관료제 방식으로는 우리 아이들이 가지는 다양한 학습 욕구를 해결할 수 없다. 관료제적 방식 때문에 욕구를 해소하지 못하여 사교육으로 욕구를 해소하고, 일부는 교실붕괴와 탈학교 같은 저항으로 맞서는 것 아닌가?

그러므로 새롭게 도입해야 할 지방교육자치에 관한 법률은 중앙 교육자들의 권한을 광역 단위로 위임했던 1991년 체제를 넘어, 이제 진정 학생들의 학습공동체를 지원하는 지역사회 교육공동체를 만들기 위한 차원으로 개정해야 한다. 즉, 교육자자치가 아닌 지역주민의 교육자치로 변화해야 한다는 것이다. 필자는 지역주민의 교육자치를 실현하기 위해서는 적어도 다음 세 가지를 반영해야 한다고 생각한다.

첫째, 현행 교육감 주민직선제를 개편하여 광역 단위 교육자치와 지방자치 간의 연계를 강화하기 위해 러닝메이트제를 허용하라. 아니면 적어도 임명제를 하든, 러닝메이트 방식으로 하든, 주민직선으로 하든 이는 시·도 의회에서 정하도록 하라.

둘째, 지방교육자치를 기초자치단위까지 확대하라. 그 방법은 1949년 체제로 돌아가서 기초단위 교육자치를 교육구(Local Board of Education) 형태로 구현하자는 것이다.

셋째, 시군구의 장은 지역사회의 특성에 맞는 인력 양성과 교육 여건의 개선 등을 위하여 해당 지역에 '공영형 혁신학교'(사립의 공영화뿐만 아니라 공립의 공영화를 포함)를 지정하여 줄 것을 시·도 교육감에게 요청할 수 있도록 제도화하라.

평생교육이 획기적으로 활성화되어야 한다.

박근혜 정부에 들어 평생교육 참여율이 하락했다. 한국교육개발원에 따르면, 2016년 기준 평생학습참여율이 29.8%('07)→ 26.5%('08)→ 28%('09)→ 30.5%('10)→ 32.4%('11)→ 35.6%('12)→ 30.2%('13)→ 36.8%('14)→ 40.6%('15)→ 35.7%('16)으로 급락하였다. 2016년 결과 치는 OECD 18개국 중 12위 수준이다.(한국교육개발원, 2016)

그리고 소득별 참여율이 빈익빈 부익부 현상을 보이고 있다.(150만 원 미만 21.1%, 150~300만 원 31.3%, 300~500만 원 34.8%, 500만 원 이상 42.7%) 또한, 학력별 참여가 고학력 중심이다.(중졸 이하 20.0%, 고졸: 29.1%, 대졸 이상: 45.3%)

사정이 이러함에도 불구하고 이번 공약에 평생교육 진흥에 대한 직접적인 언급은 없다. 다만 굳이 찾으면 청년 및 베이비부머, 경력단절 여성 등을 대상으로 한 새로운 일자리 교육 강화, 4차 산업혁명의 시대 요구에 부응하는 미래 인재 양성을 위한 교육 혁신, 다문화 및 조손 부모(한부모) 자녀에 대한 교육지원, 학교 밖 청소년 지원 확대, 온종일 돌봄학교 확대, 혁신학교 및 혁신교육지구 사업 확대, 청소년 문·예·체 교육 활성화, 교육과정 연계형 학점제 운영, 한국형 Nano-degree 운영, 도시 재생 뉴딜 및 지역문화 재생사업 등에서 간접적으로 연결할 수 있는 수준이다.

　그렇지만 학습복지국가를 향한 교육혁명은 촛불시민혁명을 완성하기 위한 필수적인 과정임을 인식해야 한다. 더불어 함께 잘 사는 사회를 위해 학습 동아리를 활성화하고, 일자리를 창출하기 위해 다양한 비정규 마을교육 콘텐츠를 구매하고, 부처별 칸막이로 무너진 총체적 학습체계를 연계하기 위한 학습 코디네이터를 양성하고, 제4차 산업혁명을 촉진하기 위해 언제 어디서나 접근 가능한 K-MOOC 플랫폼을 구축하고, 동네 방방곡곡에 평생학습관을 세워 평생교육사를 전면에 배치하는 것, 이것이 대한민국 교육혁명의 진정한 비전이다.

　이를 위해 교육예산 대비 0.07%에 불과한 평생학습 예산을 대거 올려야 한다. 지금의 400억 국가 예산은 초·중등학교 10개가 사용하는 예산 정도로 창피한 수준이다. OECD 권고 수준으로 맞추려면 100배 증액이 필요하지만 이 정도까지는 어렵더라도 뭔가 획기적 증액은 되어야 하지 않을까?

　5,000명에 불과한 평생교육사 고용 수준도 이대로 둘 수 없다. 100세 시대, 고령화 사회로의 진입으로 평생학습 참여 증가 및 평생교육 정책 환경 변화로 평생교육 전문인력 수요가 확대될 것으로 예상된다. 그러나 2016년 누적 평생교육사는 총 118,322명으로 1급 650명, 2급 110,146명, 3급 7,526명이다. 2016년에는 7,042명 수준으로 2015년 8,404명과 대비 감소추세에 있다. 그나마 대부분 2년 계약직에 있고, 그나마 2015년 말 111,280명 중 겨우 4,000명만 고용상태이다. 사회복지사나 청소년 지도사처럼 공무원 직렬화하고, 정부의 일자리 확보 정책과 맞물리면 20,000명 이상으로 고용을 확대할 수 있을 것이다.

아울러 굳이 교육공약은 아니지만 공약 이행에 필요한 평생학습 차원이 이행도 필요하다. 인생이모작 설계 지원, 국민 공감형 ICT 정책, 사회적 경제 학습사회 실현을 위한 지역중심의 학습공동체 구축, 100세 시대 성인학습자를 위한 무료 K-MOOC 강의 제공 및 학점 취득기회 제공, 생애주기별 문화예술교육 확대, 동네 생활문화 환경 조성 및 생활문화 동아리 활성화 등 새 정부와 더욱 밀착하여 평생교육을 활성화하여야 한다.(이희수, 2017)

적정규모학교 기준 유지와 작은 학교 살리기 사이의 균형이 필요하다.

최근에는 저출산이 보편화되면서 재학생 수가 지속적으로 감소하고, 자연적으로 학교 규모도 줄어들고 있다. 게다가 도시와 농촌 간, 도시 간, 도시 내부 이동 등 다양한 요인에 따른 인구 이동도 영향을 미치고 있다. 이에 따라 인구가 밀집 지역과 그렇지 못한 지역의 인구 밀도 격차가 커지고 있다.(허진영 · 김승원, 2014)

먼저, 저출산 추세에 따라 학생 수가 지속적으로 감소하고 있다. 학생 수를 공식 집계한 1965년 이후 약 20년간 꾸준히 증가하던 학생 수가 1983년 이후 2023년까지 약 40년간 전반적인 감소추세를 보인 후 유지될 것으로 예측되고 있다. 1982년 9,990,901명이었던 학생 수는 2014년 6,285,792명이며, 2023년에 5,209,255명으로 예측된다. 즉 이미 감소추세가 시작된 이후 약 40%가 감소되었으며, 앞으로 10% 정도의 추가 감소가 예상되는 것이다.(김경애 외, 2015)

저출산 및 학생 수 감소에 따라 소규모 학교는 지속적으로 증가하고 있고 구도심 및 농산어촌 지역 소규모 학교의 교육여건은 악화되고 있다. 대부분 소규모 학교의 경우, 복식학급 운영, 순회교사 및 상치교사 배치가 불가피하여 정상적인 교육과정 운영이 곤란한 상황이다. 학교 규모가 영세하여 다양한 교육프로그램 운영 곤란 및 학생들의 사회성 발달 저해 등으로 교육격차가 심화되고 있다.

이러한 점에서 소규모 학교를 그대로 둘 수도 없고, 그렇다고 무조건 통폐합할 수도 없어 정부는 적정규모학교 권고기준을 설정하여 균형적 관리를 하고 있다. 가장 최근의 권고 기준은 2015년 말에 발표된 것이다. 면(도서·벽지 포함) 지역의 초·중·고교는 학교당 학생 수 60명 이하, 읍 지역은 초등학교 120명 이하, 중·고등학교는 180명 이하, 도시 지역은 초등학교 240명 이하, 중·고등학교는 300명 이하를 통폐합 권고기준으로 발표한 것이다. 정부는 통폐합을 유도하기 위해 교원감축이나 지방재정 운영성과 평가에 따른 차등적 행·재정 인센티브를 제공할 것을 약속하였다.

2016년 기준 300명 이하 학교 수는 총 4,212교(초 2,645교, 중 1,166교, 고 401교)이다. 60명 이하 학교는 2001년 700교에서, 2010년 1,572교, 2016년 1,813교로 늘어나고 있다.(교육부, 2016) 권고안에 따르면, 전국 11,809개교(분교 포함)의 23%인 2,747개 교가 통폐합 대상이 된다.(조금주·이인규 외, 2017)

그렇다고 교육재정의 효율성 논리를 앞세워 대상이 된 학교를 모두 통폐합할 수 없다. 재정이 허락하는 한 통폐합보다는 작은 학교를 살릴 수 있도록 교육청은 노력해야 한다. 인구 동태에 따른 거시적 안목에서 통폐합을 결정하기에 앞서, 공동체의 요구가 남아있는 한 학교와 마을의 지속 가능한 생태계를 유지시키는 전략이 매우 의미 있는 정책임을 이해해야 한다. 작은 학교 살리기 차원에서 학교를 지원하는 것은 해당하는 학교공동체만이 갖는 수혜가 아니다. 작은 학교 모델로서의 성공모형은 위기에 처한 일반 학교들에게 잠재적 성공모형이 된다. 이런 점에서 새 정부는 학교 통폐합과 작은 학교 살리기 사이의 적정 균형점을 제시해야 한다.

맺는 말

공약을 빠짐없이 점검하다 보니 원고가 길어졌다. 그러나 필자가 공약에 덧붙인 말을 요약하면 다음과 같이 간단하다.

1. 새 정부 교육정책은 촛불시민혁명의 기조 위에 서 있어야 한다. 그렇지 않으면 다당(多堂) 구조 속에서 많은 일을 해내지 못할 것이다. 국정교과서제 철폐가 이 기조 위에서 취임 초에 진행되었고, 향후 학습자의 시민 기본권의 확대를 내용으로 하는 헌법개정이 이루어져야 한다. 국가교육위원회에서의 참여, 그리고 교육자치에서 직접민주주의 확대가 불가피하다.

2. 새 정부가 교육의 국가적 책임을 강조하면서 교육복지 기조가 강조되었으며 대학 절반등록금제, 온종일 돌봄학교 운영, 누리과정 국고지원, 고교무상교육 실현 등 교육공약 실현 예산에만 연평균 5.6조 원이 필요하다.(전체 공약 소요재원은 35.6조 원이다.) 효과적인 재원 조달을 위해서는 재정 구조조정과 불필요 사업에 대한 정리 전략을 수립해야

할 것이다. 그러나 이번 정부에서 재산세 등에서 결국 납세율을 불가피하게 올려야 할지 모른다.

3. 가장 혁신적인 공약으로 고교학점제를 들 수 있다. 외고와 과학고는 일반고의 중점학교로 흡수될 것으로 예상된다. 진로맞춤형 교육과정 운영을 위해서 학교 클러스터가 확산될 것이다. 성공을 위해서는 무엇보다도 학생들이 조기에 생애목표와 이에 따른 자신의 진로를 명확히 하기 위한 컨설팅이 정착되어야 한다. 그리고 학교도 다른 학교와 같아지기보다는 차별화를 위한 노력을 전개해야 한다. 학교의 비전과 중장기발전계획 수립은 학교의 필수적 요소가 될 것이다.

4. 누리과정 국고지원 확대와 온종일 돌봄 체제의 확립 등으로 그간 논란이 되었던 학습과 돌봄의 결합은 어느 정도 체제가 정비될 전망이다. 그러나 이 체제가 교육부 중심으로 돌아가는 것은 한계가 있다. 학교의 시설을 빌려서 지자체가 운영하는 방향으로 법령 체계를 정비하는 것이 옳은 방향이다.

5. 대학입시에서 논술이 배제되고 수능 비중은 줄어들며 학생부 중심으로 전형제도가 정착하게 된다. 그만큼 학교 교사들의 평가권이 학생 개개인의 삶에 엄청난 영향을 미치게 된다. 수능의 절대평가화로 상위권 대학의 반발이 커질 전망이다. 자기소개서와 면접, 학습이력관리 등에서 새로운 사교육이 생겨날 우려가 크다. 이에 정부가 적절한 대비를 하지 않으면 안 된다.

6. 대학은 저출산 흐름의 직격탄을 맞고 있다. 이런 상황에서 국공립대 공동운영제와 지방강소대학 집중 지원제도가 실시된다. 강소대학으로 편입되지 않으면 지방사립대는 매우 힘든 상황이 될 것이다. 서울

대 폐지론이 공약에 등장한 것은 아니다. 그러나 연구중심대학으로 자신의 입장을 분명히 해야 할 것이다.

7. 제4차 산업혁명에 대비하는 교육 프로그램에 대한 관심이 매우 커질 전망이다. STEAM, 코딩, 인공지능, 사물인터넷 관련 교육 프로그램뿐만 아니라 메이커교육, 창업실습, 도시농부 등의 영역에서 새로운 붐이 일어날 전망이다. 기존 일자리가 없어지고 새로운 일자리가 생겨나는데, 이에 대비하는 교육 프로그램이 절실하다.

8. 1:1 맞춤형 성장발달시스템과 기초학력보장제를 정착하려면 학교 교사들이 외부 전문 업체 도움 없이도 간단한 진단과 컨설팅을 할 수 있도록 시스템 지원을 해야 한다. 교사 연수가 여기에 집중될 가능성이 매우 크다. 만약에 교사들이 이를 하지 못하면 역시 더 많은 코칭 전문가를 고용해야 하고 예산 소요는 늘어날 것이다.

9. 대학에서 기회균형선발제가 20%까지 확대되고 취업에서 학력 블라인드제가 강제될 전망이다. 필자는 오래 전부터 아예 100% 칸막이형 입학사정관제를 주장해 왔다.

10. 고졸 취업을 확대하기 위해서 선교육 훈련경험 인정제가 확대된다. 전문대나 대학, 기업에서 선행학습을 선수 학점으로 인정하면 선행학습 기간만큼 조기 졸업이 가능하고, 실제 현장 경험도 많아지게 된다. 그러나 제도를 시행하기까지 평가인정 전담부서 설치, 법령 제도 정비 등 넘어야 할 산이 많다.

11. 국가교육회의를 거쳐 여야 협치에 의한 국가교육위원회가 설치될 전망이다. 교육청의 권한이 확대되고 교육부는 고등·평생·직업교육 중심으로 재편될 것이다. 교육청 권한을 확대하려면 교육과정 및 지

원체계가 교육청에서 결정하도록 권한 위임이 지속적으로 이루어져야 한다.

끝으로 이번 공약에서 아쉬운 세 가지를 언급하였다. 교육자치 혁신 및 평생학습 증진에 대한 약속이 없다는 것. 그리고 출산율 저하에 따른 적정규모학교 정책에 대한 언급이 없다는 것이다. 촛불시민혁명을 영속화하기 위해서는 교육자치에 있어서 시민 참여를 촉진하기 위한 제도적 개선이 필요하다. 필자는 주민이 주도한 교육자치를 내용으로 하는 '1949년 교육법'으로 되돌아가자고 주창하였다. 평생학습 부문의 시민들의 자기주도 학습 동아리를 지원하도록 중간 조직의 역량을 강화함으로써, 학습복지국가를 향한 교육혁명을 하자고 제안하였다. 이를 위한 파격적인 예산 확대를 주창하였다. 적정규모학교 정책에 대해서는 교육재정의 효율성 차원에서 소규모 학교를 통폐합하되, 주민 의사를 존중하여 작은 학교 살리기 차원의 배려가 절실함을 주장하였다.

공약은 정권이 국민에게 행한 약속인 동시에 국민이 함께 만들어가야 할 비전이기도 하다. 새 정부가 교육 부문에서 성공할 수 있도록 의사결정 과정에 더 많이 개입하고, 함께 결정한 바에 더욱 열렬한 참여해 공약을 현실화할 수 있었으면 한다.

이인규 전교조 참교육실천위원장으로 학교붕괴 담론을 제기하다가 교사의 눈이 아닌 일반 시민의 눈으로 교육운동을 펼쳐야겠다는 깨달음(?)이 있어 2000년에 학교를 그만두고 교육개혁시민운동 정책실장, 아름다운학교운동본부 상임대표 등 불편을 택한 시민운동가이다. 그는 公敎育 강화론 대신 民敎育 강화론을 늘 주창한다. 지금은 (사)한국교육연구소 소장과 서울시 교육복지종합지원센터 센터장직을 수행 중이다. 만약 이인규가 연대하는 교사조직이 있다면 늘 시민사회의 기반에 위에 서 있는 조직일 게 분명하다. 실천교육교사모임은 그러한 대표적인 단체이다.

〈참고문헌〉

- 계보경(2011). 미래학교 체제 도입을 위한 Future School 2030 모델 연구(연구
  보고 KR 2011-12). 한국교육학술정보원.

- 교육통계연보(2013). http://kess.kedi.re.kr/index

- 김경애 외(2015). 학생 수 감소 시대의 미래지향적 교육체제 조성 방안(KEDI
  RR2015-04).

- 박현정(2013). 2014-2025년 초 · 중등교원 중장기 인력수급전망 및 교원의 적
  정 배치 방안 연구. 교육부.

- 심성보 외(2015). 학생성장발달책임교육제 운영 매뉴얼 개발 연구. 충남시교
  육청.

- 조금주 외(2017). 서울형 소규모학교 모델 적정화 및 발전 방안 연구-재동초
  를 중심으로. 서울시교육정책연구소.

- 채창균 · 양정승(2015). 고졸 청년의 취업 추이와 향후 과제. The HRD
  Review, 18(6), 1-18.

- 한국교육개발원(2014).2014 한국교육개발원 교육여론조사(2014 KEDI POLL)

- 한국교육개발원(2014). 2014 IMD 교육경쟁력 분석보고서.

- 허진영 · 김승정(2014). 학교규모와 학생의 학업성취도 및 사회성의 관계 분
  석: 서울특별시 일반계고등학교를 중심으로. 교육행정학연구, 32(1), 107-
  129.

전국시도교육감협의회가
제안하는 새로운 교육

유재(전국시도교육감협의회)

교원에게는 생소한 이름이지만 전국시도교육감협의회(이하 교육감협의회)는 2008년 교육에 관한 시·도 교육청 상호 간의 교류·협력과, 지방교육자치의 발전을 위해 설립되었고 「지방교육자치에 관한 법률」 제42조를 근거로 합니다. 그리고 교육감협의회 사무국(이하 사무국)은 교육감협의회의 원활한 운영을 위해 각 교육청의 파견인력으로 구성되어 있습니다. 2015년 이전에는 사무국 산하에 운영지원과만 존재하여 전국 시·도 교육감 총회의 운영에 관한 사항을 위주로 처리했지만 2015년 6월 법 개정을 통해 그 위상이 강화되었고 사무국 산하에 정책연구과를 신설하여 활동의 범위를 넓히고 있습니다. 미묘하지만 중요한 차이로 교육감협의회는 '교육감' 협의회이지 '교육청' 협의회가 아니란 사실입니다. 그런 이유로 총회에서 다루는 안건은 교육 내용이지만 정치적 성격도 내포하고 있으며, 교육부로부터 독립적인 조직 성격을 띠고 있습니다. 교육감협의회는 법률적으로 지방교육자치에 영향을 미치는 법령 등에 대한 의견을 교육부 장관에게 제출할 수 있고 지방교육자치와 관련된 법률의 제·개정 또는 폐지에 대해 국회에 서면으로 의견을 제출할 수 있습니다. 이런 법률적·행정적·정치적 성격으로 교육감협의회는 학교 현장과 정부 또는 학교 현장과 국회의 중요한 연결고리 역할을 할 수 있습니다.

본 포럼의 발제 주제가 '전국시도교육감협의회가 제안하는 새로운 교육'이지만 현 시점에서 제가 발표하는 내용의 일부는 전국시도교육감협의회 정책위원회(이하 정책위원회)가 제안하는 내용임을 밝힙니다. 또한 여러 이유로 인해 교육감협의회와 정책위원회에서 지난 몇 달간 논의한 내용의 일부만을 간접적으로 공개할 수밖에 없음을 양해 부탁드리며 본 내용으로 들어가겠습니다.

교육정책 지형의 변화

1995년 5·31 교육개혁 이후 지난 정부까지 교육의 수월성이 교육정책의 중심 가치였습니다. 이로 인해 고교다양화 300프로젝트, 전국단위 학업성취도평가 시행, 교원능력개발평가 등 시장주의적 경제정책들이 교육정책에 그대로 반영되었습니다. 또한 정부 주도의 교육정책이 강하게 추진되어 역사교과서 국정화 논란과 누리과정을 둘러싼 마찰이 생기기도 했습니다.

새 정부는 출범과정부터 지난 정부와 크게 다를 수밖에 없었습니다.

대한민국의 각종 적폐가 응축되어 나타난 국정농단 때문에 전국에 촛불이 타올랐습니다. 이로 인해 변화에 대한 국민의 열망은 그 어느 때보다 높으며 이러한 열망은 새 정부에 대한 기대와 지지로 나타나고 있습니다. 새 정부가 지향하는 교육 가치의 중심은 공공성이라 생각합니다. 교육공약 저변에 공평성, 평등성, 기회균등, 보편성, 민주성, 공공성의 가치가 녹아있는 것이 확인됩니다.

이런 이유로 교육의 국가책임강화라는 타이틀에 담긴 의미도 다르게 해석해야 합니다. 여기서 국가책임강화를 과거처럼 권위적이고 중앙집권적인 국가가 교육체제를 주도해 간다는 것으로 해석하면 안 됩니다. 교육공약 전반을 살펴보면 교육에 대한 국가의 역할을 다하겠다는 지원 강화의 의미로 해석됩니다.

또한 '자율'이란 개념도 지난 정부와 새 정부에서는 각각 다른 의미로 사용되고 있습니다. 지난 정부에서 '자율'이란 단어는 "내(국가)가 마음대로 할 수 있다"는 의미였다면 새 정부의 '자율'은 "너희(교육청, 학교)가 마음대로 할 수 있다"는 의미로 해석됩니다. 교육 관련 정부의 조직 체계도 크게 변화되어 과거에는 청와대 교육문화 수석실이 정책을 주도하고 교육부가 실행을 한 형태라면 현재는 청와대가 부처 중심의 운영을 천명한 상태입니다. 초·중등교육에 대한 권한 위임이 공약인 것과 맞물리면 결국 초·중등교육은 교육청 중심으로 운영된다는 의미로 해석됩니다. 초·중등교육정책의 주체가 시·도 교육청이 되는 것입니다.

학령인구와 생산가능인구의 급격한 감소, 미국의 금리인상에 따른 경제 여건 악화, 미래 환경 변화에 따른 교육에 대한 사회적 요구 내용과 수준도 교육정책의 지형을 변화시키는 데 큰 영향력을 발휘할 것입니다.

마지막으로 교육감협의회의 위상 변화도 교육정책 지형 변화에 큰 영향을 미칠 것입니다. 지난 정부는 교육감협의회를 대화와 협력의 대상으로 인정하지 않았습니다. 그로 인해 갈등 관계가 지속되기도 했습니다. 하지만 현 대통령은 후보 시절부터 교육감협의회를 협력의 대상으로 인정하고 대선 공약에도 많은 부분에서 의견을 함께하였습니다. 인수위 성격이 있는 국정기획자문위원회가 교육감협의회에 정책간담회를 제안하여 서로 교육정책에 대해 의견을 나누고, 그 과정에서 일제고사가 폐지되기도 했습니다. 앞으로 교육감협의회는 유·초·중등 교육과 지방교육자치에 관한 논의에서 큰 역할을 하게 될 것입니다.

대선 이전 교육감협의회의 교육과제 제안

교육감협의회는 지난 2월6일 '우리는 교육대통령을 원한다'는 제목의 기자회견을 통해 차기 대통령은 교육대통령이 되어야 하고 다음과 같은 9가지 교육과제를 완수해야 한다고 제안하였습니다.

▲ 미래교육 준비와 진로교육 강화

▲ 교육체제 전면 혁신

▲ 학부모 교육 부담 경감

▲ 영유아 교육·보육 재정비

▲ 교육재정의 안정적 확보

▲ 국정교과서 폐기 및 교과서 제도 개편

▲ 교권 보장

▲ 학교 민주화 정착

▲ 교육부 개혁 및 현장중심 교육자치 실현

그리고 세부 내용은 다음 13가지로 요약할 수 있습니다.

✓ 학습 분량 감축과 난이도 조절

✓ 유연한 교육과정

✓ 고교서열화 해소

✓ 대입제도 및 대학체제 개혁

✓ 고교 무상교육

✓ 영유아 무상 보육 · 교육 및 국공립 시설 확대

✓ 교육재정 안정적 확보

✓ 국정교과서 폐기 및 자유발행제 도입

✓ 교사의 수업권과 평가권 보장

✓ 학생 학교운영위원제

✓ 학부모회 참여 학부모 공가제

✓ 초 · 중등교육 권한 교육감에게 이양

✓ 교육의제 설정 및 교육개혁의 안정적 추진을 위한 국가교육위원회 설치

당시 대통령 후보였던 문재인 대통령은 페이스북을 통해 "우리 교육

을 미래지향적 교육으로 혁신하기 위한 교육감님들의 제안에 전적으로 공감하며, 저의 교육공약으로 삼겠습니다. 또한 시도교육감과 긴밀히 협력하여 교육과제들을 해결해나가겠습니다"라고 밝혔고 실제 거의 모든 내용을 공약에 담았습니다. 이후 정책위원회에서는 교육감협의회가 제안한 교육과제를 해결해 나가기 위한 구체적인 내용을 만드는 작업에 들어갔습니다.

대선 이후 교육감협의회의 교육과제 제안

교육감협의회에서 대선 이후 정부와 국정기획자문위원회에 제안한 교육과제는 '교육자치 강화', '공교육 강화', '학교 자치 확립', '미래교육 준비(학교 혁신)', '교권 신장', '사학의 공공성과 투명성 강화'입니다. 6개 교육과제, 30개 세부 교육과제로 구성되어 있습니다. 이와 관련된 법률 수정 및 개정 사항이 29개 법률, 100여 개 조항에 이릅니다.

1. 교육자치 강화

대한민국헌법 제31조 제4항에는 "교육의 자주성·전문성·정치적 중립성 및 대학의 자율성은 법률이 정하는 바에 의하여 보장된다"고 명시되어 있습니다. 지난 정부는 국정 역사교과서 추진, 누리과정 예산 책임 전가 등 무리한 정책추진으로 교육현장에 극심한 갈등과 반목을 불러 일으켰습니다. 또한 교육부는 시·도 교육청 평가 등을 재정 지원과 연계함으로써, 시·도 교육청 및 일선 학교의 자치와 다양성을 훼손하는 등 지방교육자치는 많은 어려움에 직면하고 있습니다.

교육의 자율성과 전문성을 확보할 수 있는 실질적 교육자치가 보장되어야 합니다. 지난 세월 중앙 정부의 과도한 간섭과 통제는 교육의 자율성과 전문성을 침해하면서 교육자치를 위태롭게 했습니다. 주민 직선으로 선출된 교육감이 수행하는 대부분의 업무가 국가위임사무인 현실을 감안하여, 교육감과 학교에 실질적인 자치권을 과감하게 부여해야 합니다. 국가 주도의 획일적 교육정책의 틀을 과감하게 벗어던지고, 자치와 자율, 분권의 시대정신을 살릴 수 있도록 교육청과 단위 학교의 자율성과 다양성을 존중하는 방향으로 법과 제도를 정비해야 합니다.

교육자치 확립은 결국 유ㆍ초ㆍ중등교육을 교육감에게 완전히 이양해 달라는 것입니다. 일각에서 우려하는 바와 같이 '유ㆍ초ㆍ중등교육을 교육감에게 완전히 이양해달라'는 요구가 교육부가 지금까지 해오던 것을. 교육감이 하겠다는 의미는 아닙니다. 즉 교육부의 업무를 교육감에게 이양해 달라는 것이 아니라 교육부가 가지고 있던 권한을 교육감에게 이양해 달라는 것입니다. 이때 교육감에게 이양된 권한은 모두 교육감이 행사하는 것이 아니라, 단위 학교의 교사에게까지 그 권한이 적절히 이양됨을 의미합니다. 그러기 위해선 대부분의 교육 관련 법령에서 공동 주어로 되어있는 교육부장관과 교육감의 권한을 명료화해야 합니다. 시ㆍ도 교육청에게 교육부의 정책을 강제하기 위해 사용하던 각종 통제 장치의 전면적 혁신도 필요합니다. 교육자치가 강화되면 자연스레 지역별 다양성이 살아나고 다양한 실험이 이루어질 것으로 생각됩니다. 하지만 그로 인해 지역별 격차가 심화될 수 있는 위험도 도사리고 있습니다. 따라서 이러한 단점을 보완하기 위한 지역별 교류 · 협력이 그 어느 때보다 중요해 질 것이라 생각합니다.

2. 공교육 강화

사회 · 경제 · 정치적으로 복잡하게 얽혀있는 교육문제는 그 어떤 국정과제보다 해결하기 어렵습니다. 안타깝게도 한국교육은 양적 성장에 걸맞는 질적 성장을 이루지 못했습니다. 학벌주의와 무한경쟁, 양극화와 교육의 기회 불균등으로 상징되는 한국의 교육 현실은 계층, 지역, 정치적 지향과 무관하게 한국 사회 전체의 커다란 고통이 된 지 오래입니다.

그 결과, 우리나라 교육은 외형적으로 높은 학력 수준을 보이지만 학생 개인의 행복감, 학습 흥미도는 OECD 최하위 수준이며, 배움에서 멀어진 학생들은 학교 밖을 떠돌고 있는 상황입니다. 학부모 또한 내아이만 뒤처질 수 있다는 막연한 위기의식과 불안감으로 사교육에 막대한 비용을 지출하고 있습니다. 결국 아이들은 유아기부터 각종 사교육과 선행학습으로 몸살을 앓고 있으며, 초등학생의 80%(통계청, 2016)가 방과 후에 학원을 다니고 있어 친구들과 마음껏 뛰어놀 시간조차 부족한 실정입니다. 이런 문제들은 공교육 강화를 통해 근본적으로 해결되어야 합니다.

공교육을 강화하기 위해서는 교육재정의 안정적 확보가 무엇보다 필요합니다. 단위 학교의 측면에서 보면 교육재정의 심각성이 잘 안 보입니다. 때로는 학교에서 돈이 너무 쉽게 낭비되고 있는 것이 아닌가 하는 생각도 듭니다. 하지만 조금만 구체적으로 교육재정을 들여다보면 교육재정이 매우 열악하다는 것을 금방 알 수 있습니다. 2016년 기준으로 인건비, 시설비, 지방채 상환 등 경직성 경비가 88.5%입니다. 교수학습활동지원, 교육복지지원, 급식 및 체육활동지원 등 가용재원은 11.5%밖에 되지 않습니다. 더욱이 세입대비 부채의 비율은 전국 평균이 37%이고 지방교육재정이 가장 열악한 경기도교육청의 경우는 51%로 부채 비율이 과반을 넘었습니다. 학부모가 계속 요구하는 유치원, 어린이집 교육의 공공성 강화와 교사들이 줄기차게 요구하고 있는 교사정원확보 모두 막대한 예산이 필요합니다. 또한 지난 몇 년간 정부와 시·도 교육청 간의 극심한 마찰의 원인이 된 누리과정 문제도 교육재정의 안정적 확보 없이는 해결할 수 없는 문제입니다. 1995년 5·31 교육개혁 이후 교육계에 불어온 시장화 열풍에 의해 확대·강화된 고교 서열화 문제와 고등학교 혁신에 큰 장애로 작용하고 있는 대입제도 등도 공교육 강화에 빠져서는 안 될 내용입니다.

3. 학교자치 확립

신뢰와 자발성을 이끌어내지 못하는 교육정책은 현장에 뿌리내릴 수 없습니다. 중앙 정부의 획일적 교육정책의 강행 과정에서 교육의 지역적 특색과 다양성은 사라졌습니다. 그 결과 누리과정, 역사교과서 국정화 등 여러 부문에서 교육정책의 난맥을 초래하였습니다. 교육자치는 학교자치와 학교민주화가 정착될 때 완성됩니다. 교육주체들의 책임과 권한을 명확히 규정한 후, 자율성을 최대한 보장하는 방향으로 정비해야 합니다. 또한 학교는 학부모의 자녀교육에 대한 높은 관심을 교육활동의 일부분으로 흡수하고 교육공동체 모두가 소통·공감하는 민주적 학교로 바꿔나가야 합니다.

　교육자치와 함께 진행되어야 할 학교자치는 결국 학생, 학부모, 교원에 대한 이야기입니다. 교육 3주체라 일컫지만 학생, 학부모, 교원 모두 불만이 가득한 곳이 학교입니다. 학생은 학교에서 자신이 주체라고 느끼지 못하고, 학부모의 높은 교육열은 학교의 긍정적 자산으로 사용되고 있지 못합니다. 교장 1인에게 지나치게 집중된 권한은 교직원의 자발성을 가로막는 장애가 되기도 합니다. 결코 정책으로만 풀 수 없는 복잡한 문제이지만, 학교자치를 확립하는 것은 무엇보다 중요합니다. 또한, 교육 변화를 가장 빠르게 느낄 수 있는 것도 학교자치 관련 과제라고 생각합니다.

4. 미래교육 준비(학교 혁신)

　인공지능로봇, 사물인터넷으로 대표되는 4차 산업혁명 시대는 창조성 높은 인재와 표준화된 지식을 넘어서 소통과 협동 능력을 갖춘 인재를 필요로 합니다. 미래사회를 대비해 교육체제와 학습방식의 개혁이 동시에 추진될 때 최고의 창조성과 협동성을 가진 인재가 길러질 것입니다. 새 정부 또한 혁신학교 전국적 확대 및 학생 맞춤형 학습을 위해 초·중·고 필수 교과목 최소화, 선택과목 확대, 미래핵심역량 중심의 교수방법과 교육평가 혁신을 위한 학교 교사 연수에 전폭적 지원을 약속하고 있습니다.

　4차 산업혁명의 열풍으로 미래교육을 준비해야 한다는 목소리가 높습니다. 하지만 어떻게 변할지 모르는 미래를 준비한다는 것은 매우 어려운 일입니다. 때문에 교육에서 미래를 준비한다는 것은 변화하는 것을 잘 따라가도록 돕는 것이 아니라, 세상이 아무리 많이 바뀌어도 변하지 않는 것을 찾아내 그것을 가르치는 것이 되어야 합니다. 기초를 잘 다듬어 변화에 대처하고 변화를 만들어가는 스스로의 힘을 길러줘야 합니다. 그러기 위해서는 학교가 혁신해야 합니다. 학교단위 교육과정의 자율성을 강화하여 다양한 교육을 할 수 있어야 합니다. 또한 교사가 교육활동에 전념할 수 있는 제도적 정비도 필요합니다. 학교 혁신을 위해선 소소하지만 의미 있는 내용을 현장 교사들이 준비하고 채워줘야 할 것으로 보입니다.

5. 교권 신장

교사의 질을 높이기 위해 도입된 대표적 정책이 교원성과상여금 제도와 교원능력개발평가 제도입니다. 교원성과상여금 제도는 2001년 교직사회 내부의 경쟁을 유도하여 교육의 질을 개선함과 동시에 외재적 보상을 통한 교원의 사기 진작을 목적으로 도입되었습니다. 또한 교원능력개발평가 역시 교원의 능력과 전문성 신장을 위해 2010년 전면 도입되었습니다.

하지만 두 제도는 이미 실패한 정책으로 판명되었습니다. 교원성과상여금 제도는 단기 실적 평가가 불가능하고 협업에 바탕을 둔 교육의 특성을 무시하고 있습니다. 이로 인해 학교 현장의 갈등을 초래하고 행정력을 낭비하며 교원의 사기 저하 및 직무 풍토 왜곡 등을 불러왔습니다. 교원평가제도 또한 평가의 중복과 비효율성으로 행정력 낭비와 교원·학생·학부모의 외면을 불러왔다는 평가가 지배적입니다.

교권 신장과 관련된 과제에는 교사들이 교원의 전문성과 역량을 강화하고 주체적 활동 기반을 만들어 주는 제도적·행정적 기반을 잘 마련하는 내용이 포함되어야 합니다. 교원의 특수성을 인정하지 않는 평면적인 경제논리를 교육계에 도입한 것은 교권을 한없이 추락시킨 원인 중 하나였기 때문입니다. 교원전문성 신장은 교권 신장을 위한 정책 마련의 근거가 될 뿐 아니라 공교육 강화와 미래교육 준비 및 학교자치 등의 제반 사항에 직접적인 영향을 미친다는 점에서도 반드시 이루어야 할 과제입니다.

6. 사학 공공성·투명성 강화

교육은 헌법에 보장된 국민의 권리이며, 국가의 기본 책무로서 공적인 영역에 속합니다. 사학(私學) 역시 국가 사회의 공동 목적과 이익을 위하여 운영되는 공공 교육기관으로서 교육 기회의 확대와 인재 양성의 차원에서 우리나라 교육과 국가 발전에 막중한 역할을 수행해 왔습니다.

그러나 공교육에 대한 사학의 역사적 기여와 높은 비중에도 불구하고, 끊이지 않는 사학의 비리와 부정부패 소식은 국민으로 하여금 사학에 대한 불신과 부정적 인식을 갖게 하기에 충분했습니다.

현재의 사립학교법은 제1조 목적에 "이 법은 사립학교의 특수성에 비추어 그 자주성을 확보하고 공공성을 앙양함으로써 사립학교의 건전한 발달을 도모함을 목적으로 한다"고 되어 있습니다. 하지만 공공성에 비하여 특수성과 자주성이 너무나 강조되는 현상을 어렵지 않게 볼 수 있습니다. 또한 '사립학교의 특수성과 자주성'이 '사학 법인만의 것'으로 한정되는 것도 문제입니다.

사학은 우리나라 중등학교의 30%를 차지할 만큼 공교육에서 매우 많은 부분을 담당하고 있습니다. 앞으로 공공성과 투명성을 더욱 강화해 공교육기관으로써 든든한 한축을 담당해야 할 것입니다.

교육개혁의 완성

새 정부 초기 교육개혁의 큰 그림이 잘 그려지기를 모두가 바라고 있습니다. 그림을 그리는데 도구의 종류, 도화지의 상태, 물감의 색상 등 세부적인 것을 고려하지 않은 채 멋진 명화 작품을 가져와 이것과 똑같이 그리라고 한다고 해서 작가가 멋지게 그릴 수 있는 것이 아닙니다. 또한 "그림이 뭔가 이상하다", "그렇게 칠하면 안 된다", "색상을 바꾸는 것만으로 안 되니 그림 자체를 근본적으로 바꿔라" 등 훈수 두듯 말한다고 작가가 그림을 더 잘 그릴 수 있는 것도 아닙니다. 전자는 교육부가 해온 일이고, 후자는 기존의 교육단체가 해온 일입니다. 여기서 말하는 작가는 국가도 아니고 교원도 아닙니다. 물론 교육청도 아닙니다. 교육개혁을 완성하는 주체는 어느 하나일 수 없습니다. 그 그림은 국가, 교육청, 교원 모두가 함께 그려야 비로소 완성할 수 있습니다.

위로부터의 교육개혁의 한계가 명확하듯, 아래로부터의 교육개혁도 한계가 있음을 인정해야 합니다. 정부와 교육청은 교원을 교육개혁의 그림을 그리는 작가로 받아들이고 함께해야 합니다. 교원 또한 조금 더 넓은 시야를 가질 필요가 있습니다. 내 교과, 내 교실, 내 학교를 넘어 우리 사회와 정치, 경제, 문화의 세계적 흐름을 읽는 안목이 필요합니다.

실천교육교사모임에서 주최하는 이번 포럼이 정부, 교육청, 교원이 함께 그리는 교육개혁의 신호탄이 되길 바라며 우리의 실천이 개인의 실천을 넘어 사회 변혁의 실천으로 성장하여 우리 모두의 자부심으로 자리잡길 간절히 바랍니다.

유재 수원과 군포의 고등학교에서 수학을 가르쳤다. 괜한 정의감에 불타 교육운동을 시작했고 내 자식 좀 더 좋은 학교에서 공부시키고 싶어 혁신학교 운동을 했다. 지금은 전국시도교육감협의회에서 정책을 담당하고 있다.

2부

교사가 말하는 교육개혁

2부에서는 교사들이 제안하는 교육개혁을 다룬다. 지난 2017년 6월 17일에 열린 실천교육포럼, 7월 6일에 실시된 광화문1번가 정책포럼, 그리고 실천교육교사모임 홈페이지에서 회원들을 대상으로 공모한 교육개혁 제안서를 한 데 묶음으로써 교사들의 생생한 목소리를 전달하고자 한다.

우선 있는 법부터 제대로 보장해 주십시오
학교를 바꾸는 작은 정책 변화

권재원(성원중학교)

새 정부가 들어서면서 기대감들이 높습니다. 새 정부, 새 교육부 장관의 정책 방안도 어느 정도 나온 것 같습니다. 다들 좋은 이야기입니다. 그런데 그 정책들은 대체로 너무 큰 것들이 아닌가, 그리고 자칫 아무것도 바꾸지 못하고 논란만 키우는 블랙홀 같은 것이 아닐까 하는 걱정도 듭니다.

우선 대학입시 문제. 이거, 손대지 않은 정권이 별로 없습니다. 손대서 성공하면 관심이 집중되는 영역이니만큼 정치적으로 엄청난 이득을 얻을 수 있습니다. 하지만 대입에 손대서 성공한 정권은 없습니다. 모두 지독하게 욕만 먹고, 논란만 키웠다가, 결국 다른 중요한 교육의 제를 다룰 시간과 자원만 소진하였습니다. 당연한 일입니다. 거의 모든 정권에서 만졌습니다. 그리고 칭찬받은 정부는 없습니다. 당연한 일입니다.

교사는 수업과 상담에 전념하고 싶습니다

초·중등교육법에 보면 교직원의 임무라는 조항이 있습니다. 명령도 규칙도 아닌 법률에 교직원의 임무를 규정해둔 것입니다. 여기서 말하는 교직원은 교원과 직원입니다. 교원은 교육을 담당하는 사람이며, 직원은 교육 이외의 업무를 담당하는 사람입니다. 교원에는 교사, 수석교사, 교감, 교장이 있습니다. 그밖에는 모두 직원입니다.

그리고 교사의 업무는 "법령이 정한 바에 따라 학생을 교육한다"라고 되어 있습니다. 문제는 이 '교육한다'에 어떤 업무가 포함되는지 명확하게 규정해두지 않았다는 것입니다. 그래도 통상적인 의미를 적용하면 수업과 그 수업을 위한 연구와 준비, 그리고 그 수업 결과에 대한 평가와 피드백, 교육결과에 대한 기록물의 작성과 관리, 학생의 생활지도 및 상담(학부모 포함) 정도까지가 '교육한다'에 밀어 넣을 수 있는 의미의 최대한일 겁니다.

시간강사나 각종 특기적성 강사를 채용하고, 근태를 관리하며, 강사료를 신청하여 지급하는 일은 과연 교육일까요? 각종 정보화 기기를 유지보수하고, 보안을 유지하며, 소모품을 구입·폐기하는 일은 과연 교육일까요? 이런 일은 당연히 인사, 시설관리 등 행정사무에 해당되는 일입니다. 그렇다면 이는 교장, 교감, 그리고 행정직원 등 직원 중 누군가가 해야 할 일입니다.

그런데 현재 우리나라 학교에서는 이런 것도 교육 관련 업무라는 이유로 교사에게 전가합니다. 이런 식으로 전가하면 학교에서 교육에 관계되지 않는 업무는 없으니, 모든 일은 다 교사가 하라는 뜻입니다. 그리고 실제로 그렇게 돌아가고 있습니다. 원래 초·중등교육법에서는 '행정사무 등 기타 사무'가 직원의 업무로 되어 있습니다. 하지만 실제 학교 현장에서는 미리 행정직원의 업무로 정해놓은 몇몇 업무를 제외한 나머지 업무, 새로 발생하는 업무는 모두 교사의 업무입니다.

무엇보다도 교장, 교감의 업무열외 관례가 문제입니다. 이들은 관리직이라는 미명하에 업무를 직접 담당하지 않고 다만 결재만 하는 것이 관례화되어 있습니다. 하지만 '교무'는 법적으로 교장, 교감의 업무이지 교사의 업무가 아닙니다. 교장, 교감은 분명히 '교육'을 해야 하는 교원인데, 수업을 하지 않습니다. 그렇다면 수업을 해야 할 시간에 다른 일을 해야 한다는 뜻입니다. 수업하는 교사에게 다른 일까지 맡겨놓고, 그걸 관리 감독하라는 것이 아니라는 말입니다.

교장이 안 되면 교사는 평생 하위직입니까?

공무원임용규칙이 있습니다. 인사혁신처의 예규로서, 법령으로서의 효력을 가지고 있습니다. 공무원임용규칙에 〈별표 1〉을 열어보면 '공무원경력 상당계급 기준표'라는 것이 있습니다. 이는 1~9급으로 매겨진 일반 공무원과 다른 직급 체계를 가진 특정직 공무원의 처우를 결정하기 위해 만들어 놓은 것입니다. 가령 군인은 소위, 중위, 대위. 경찰은 순경, 경장, 경사 등의 계급을 가지고 있기 때문에 이를 일반 공무원과 비교해서 높낮이를 가리기 위한 기준이 필요한 것입니다.

특히 교사는 이게 중요합니다. 다른 특정직 공무원과 달리 한 학교에

공무원경력 상당계급 기준표

일반직		4급	5급	6급	7급	8급	9급
경찰		총경	경정	경감 경위	경사	경장	순경
소방		소방정					소방관
군인							하사
국가정보원 직원 경호공무원 군무원		4급	5급	6급	7급	8급	9급
교육공무원	대학교원 (전문대학 포함)	부교수	조교수	전임강사			
	초·중등 교원 및 기타 교육공무원 — 초·중등 교원 봉급표 적용 대상자	24호봉 이상	16~23 호봉	12~15 호봉	11호봉 이하		
	초·중등 교원 및 기타 교육공무원 — 대학교원 봉급표 적용 대상자	대학: 17~23 호봉 전문대학: 19~25 호봉	대학: 11~16 호봉 전문대학: 13~18 호봉	대학: 7~10 호봉 전문대학: 9~12 호봉	대학: 6호봉 이하 전문대학: 8호봉 이하		

한 명뿐인 교장, 교감을 제외하면 나이 60세가 넘은 노교사도 직위는 교사이며, 25살 먹은 신규 교사도 똑같은 교사이기 때문입니다. 대학교의 경우는 총장, 학장, 학과장과 별도로 교수, 부교수, 조교수, 전임강사의 직급이 있어서 관계없습니다만, 초·중등학교의 경우는 모두 '교사'이기 때문에 교감, 교장을 계급으로 사용하면 심각한 모욕이 됩니다. 30년을 봉직해도 교감, 교장이 못 되면 신규 교사와 같은 계급이라는 뜻이 되어버리니 말입니다. 30년을 봉직해도 단 한 칸도 승급되

지 않는, 그런 공무원은 없습니다. 이건 상식적으로 말이 되지 않습니다. 우리나라 법령은 그렇게 모욕적이지도 어리석지도 않습니다.

평생 관리직을 바라지 않고 학생 교육에만 매진한 노교사를 충분히 예우하도록 되어 있으니까요. 그래서 교감, 교장이 되지 않더라도 24 호봉, 즉 15년 이상의 경력이 되면 4급 상당의 경력으로 인정하라고 되어 있습니다.

문제는 이게 현실에서 거의 지켜지지 않는다는 것입니다. 법이 정해져 있으면 뭐합니까. 현실에 적용이 되지 않는데. 그래서 아직도 공무원 여비기준, 각종 수당 기준 등에는 직책에 불과한 교장, 교감, 교사를 마치 계급이나 직급처럼 사용합니다. 교장은 4급, 교감은 5급, 교사는 6급 이런 식으로 말입니다. 법령을 위반하면서 말입니다.

별 대단한 대우를 바라는 게 아닙니다. 법에 정해 놓은 그만큼의 대우를 바라는 것입니다. 교장, 교감의 길을 가지 않고, 아이들과 평생을 함께 한 노교사들이 승진 못한 패배자가 아니라 참된 교육의 길을 가고 있다고 보람을 느낄 수 있게, 법이 정해 놓은 만큼의 대우라도 해달라는 것입니다.

교사가 가장 많이 필요한 곳은 초등학교입니다

학생들에게 교사의 손길이 가장 많이 필요한 학교는 어디일까요? 고등학교일까요, 초등학교일까요? 거의 대부분 초등학교라고 대답할 겁니다. 이건 상식이니까요. 아이들에게 세심하게 손이 많이 가는 순서대로 더 많은 선생님이 필요합니다.

하지만 현실은 정반대입니다. 초등학교에 가장 적은 수의 교사가 배치되고, 중학교가 그다음이며, 고등학교에 가장 많은 교사가 배치됩니다. 그래서 고등학교는 학급 수의 두 배에 달하는 선생님들이 있고, 중학교는 1.5배, 그리고 초등학교는 사실상 부장 교사를 제외하면 학급 담임이 아닌 교사가 없다시피 합니다.

그런데 교육활동은 초등학교가 가장 복잡합니다. 학교 밖으로 나갈 일도 많고, 체험활동도 많고, 놀이와 노작도 많습니다. 이 모든 일을 초등학교에서는 선생님 한 분이 다 맡아서 해야 합니다. 어디선가 아이들이 싸울 수도 있고, 다칠 수도 있고, 뭔가 저지레할 수도 있는데 한 분의 선생님이 이 모든 것을 관리하자니 여기를 보면 저기가 터지고, 저기를 보면 거기가 터집니다. 선생님 숫자가 적다 보니 각 선생님에게 학교 업무도 훨씬 많이 배당됩니다.

그럼에도 불구하고 초등학교에 교사를 적게 배당하는 까닭은 단지 수업 1차시가 초등학교는 40분, 고등학교는 50분이기 때문입니다. 이 얼마나 무식하고 기계적인 발상입니까? 초등학교 수업 40분은 정말 고등학교 수업 80%의 힘만 들이고 할 수 있단 말입니까? 저는 오히려 반대라고 생각합니다.

만약 초등학교가 고등학교처럼 학급 수의 두 배에 가까운 수의 교사 인력을 두고 있다면, 역할을 나누어 훨씬 다양한 활동을 할 수 있을 것입니다. 그러니 교육적 고려가 전혀 없이 단지 수업 시간을 기계적으로 적용한 현재의 교사배치기준은 전면 재고되어야 합니다. 초등학교에 고등학교보다 더 많은, 그게 어려우면 적어도 동수의 교사가 배치되어야 합니다. 만약 예산이 제약되어 불가능하다면 고등학교, 중학교 교사 정원을 줄여서라도 초등학교에 충분한 교사를 배치했으면 합니다. 참고로 저는 중학교 교사입니다.

수업하는 교사의 정원을 별도로 관리해야 합니다

우리나라는 교육의 전문성, 자주성, 그리고 정치적 중립을 헌법으로 보장하고 있습니다. 하지만 그게 실제로 들어가면 아무 소용없어지며, 결국 정치에 종속되고 맙니다. 그 까닭은 곳간 열쇠를 중앙 정부가 쥐고 있기 때문입니다. 교원 정원은 교육의 전문성과 자주성에 따라 결정되어야 하는데, 중앙 정부의 인사혁신처가 공무원 총 정원 범위 내에서 할당해주는 숫자만큼만 고용할 수 있을 따름입니다. 그나마도 기획재정부가 예산을 할당해주어야 가능합니다. 교원의 정원은 공무원 총 정원과 별도로 책정되어야 합니다.

그리고 또 다른 문제가 있습니다. 우리나라는 학급당 교원 수, 혹은 교원 1인당 학생 수를 기준으로 교원의 정원을 책정합니다. 그런데 이 교원에는 교사뿐 아니라 교장, 교감, 보건교사, 영양교사, 상담교사, 사서교사 등이 모두 포함되어 있습니다. 이들은 수업을 거의 하지 않거나 아예 하지 않는 교사들입니다. 물론 학급 담임을 맡지도 않습니다. 그럼에도 불구하고 이들을 포함하여 학교 교원 정원을 책정하다 보니, 이들의 직렬 한 자리가 늘어날 때마다 수업을 하고 담임을 맡는 교사의 숫자를 줄여야 합니다. 그럼 누가 피해를 볼까요? 담임교사의 배려

가 줄어들고 교과교사의 수업의 질이 떨어지는 피해를 학생들이 보게
됩니다.

교장, 교감, 보건교사 등은 학급 수와 무관하게 학교당 1명인 경우가
대부분입니다. 그러니 이분들은 1학급당 1.5명 이런 식으로 배당되는
담임, 교과 교사와는 별도의 정원으로 관리해야 할 것입니다. 그리고
담임, 교과 교사를 먼저 충분히 확보한 다음에 여력이 있을 때 타 교사
를 확보하는 게 원칙이 되어야 할 것입니다. 학교에서 무엇이 중요한
지, 다른 일들이 다 없어져도 이게 사라지면 더 이상 학교가 아니게 되
는 일이 무엇인지 조금만 생각해 보면 바로 답이 나옵니다.

회식, 1박 2일 워크숍, 단합대회, 꼭 필요할까요?

우리나라 직장인들의 가장 큰 스트레스 원인이 야근이나 승진 압박
이 아니라 억지로 함께 먹어야 하는 회식이라는 조사 결과가 있습니
다. 직장 동료와 술과 밥을 나누는 복된 자리라야 할 회식이 야근보다
싫다니 참으로 놀랍습니다. 이유는 간단합니다. 우리나라 직장 문화가
가부장적이고 억압적이기 때문입니다. 그런 가부장적이고 억압적인
직장 문화가 퇴근시간을 지나 저녁시간은 물론 밤늦은 시간까지 이어
지니 얼마나 괴롭겠습니까? 그것도 '2차 가자', '3차 가자' 하면서 끝도
없습니다. 고역도 이런 고역이 없을 것입니다.

물론 이 회식이 즐거운 사람들이 있습니다. 딱딱한 격식을 지켜야 했
던 직장에서 벗어나 자유를 즐길 수 있는 사람들, 다음날 업무 부담이

적은 사람들입니다. 다시 말해 직급이 높을수록, 나이가 많을수록, 남자일수록 회식은 즐겁습니다. 반대로 직급이 낮을수록, 나이가 적을수록, 여자일수록 회식은 괴롭습니다.

회식보다 더 괴로운 것이 있습니다. 단합대회, 연수, 워크숍 등의 이름으로 이루어지는 야유회나 직원 여행, 직원 연수, 워크숍 등의 이름으로 행해지는 1박 2일 이상의 단체여행 역시 괴롭습니다. 이건 휴일까지 쉬지 못하게 만드니 말입니다. 휴일까지 길게 연장된 회식의 변종이라고 불러야 하겠죠. 한두 사람만 즐겁고 모두가 피곤한 것이 회식이요, 연수요, 단합대회라고 하면 틀림없습니다.

특히 학교는 여성 비율이 높은 직장입니다. 그리고 한국 사회에서 아직까지는 여성이 육아에 더 많은 책임을 지기 때문에 퇴근시간이 지나 밤늦게까지 회식이 이어진다거나, 심지어 1박 2일 행사가 잡히는 것은 여간 부담스러운 것이 아닙니다. 그렇다고 생산적인 자리도 아니고 기껏해야 교장, 교감과 몇몇 부장 교사만 흥에 겹고 나머지는 박수나 쳐야 하는 자리라는 것은 공공연한 비밀 아닙니까?

물론 참석여부는 자유라고 합니다. 하지만 회식과 단체 워크숍 따위의 일정이 잡히면 당당하게 불참을 말하기 어렵습니다. 민주주의를 가르쳐야 하는 교사들이 속해있는 학교라는 기관이 교장을 영주로 삼는 봉건 체제나 다름없기 때문입니다. 법적인 지배가 아니라 권위로 통치하는 우리나라 학교는 교장의 한마디에 안 되는 것도 없고, 되는 것도 없는 곳입니다.

간혹 탈권위적인 교장도 있습니다만 상당수의 교장은 회식이나 워크숍에 교직원의 대부분이 참석하기 바라며, 빈자리가 많으면 권력누수가 발생한 것처럼 민감하게 반응합니다. 그래서 회식, 워크숍 등도 업무의 연장이라고 강변하며 참석을 종용하는데, 아무리 자유의지를 보장한다고 해도 이걸 거부하는 게 말처럼 쉬운 일이 아닙니다. 이 문제는 개인의 용기로 해결될 일이 아니며, 지침과 규정으로 정리해야 할 일입니다.

최근 대기업에서는 회사 방침으로 회식은 1차로 끝내고 술을 강요하지 않으며, 문화행사를 권장한다는 등의 '회식 규정'을 만들어 각 부서에 시달하고 있다고 합니다. 교육당국 역시 이런 일상의 작은 개혁에 소홀하지 않았으면 합니다.

몇 가지 간단한 팁을 드리겠습니다.

대부분 회식이나 1박 2일 행사는 협의회비나 업무추진비로 집행됩니다. 그런데 술을 마시면서 협의하거나 업무를 추진한다는 것은 상식적으로 납득이 가지 않습니다. 더구나 업무의 연장인 협의회를 근무시간 이후에 길게 가지는 것은 조리에 맞지 않는 일입니다. 간단하게 식사를 시켜먹으면서 '초과근무'로 처리하는 것이 마땅합니다.

따라서 이런 지침 하나면 회식은 근절됩니다. "협의회비는 원칙적으로 근무시간 내에 지출하고, 부득이한 경우 저녁 7시 이내에 마치며, 술값지출은 금지한다. 직장 내 친목을 위한 식사나 술자리는 가급적 전체 단위가 아니라 소규모로 '자비' 부담으로 실시한다." 실제로 미국이나 일본 등에서도 업무가 길어져서 하게 되는 식사는 회사 안에서 간단히 공금을 사용하지만, 회식과 같은 친목을 목적으로 하는 자리는 각자 사비를 털어서 한다고 합니다.

워크숍 등의 1박 2일 행사의 경우, "휴일 근무 강요가 되지 않도록 하고, 전체 교직원이 한꺼번에 움직이는 방식보다는 학습 동아리 등과 연계하여 소규모 테마 여행 방식으로 자율적으로 진행하는 것을 권장"이라고 지침 한 줄 내려보내면 됩니다. 요즘 수학여행도 학년 전체가 움직이기보다는 주제별로 소그룹을 만들어서 가기를 권장하고 있습니다. 이처럼 교원들의 단체여행 역시 필요하다면 그렇게 하는 게 마땅하지 않겠습니까? 전체 교직원보다는 3~4명 단위의 뜻 맞는 동료들이나 동 교과 교사들이 학습 자료 답사를 겸하여 학습여행을 가는 것입니다. 그렇다면 학교 예산을 지원해도 하등 문제가 없습니다. 물론 이 경우에도 꼭 필요한 숙식비만 제공하고 술값 등은 사비를 사용하도록 해야 합니다.

학교의 비민주적인 문화는 학교장의 권력이 공문서와 절차를 넘어 일상생활까지 침투할 때 공고해집니다. 그리고 회식과 전체 워크숍 등은 암암리에 이를 재생산하고 일상화하는 기제로 작동합니다. 사소해 보이지만 학교민주화를 위한 큰 발걸음이 될 수 있는 작은 개혁, 전체 회식과 워크숍 폐지에서 의외로 크게 내디딜 수 있습니다. 이것만은 꼭 한번 해 보았으면 합니다.

더 하고 싶은 말이 많습니다만, 그 생각들은 함께한 선생님들의 글에 충분히 표현되어 있을 것이라 생각합니다. 그러니 저는 이 간단한 제안 몇 가지, 법 개정도 필요 없고 장관이나 교육감이 의지만 있으면 얼마든지 빠른 시일 내에 할 수 있는 이것들만이라도 올해 안에 이루어졌으면 하는 바람을 글에 담아보았습니다.

칭찬은 고래도 춤추게 한다고 합니다. 학생을 춤추게 하라고 합니다.

하지만 고된 업무에 지치고, 엉뚱한 일을 하느라 소진되고, 사회적 냉대와 몰이해에 지친 교사들이 어떻게 학생을 춤추게 하겠습니까? 부탁드립니다. 우리도 춤추고 싶습니다.

권재원 성원중학교에서 사회를 가르치고 있다. 민주시민교육에 관심이 많으며, 교육의 본질이 무엇인지에 대해 고민 중이다. 실천교육교사모임의 고문으로 회원들의 활동을 보고 듣는 역할을 하고 있다. 저서로는 『학교라는 괴물』 『그 많은 똑똑한 아이들은 어디로 갔을까』 등이 있다.

교사가 바라는
교육개혁

정성식(이리동남초등학교, 실천교육교사모임 회장)

교사가 바라는 교육개혁을 화두로 삼으며

촛불혁명으로 탄생한 문재인 정부는 적폐 청산과 더불어 적극적인 교육개혁을 강조하고 있다. 이미 후보 시절에 이를 실현하기 위한 13 가지 로드맵을 제시한 바 있으며, 국정 역사교과서 폐지와 세월호 희생 기간제 교사 순직 처리 등 출범 이후 대통령의 업무지시로 실시한 정책들을 봐도 새 정부의 교육개혁에 대한 강력한 의지를 엿볼 수 있나. 이어 국정기획자문위원회에서 발간한 100대 국정과제를 담은 『국정개혁 5개년 계획』에도 교육 부문 7개 과제가 제시되었다.(다음의 표 참고) 교사를 교육개혁의 대상으로 치부하던 기존의 흐름이 옅어졌고, 더구나 혁신교육의 아이콘으로 불리던 김상곤 전 경기도교육감이 교육부장관이 되었다. 이러한 일련의 상황은 교육개혁에 대한 기대를 품게 하고 있다.

그러나 기대 못지않게 걱정도 크다. 그동안 교육개혁이라는 이름으로 실시된 여러 교육정책이 좌절되고 실패한 기억이 먼저 떠오르기 때문이다. 새 정부의 교육개혁 로드맵도 결국 위로부터의 개혁이고 이 정책들을 입안하는 과정에서 교사들의 의견이 충분히 담기지 않았다는 점이 이런 걱정을 갖게 한다. 왜 아니겠는가? 지금껏 교사는 교육과정을 포함한 모든 교육정책의 결정 과정에서 철저하게 소외되어 왔다. 이것만으로도 서러운데 정권이 바뀔 때마다 교사는 늘 불만 가득한 교육현실을 설명하기 위한 희생양이 되어 교육개혁의 대상이 되어야만 했다.

기존의 교육개혁은 늘 '교사 두들기기'로 시작했다. 각종 언론에서 일부 사례를 침소봉대하여 '촌지 교사', '폭력 교사', '무능력한 교사', '철밥통 교사'라는 이미지를 만들어내면 '스승이 없다'는 프레임이 꼭 뒤따랐다. 보수도 진보도 크게 다를 바가 없었다. 교육개혁을 열망하며 문재인 정부의 교육정책을 지지하면서도 이런 경험이 있었기에 걱정 또한 큰 것이 사실이다.

필자는 지금껏 교육개혁이 실패한 요인을 여기에서 찾는다. 눈 뜨면 늘 학교에서 아이들을 만나는 교사들을 교육개혁의 대상으로 삼았으니 이와 같은 교육개혁이 어떻게 성공할 수 있었겠는가? 누구나 교육을 이야기하지만 교사보다 교육을 잘 아는 사람은 없다. 그럼에도 불구하고 교사는 늘 교육정책의 입안 과정에서 배제되었으니 어찌 실효성 있는 정책을 만들 수 있었겠는가? 따라서 교사는 교육개혁의 대상이 아니라 주체여야만 한다. 새 정부 출범과 궤를 같이하여 실천교육교사모임에서 지난 2017년 6월 17일 '교사가 바라는 교육개혁'이라는 주제로(이 글의 제목과 같다) 현장 교사 중심의 정책 포럼을 개최한 것도 교사들의 목소리를 들으라는 강력한 의지의 표현이었다.

교육개혁의 성공을 위해 필요한 태도

"세상에서 가장 해내기 어려운 것, 가장 성공이 의심스러운 것, 가장 다루기 위험한 것은 새로운 질서를 도입하는 일이다."

마키아벨리가 『군주론』에서 했던 말이다. 그의 말이 사실이라면 '교사가 바라는 교육개혁'을 입에 담는 지금 우리의 논의는 어렵고, 의심스럽고, 위험한 것일 수밖에 없다. 교사가 교육개혁의 주체가 되었던 적이 한 번도 없으니 이런 걱정은 더 클 수밖에 없다. 그 이유를 마키아벨리는 다음과 같이 설명했다.

"구질서로부터 이익을 얻는 온갖 종류의 사람들은 모두 개혁가의 적이 되지만, 새 질서로부터 이익을 얻는 사람들은 그저 미지근한 옹호자가 될 따름이다."

이 말을 곱씹어 생각해보면 개혁이 실패하는 요인은 기득권 세력의 반발보다 내심 개혁을 지지하면서도 소극적인 사람들의 태도 때문이라는 것이다. 이어 마키아벨리는 사람들이 개혁을 왜 이렇게 소극적으로 옹호하게 되는지 그 이유를 다음과 같이 밝혔다.

"이는 '반대세력에 대한 두려움'과 '실제로 경험해 볼 때까지는 어떤 새로운 것도 믿지 않는 인간의 어리석음' 때문이다."

이 말은 언뜻 보면 개혁의 실패 요인을 이야기하는 것 같지만 실상은 개혁의 실패가 아니라 개혁의 성공 과정을 이야기하고 있다. 즉 개혁이 성공하기 위해서는 개혁을 위해 노력하는 사람들이 개혁을 반대하는 세력과 맞부딪히며 힘을 소진하기보다 개혁을 지지하는 사람들에게 개혁의 결과에 대한 강한 믿음을 주어야 한다는 것이다.

500년 전 이탈리아에 살았던 마키아벨리가 말한 개혁은 오늘날 우리가 이야기하는 교육개혁에 비추어봐도 큰 의미가 있다. 교육개혁의 본질, 교육개혁의 성공을 위해 우리가 어떤 노력을 해야 하는지 분명하게 밝히고 있기 때문이다. 그러나 복잡해진 현대사회에서 지지자들의 강한 믿음만으로 교육개혁을 달성하기란 불가능하다. 교육의 난제를 풀기 위해서는 첨예하게 얽혀있는 이해관계와 이로 인해 파생된 사회 문제를 먼저 풀어야 하는 험난한 과정을 반드시 동반하기 때문이다.

그렇기에 먼저, 교육개혁에 대한 확신을 갖고 새로운 교육개혁안을 마련해야 한다.

개혁을 주도하는 세력은 새로운 이상을 품고 이를 실현할 수 있다는 확신에 차 있어야 한다. 그러나 새로이 원대한 교육적 이상만을 쫓느라 시간을 허비할 필요도, '교육 선진국'이라며 유럽의 여러 나라를 지나치게 기웃거릴 필요도 없다. 이미 대한민국 헌법에서 우리가 바라는 교육적 이상을 충분히 찾을 수 있다. 무능하고 부패한 정권을 무너뜨리고 새 정부를 세울 수 있었던 것도 헌법정신이 살아있기에 가능했던 일이다. 그렇다면 대한민국 헌법 제31조와 교육기본법이 밝히고 있는 교육적 이상을 구현하는 것이 우리의 과제가 되어야 한다. 우리가 그

토록 보장받고자 외쳐왔던 교육의 자주성, 전문성, 정치적 중립성, 대학의 자율성, 교육에 대한 국민의 권리와 의무, 이를 실현하기 위한 국가와 지방자치단체의 책무가 헌법과 교육기본법에 고스란히 담겨있기 때문이다. 이를 구현하겠다는 강한 확신을 갖고 새로운 교육개혁안을 마련해야 한다.

5·31 교육개혁안이 나온 지 20여 년이 지났지만 아직 우리는 이렇다 할 교육개혁의 청사진을 마련하지 못하고 있다. 5·31 교육개혁안에 대해서는 평가가 엇갈린다. 문명사적 대전환이라며 극찬하는 이들이 있는가 하면, 신자유주의에 편승한 과도한 시장주의의 개입으로 실패한 교육개혁이라고 폄하하는 이도 있다. 이런 상반된 평가를 깊이 성찰하고 이를 보완할 수 있는 교육개혁안을 마련할 때가 되었다. 중장기적인 교육개혁안이 마련되어야 즉흥적인 교육정책의 남발 또한 막을 수 있다.

또한, 사소한 교육개혁도 뜨겁게 옹호해야 한다.

잠시 노무현 정부의 교육개혁을 회상해 본다. 사립학교법 개정을 비롯하여 야심차게 시작했던 교육개혁은 모두 실패로 끝나고 말았다. 왜 노무현 정부의 교육개혁은 실패했던 것일까? 마키아벨리가 말했던 것처럼 노무현 정부의 교육개혁 실패의 원인은 개혁 반대 세력의 저항보다 지지자들의 미지근한 옹호 때문이었다고 하면 지나친 비약일까?

역설적이게도 노무현 정부 집권 초기에, 정권의 힘이 강할 때 정부와 가장 첨예하게 맞섰던 교육계의 세력은 같은 진보 개혁 진영의 전교조였다. 전교조의 NEIS 반대 투쟁은 모든 교육개혁 이슈를 삼켜버리는 블랙홀이었다. 그리고 결국 개혁적 성향의 교육부장관을 낙마시켜버리고 말았다. 과연 NEIS가 그렇게 교육을 망치는 시스템이었는지 진지하게 돌아보아야 한다. 이를 두고 그렇게 사생결단으로 정부와 대립각을 세워야 했는지, 그 힘을 사립학교법이나 교장공모제 같은 다른 교육개혁안에 실었더라면 어떠했을지 진지하게 돌아보아야 한다. 문재인 정부에서 이런 과오를 다시 범해서는 안 된다. 그러자면 교육개혁이라는 큰 산을 넘기 위해 진보 개혁 세력은 서로 뜨겁게 옹호해야 한다.

아울러, 교육개혁의 시기를 놓쳐서는 안 된다.

모든 정부는 집권 초기에 힘이 가장 막강하다. 이때는 개혁 반대 세력도 주춤할 때이니만큼 교육개혁을 위한 적기이다. 이 시기를 놓치면 개혁의 동력은 크게 위축될 수밖에 없기에 촌음을 아껴 교육개혁을 수행해야 한다. 특히 바로 할 수 있는 일과 보다 시간이 필요한 일을 구분하는 정교한 단계적 로드맵을 마련하는 것이 중요하다. 좋은 내용을 만드는 것 못지않게 중요한 것이 바로 그 내용을 실행하는 방략이기 때문이다.

일단 내실 있는 교육개혁을 위해서는 어느 정도 사회적 공감대가 이루어져 있는 적폐 청산을 우선시해야 한다. 그리고 그것들을 '체감'할 수 있게 해야 한다. 그러한 것들로는 최근 폐지된 일제고사에 이어 급속 확대된 자사고와 외고, 영어몰입교육, 내부형 교장공모제 비율 제한, 교원성과급제, 비대화된 훈령과 지침, 교총 독점의 교원단체 체제 등이 있다. 이러한 사안들은 이미 폐지의 근거가 될 상당한 연구자료

축적과 여론 형성이 완비되어 있으며, 법 개정 사안이 아닌 시행령 개정 사안이므로 단호하게 돌파해 내야 할 것들이다. 이와 병행하여 '교원업무 정상화'나 '학급당 학생 수 감축'과 같이 현장에서의 교육적 파급력이 큰 정책들이 뒤따라야 함은 물론이다.

마지막으로 현장으로부터의 교육개혁이어야 한다.

지금껏 교육개혁이라는 이름이 붙은 모든 정책은 하향식이었다. 정부에서 급하게 만든 정책들을 학교에 던지며 시행하는 데 급급했다. 이런 상황에서 교사들은 헌법이 보장하는 권리를 누리지 못했다. 교육의 자주성, 전문성, 정치적 참정권은 물론 제한된 노동권마저도 제대로 보장받지 못해 왔고, 또 그렇기에 OECD 최고 수준의 우수한 자원이 모여있음에도 불구하고 그 능력을 발휘할 기회를 박탈당해왔다. 따라서 오늘날 가장 시급하게 청산해야 할 '교육 적폐'는 바로 교사를 홀대하는 제도와 풍토이다.

혁신학교 운동의 성공에서 알 수 있듯이 교사들의 목소리가 살아나야 학교가 살아난다. 교사들이 행정업무에 쏟는 시간과 부담이 얼마인지, 그로 인한 교육적 손실이 얼마나 큰지 정부는 세밀하게 살펴야 한다. 그리하여 교사들이 교육의 본질을 찾기 위해, 아이들의 성장에 도움이 되는 일이 무엇이고 이를 어떻게 실천해 갈 것인지 끊임없이 탐구하고 시도할 수 있는 기반을 마련해야 한다. 그리고 정책의 내실화와 부작용 예방에 필수적인, 현장 교사와 소통할 수 있는 거버넌스 체제도 확립해야 한다.

무엇을 할 것인가 - 교원업무 정상화

앞으로의 교육개혁은 이전과 확연하게 달라야 한다. 이를 위해서는 학교의 실상을 제대로 파악하는 것에서부터 시작해야 한다. 흔히들 교육의 질은 교사의 질을 넘을 수 없다고 하니 학교에서 교사들이 어떻게 살아가고 있는지부터 살펴보자.

실천교육교사모임은 지난 2017년 5월, 전국의 교원들을 상대로 하는 설문조사를 통해 학교에서 교사들이 수행하고 있는 각종 업무 실태를 조사한 바 있다. 설문 결과는 참담했다. 대한민국의 교사는 교육자가 아니라 행정 실무사라고 해도 과언이 아닐 정도였다. 안전, 돌봄, 정보 등 교사들이 수업 외에 맡고 있는 각종 행정업무는 무려 230여 건에 이르렀다(뒤편 부록 참고). 사실 교육부와 교육청은 하루 평균 20여 건의 공문서를 학교에 보낸다. 학교에서 다루는 공문서의 양이 연간 만 건을 넘고, 많은 곳은 2만 건을 넘은 지 이미 오래이다.

이 참담한 실상을 이해하는 것에서 교육개혁이 시작되어야 한다. 읽기에도 벅차지만 학교의 실상을 제대로 보여주는 데 이만한 자료도 없으니 인내심을 갖고 교사들이 학교에서 어떤 일을 하며 살아가고 있는지부터 확인하자. 물론 이 업무들을 모든 학교에서 하는 것도 아니고, 꼭 필요한 일인 경우도 있다. 하지만 중요한 것은 전반적인 추이다. 그런 다음 냉혹하게 묻자. 이 많은 행정업무를 하면서 교사가 어떻게 교육에 전념할 수 있을지, 이러고도 교사를 '교육자'라고 할 수 있을지.

이후 실천교육교사모임은 이러한 교사들의 업무 실태 조사 결과를 바탕으로 교육부에 민원을 제기했다. 민원의 요지는 교육행정 법치주의 원칙에 입각하여 교사들이 학교에서 하고 있는 이러한 일들의 법적 근거가 무엇인지, 이 일들의 업무 담당자가 누구인지 초 · 중등교육법 제20조(교직원의 임무)에 근거해 구체적으로 밝혀달라는 내용이었다.

이에 대해 교육부는 답변 기한까지 연장하며 근거를 찾느라 심혈을 기울였지만 정작 답변 결과는 어처구니가 없었다. "모든 업무의 법적 근거를 정해서 업무를 추진하다 보면 업무효율성을 저해하므로 법적 근거를 다 정할 수 없다", "업무 담당자 또한 학교의 자율성을 확보하기 위해 학교에서 자율적으로 정할 수밖에 없다"는 내용이었으니 행정부의 책임을 고스란히 학교에 떠넘긴 것으로밖에 볼 수 없다. 교육과정 운영 등을 비롯하여 학교의 자율성을 보장해야 할 때는 각종 규정을 만들어서 이를 제약하더니 법적 근거도 없는 각종 사업을 만들어서 학교에 떠넘기고 이로 인해 파생된 교원의 행정업무에 대해서는 학교의 자율성을 보장한다는 이유를 들어 어물쩍 넘어가니 책임 있는 답변이라 볼 수 없다.

학교의 실상은 이렇게 교육의 본질에서 벗어나 있으나 교육행정기관은 이를 해결하려는 의지를 보이기보다는 책임을 회피하고 있는 것으로 보인다. 교육부와 교육청은 해마다 '교원 행정업무 경감대책'을 마련하여 학교에 하달하고 있으나 교사들의 행정업무는 해가 갈수록 증가하여 교사가 학생들과 멀어지게 만들고 있는 것이 현재 교육현장의 엄혹한 현실이다.

사실 교원업무 정상화 과제는 어제오늘의 일이 아니다. 이미 1979년부터 '잡무 경감'이라는 표현이 각종 교육시책에 나타난 바 있고, 2009년 진보교육감 등장 이후 본격화된 바 있다. 2012년에는 교육부 차원에서도 교원 행정업무 경감대책을 만들어 시행하기도 했다. 물론 이러한 노력의 성과가 없는 것은 아니었다. 일단 뿌리 깊은 종이·전산 이중결재 관행이 사라지고 공문이 감축되는 동시에 질이 좋아졌으며, 교원행정업무에 대한 관심이 환기되면서 교무행정실무사가 배치되었다. (일반직의 반발로 비록 좌절하긴 했지만) 대학본부를 모델로 교무실과 행정실을 통합한 '교육지원실' 설치, '업무전담팀' 구성 등이 시도된 바도 있다. 성남형 교육의 사례에서 엿볼 수 있듯 혁신교육지구 사업이 시도되어 돈이 아니라 실무 자체를 지원하는, 예컨대 방과후학교나 돌봄교실 같은 교육과정 외 업무를 지자체로 이관해가려는 시도도 나타나고 있다.

그러나 여전히 갈 길이 먼 것 또한 사실이다. 현재까지의 교육부 시책은 알맹이도 진정성도 없고(단적으로 교육부가 특별교부금으로 벌이는 각종 전시행사는 여전하며, NEIS 메뉴나 각종 훈령·지침은 해마다 복잡해지고 있다), 그렇기에 시·도 교육청 차원의 시책은 권한의 한계가 명확하다. 시·도 교육청 차원에서도 조정하지 못하는 일반직과 교사 간의 업무 조정(예컨대 비교육 업무인 전산·정보 업무나 복지·민원 업무 이관)을 학교장에게 떠넘기는 사례나, 자신들의 면피를 위해 교육부와 무관하게 자체생산하여 일선 학교에 강요하는 각종 점검 문서 제출 요구와 컨설팅 등의 사례를 놓고 볼 때, 시·도 교육청 역시 책임 회피적 속성이 강고함은 물론이다.

특히 교원업무 정상화와 관련된 명확한 법적 근거가 없다 보니 현장에서는 늘 학교 관리자 등에 의해 취사선택되고 마는 결과가 빚어지곤 한다. 일제 강점기에 그 연원을 두고 있는 뿌리 깊은 감시·통제 체제와 사회적 신뢰자본의 부재에서 기인하는 과잉 행정의 메커니즘은 여전하며, 사회의 복잡화에 따른 교육행정 관료조직의 무질서한 비대화, 칸막이 문화, 일반직·초등·중등 자리 고착화 등은 이러한 경향을 더욱 악화시키고 있는 실정이다. 항구적인 실무 인력 부족 현상과 잘못된 승진 문화를 야기하는 연공서열에 입각한 뿌리 깊은 '예우 문화'(상급자의 실무 열외 관행, 예컨대 교장, 교감과 행정실장) 등 역시 여전함은 물론이다.

이러한 상황을 등한시한 채 말하는 어떤 교육개혁도 결국 공염불일 수밖에 없다. 단적으로 대통령 공약 사항인 학점제 실시나 역량 중심의 미래형 교수학습 활동을 위해서는 기존에 주어진 '교과서의 진도를 주입식으로 빼던' 것과 비교할 수 없을 정도의 공력이 각각 교육과정 기획 및 재구성, 과정형 평가 및 피드백 과정에 소요된다. 따라서 교육개혁을 위해서는 행정이 아닌 교육을 중심으로 하는 교원업무의 정상화가 필수적인 과제이다. 더 나아가 이는 (약간의 과장된 감이 없지는 않지만) 제4차 산업혁명으로 일컬어지는 사회 변화에 부응하는 변화이기도 하다. 비단 구글과 같은 글로벌 기업이 아니더라도 삼성이나 SK 같은 국내 유수의 대기업들은 이미 수직적 관료제 질서를 수평적 네트워크형 질서로 바꾸기 위해 실무 열외 관행 타파, 팀제 개편 등에 나서고 있는 실정이다. 돈 한 푼 들지 않지만 획기적인 효과를 보이는 조직 효율화 및 생산성 향상 정책이기 때문이다.

무엇을 할 것인가 - 교육법 정비

1948년 만들어져 우리 교육을 규정했던 구(舊) 교육법은 1998년 역사의 뒤안길로 사라졌다. 기본적으로 일제 강점기의 식민지 법률 체제를 계승한 구 교육법이 새 시대에 맞게 교육기본법을 근간으로 하는 새로운 법령 체계로 새롭게 변화·발전한 것이다. 단적으로 해방 이후 반세기에 걸쳐 '교사는 교장의 명을 받아 학생을 교육'하던 존재였지만 새로운 교육법령 체제에서는 '법령이 정하는 바에 따라 학생을 교육'하는 존재로 바뀌게 되었다.

그러나 교육법 체제가 완벽하게 바뀐 것은 아니다. 시스템이라는 것이 하루아침에 완전히 바뀔 수 있는 성격이 아닌 까닭에 기존의 체계가 그대로 계승되는 경우도 상당히 많았다. 또 법 개정 이후로도 학교 현장에 부합하지 않는 법령이 계속 생겨나 기존의 모순에 새로운 문제점이 얽혀버리는 상황도 발생하게 되었다. 교육 당국은 법령에 따라 학생을 교육해야 할 교사에게 정작 교육법에 대해서는 제대로 연수를 펼치지 않았으며, 교육과정 편성에서 승진이나 교원단체 활동에 이르기까지 전방위적으로 법령에 따라 움직이는 교사들도 그간 교육법에는 별반 관심을 기울여오지 않았던 것 또한 사실이다.

법치를 근간으로 하는 민주사회의 학교에서 이러한 모순적 상황이 발생하게 된 이유는 아마도 일단 상대적으로 선량하고 도덕성이 높은 (이는 세월호 참사 때 탑승객 중 사망률이 가장 높은 집단이었음에서 확인할 수 있다) 교사 집단의 문화 특성상 '법 없이도 살 사람'을 긍정적으로 보는 막연한 감성이 퍼져 있기 때문일 것이다. 또한 교사들에게 입법 활동과 같

교육법령 제·개정의 방향	실태	관련 법령
교원업무 정상화 법적 근거조항 마련	◦ 과도하고 번잡한 행정업무, 상급자의 실무 전가 관 행으로 교사가 교육활동에 집중하지 못하는 상황 ◦ 담임에게 전가되는 각종 잡무가 60~70종 이상으 로 학생 상담 등이 부실해지는 동시에 담임 기피 현상 만연 ◦ 법적 근거가 없고 교원업무 정상화 시책의 실효성 이 약해 국가적 차원에서의 업무 조정(예컨대 전 산, 복지 등) 필요	「교원지위향상 및 교육활동보호 를 위한 특별법」 등
교육활동의 자율성 확보	◦ 교육과정에 강제하는 내용이 포함된 법률이 학교체 육진흥법 외 13개에 달함 ◦ 각종 법령 및 교육부·청에서 요구하는 옥상옥 각종 범교과학습(안전교육, 성교육, 인성교육 등 30개)이 지나치게 많고 세부적이어서 학교와 교사의 교육활 동 재량권 침해 ◦ 교육과정 편성·운영 및 평가 등에 대한 지나치게 세 부적인 관리 지침을 유연화하여 학교 및 교사의 자 율성 강화 필요	「초중등교육법」, 「학교체육진흥 법」 등
학교생활기록부 정비	◦ 학교생활기록부의 기록 내용이 지나치게 많고 각 영 역 간 중복되는 요소가 많아 비효율 발생 ◦ 형식적이고 과도한 기재요령으로 인해 교사의 자율 권이 침해 당하고 교사가 학생 교육이 아닌 기록 자 체에 매몰되게 만드는 전도 현상 발생 ◦ 현실적으로 객관적 검증이 불가능한 영역이 있어 도 리어 비교육적인 상황 초래(예컨대 봉사나 독서 실 적 부풀리기 및 입시전형에 맞춘 자아조작 등 '전시 형 인간상' 육성)	「초·중등교육법」 등
학교폭력 대응 체계 정비	◦ 일률적인 피해-가해 중심 학교폭력법이 다양한 사 례를 포괄하기 어렵고 또 교육적 접근이 필요한 학 교 현장에 맞지 않아 도리어 학교 내 갈등을 부추김 ◦ 학교 관리자의 책임 방기 속에서 담임교사나 담당자 에게 부담이 전면 전가되어 타 교육활동에 방해가 되는 현상 발생	「학교폭력예방 및 대책에 관한 법률」 등
학교 내 인권 보호장치 강화	◦ 상호 존중의 민주주의적 학교 문화 풍토 조성 및 최 소한의 학교 질서 유지의 필요성 존재 ◦ 정치적 입장에 따른 학생인권과 교권의 소모적 대립 을 지양할 전기 마련	가칭 「학교인권 법」, 「초중등교육 법」 등

국제중, 특목고, 자사고 폐지	∘ 대학에 이은 중·고등학교 서열화 심화로 선행학습 및 입시경쟁 야기 ∘ 자사고와 외고가 설립 목적에 맞지 않게 교육과정을 편성·운영	「초중등교육법 시행령」 등
교장 임용 풀 확대 및 공모제 내실화	∘ 2007년 9월 도입한 이후, 여러 연구에서 평교사 내부형 교장공모제 학교의 교원과 학부모 만족도가 가장 높음 ∘ 그러나 2011년 정부는 교장 공석 상태의 자율학교 15%만 내부형 교장공모제 신청이 가능하도록 하고, 이중 15%만 평교사 지원이 가능하도록 제한	「교육공무원임용령」 등
학교자치 기반 마련	∘ 민주적 학교 운영을 위한 교직원회, 학부모회, 학생회 법제화의 필요성 ∘ 학생이 학교운영위원회의 학교운영에 관한 의사결정과정에서 완전 배제된 상황	「초중등교육법」, 「초중등교육법 시행령」 등
교육자치 시스템 정비	∘ 교육부장관과 교육감의 권한 관계가 모호하여 교육정책의 수립과 집행에 많은 갈등을 유발하고 교육자치의 침해 초래함 ∘ 교육의 분권성·자주성을 강화하여 변화된 교육환경에 조응할 필요성	「교육기본법」, 「정부조직법」, 「지방자치법」 등

은 정치 참여 기회가 제한되어 있어 이에 관심을 기울이기 힘든 조건이었고, 이를 보완해야 할 교원단체들 역시 교육 외 '애국'이나 '노동' 혹은 '통일' 같은 거대 담론에 몸이 기울어 그 속성상 보수적이고도 전문적인 성격을 띄는 '법제' 개선보다는 역동적인 '운동'에 조금 더 치중된 경향이 있었기 때문일 것이다.

하지만 이는 앞서 언급한 민주국가의 교육행정 법치주의 원칙에도 어긋날뿐더러, 교육개혁 운동의 측면에서 볼 때도 결정적인 한계가 있다. 운동의 열기란 장기적으로 지속되기는 어렵고, 그리하여 운동의 열기가 사그라든 후 법제에 기반한 공문 한두 줄로 운동의 성과가 무력화될 수 있기 때문이다. 이는 교육계에서 기득권을 가지고 있는 교육관료조직이 법제화를 통해 자동적인 작동 동력을 얻으려고 하는 것을 통해서도 미루어 짐작할 수 있다.

2017년 봄 실천교육교사모임이 헌법, 교육기본법, 초중등교육법, 교육공무원법 등 교육 관련 기초적인 법들을 한데 묶은『손바닥 교육법』을 펴내며 '교육법 읽기 운동'을 시작한 이유도 여기에 있다. 교과용 도서 선정 및 생활기록부 작성에서 예산 사용 관련 행정업무, 전보와 승진에 이르기까지 공교육의 거의 모든 일이 법령에 따라 움직인다는 점에서 교육법에 대한 관심은 교육개혁과 교육혁신의 출발점이 되기 때문이다. 특히 교사들이 교육법을 제대로 알면 교육정책의 취지를 정확히 이해할 수 있고, '할 수 있는 일'과 '할 수 없는 일', '해야 하는 일'과 '안 해도 되는 일'을 구분할 수 있게 되어 교육에 대한 자부심과 이를 지킬 수 있는 두둑한 배짱도 기를 수 있다. 더 나아가 '법 조항은 그런대로 잘 만들어졌는데 지켜지지 않는 것'과 '변화된 시대에 맞게 법 조항의 개정이 필요한 것'을 잘 살펴 지켜지지 않는 것들을 지키도록 강제하고, 시대에 뒤떨어지고 제대로 된 교육을 가로막는 조항을 개정하는 데 앞장서면, 우리나라 교육 시스템 전반을 한 단계 업그레이드 시킬 수도 있을 것이다. 그렇기에 진심으로 소망해본다. 모든 교원이 교육법을 같이 읽으며 우리 교육에 대해 이렇게 외치는 날을.

교육, 법대로 하자! 법을 바꾸자!

지금까지 교육개혁 성공을 위해 우리가 어떤 태도를 갖고 어떤 노력을 해야 하는지 이야기했다. 새 정부의 교육정책이 그런대로 개혁의 방향을 담고 있기에 어떤 정책의 폐지나 도입과 같은 과제를 제시하기보다, 교육개혁을 실현해가는 과정에 우리가 어떤 자세로 임해야 하는지 그 의미를 생각해 보고 시급히 해결해야 할 과제를 몇 가지 제안해 보았다. 원래 욕심이 많아서 그런지 이 글을 쓰며 꿈이 하나 더 생겼다. 내가 언제까지 교사를 할지 모르겠지만 교단을 떠나는 순간에 "야, 교사하길 잘했다"는 말을 입 밖으로 내면서 마무리하고 싶다. 그 꿈을 이루기 위해 좌고우면하지 않고 교사의 길을 걸어가려고 한다.

정성식 전라도 무주 시골에서 자랐다. 어느 날 우연히 영화 『죽은 시인의 사회』 속의 키팅 선생님을 보고 초등교사가 되었다. 현재 이리동남초등학교에 근무하고 있다. 이상과 현실, 학교의 안과 밖에서 교육을 바라볼 수 있는 자유로운 사고와 실천력으로 학교와 교육을 바꾸어 나가는 일에 보람을 느낀다. 사람을 좋아하는 천성, 배움과 가르침에 대한 열정으로 실천교육교사모임의 회장(2015년~현재)을 맡고 있다. 지은 책으로 『교육과정에 돌직구를 던져라』 『교사독립선언』 등이 있다.

교원 승진제도에 대한
고찰

박순걸(송진초등학교)

다시는 가고 싶지 않은 그 길…

학교의 변화를 위해서는 여러 명의 교사보다 한 사람의 올바른 교장이 나서서 이끄는 것이 더 빠른 길이라고 페이스북을 통해서 격려해주시는 분이 많다. 그러나 나에게 승진은 자랑스러운 것이 아니었다. 학생들과 멀어지고 수업에서 멀어지는 관리자(관리자라는 말도 어울리지 않아 언젠가 지원자라는 말로 대체되기를 소원해 본다)에게 선생님이라는 단어를 수식어로 붙이는 것조차 부끄럽고 미안할 뿐이다.

나는 왜 관리자가 되려고 했는가?

비합법 전교조 교사로 민주적인 학교문화를 바로 세우고 참교사가 되겠다는 소망으로 관리자, 교육청과 대립하며 초임 5년을 보냈다. 그럴 때마다 힘에 부대껴 좌절하는 나를 보며 자괴감에 빠졌고 관리자가 되어 모두가 행복한 학교를 만들어보고 싶다는 거짓된 생각을 위안으로 삼아 부끄러움을 무릅쓰고 남몰래 점수를 모으기 시작했다. 승진 점수를 모으면서 아이들에게 죄짓지 말자고 나름 다짐하였지만, 승진의 길은 참으로 힘들고 아픈 길이었다. 승진을 하려는 사람들 모두가 아이들을 내팽개치고 점수를 모으는 데만 급급하며 관리자에게 아부하는 사람들이라는 말에 전적으로 동의할 수는 없지만, 승진을 하지 않겠다고 마음먹은 교사들보다 아이들을 더 사랑하며 열심히 수업했다고는 자부하기 어렵다. 승진 점수를 모으는데 유리한 자리를 얻기 위해 관리자에게 잘 보이려고 교장과 밤늦게까지 술 마시는 일이 비일비재했고, 다음날에 출근해서도 숙취에서 벗어나지 못하고 수업이 끝나자마자 보건실로 달려가서 누워있던 날도 많았다.

2000년대 초기까지만 해도 학교 숙직실에서 관리자의 요구를 뿌리치지 못하고 함께 고스톱이나 카드를 치는 날도 많았다. 어떤 날은 숙직실에서 날밤을 새우고 다음날 교실로 출근하는 동료들이 '관리자에게 돈을 잃어주기도 참 어렵더라'는 자조 섞인 말을 하는 것을 들었을 때는 과연 이것이 교사의 모습인가 하는 부끄러움이 몰려오기도 했다. 몇몇 교감 선생님이 '우리도 평교사 때 그랬으니 어렵게 관리자가 된 지금 충분히 누릴 권리가 있다'고 이야기할 때는 가슴 한쪽 구석이 쓰려려 왔다. 교사들이 그 자리에서 고스톱을 재미로 했을까? 승진 점수의 칼날 앞에서 관리자의 요구를 거절하지 못해 자리를 박차고 나올 수 없었던 교사가 더 많았으리라. 이렇게 힘들게 점수를 관리해서 모아도 교무라는 직책을 맡아 근평을 받아야 하는 마지막 관문이 남아 있다. 5년쯤 전에 교무를 맡아 죽으라고 관리자의 시중을 들면서 '왕수'(근평의 최고점수)를 받기 위해 노력했는데 11월 말쯤 관리자가 따로 불러서 하는 말이 "왜 박 교무는 근평 달라는 말을 안 하노? 승진 안 하려고."라는 말에 억장이 무너지기도 했다. 근평을 받으려고 힘들게 교무를 하는 줄 몰랐단 말인가? 그 말이 도대체 무슨 의미인지, 요구사항이 무엇인지 고민하느라 그해 근평 시즌이 끝나는 기간 동안 정말 대감댁의 머슴처럼 고개를 숙이고 불안감에 사로잡혀 아무 대꾸도 못 하고 일만 했던 기억이 있다. 몇 년 동안 승진을 위해 불철주야 노력한 점수가 한순간에 물거품처럼 날아갈 수도 있으니 어찌 교장과 교감의 명을 거절하고 자신의 교육적 소신을 아이들에게 펼칠 수가 있을까? 지금까지 교사로서의 길을 나름 흔들리지 않고 헤쳐나왔다고 자부하면서도, 나는 다시는 그 길을 걸어가고 싶지가 않다.

신규 교사에게 관리자가 되는 방법을 가르치는 학교

신규 교사가 첫 발령을 받고 학교에 부임할 때는 한껏 기대에 부풀어 아이들을 만나러 간다. 대학 시절 교사로 서기 위해 힘들게 공부하면서 임용고시의 어려운 관문을 통과해 학교에 부임하는 첫날, 아이들을 만나기에 앞서 맨 처음 만나는 사람들이 관리자이다. 교사에서 교감, 다시 교장으로 승진하신 분들. 신규 교사는 그분들의 지위와 자리가 그동안 훌륭한 교사로서 인정을 받고, 성실히 학생들을 가르쳐 왔음에 대한 보상이라고 생각할 것이다. 그러나 아이들에게 좋은 선생님이 되고 학급을 잘 경영하겠다는 마음과 기대는 관리자들과의 첫 만남에서 이루어지는 비교육적인 첫 대화에서 산산조각이 나고 만다. 신규 교사가 첫 발령을 받은 학교가 시골의 작은 학교라면 관리자의 열에 아홉은 다음과 같은 위로를 건넨다.

"선생님, 우리 학교에 잘 오셨습니다. 촌구석의 작은 학교라고 실망하지 말고 여기에서 업무를 잘 배우면 앞으로의 교직생활은 승승장구하게 될 겁니다. 오히려 초임 때 업무를 잘 배울 수 있는 좋은 기회이니 우리 학교에 정말 잘 오신 겁니다."

승승장구한다는 말이 무슨 의미일까? 훌륭한 선생님으로 열심히 수업하고 아이들을 충분히 사랑하는 것보다 업무를 잘 배우는 것이 중요하고, 앞으로의 교직생활에도 더 도움이 된다는 말로 해석된다. 신규교사가 1년, 3년, 5년이 지나면서 승진을 해야겠다는, 승진준비 교사로 만들어 버리는 학교. 무엇이 이 땅의 많은 교사가 관리자를 향한 치열한 승진의 대열에 들어서게 만드는지는 생각보다 명확하다.

신규 교사에게 학교에서 업무가 가장 중요하다고 말하는 관리자에게서 배운 교사에게 수업은 이제 더 이상 중요한 일이 아니다. 학생들의 인성이나 생활지도도 학부모의 민원만 없다면 크게 신경 쓸 일도 아니다. 관리자가 나를 평가하는 기준은 오로지 업무처리 능력이다. 수업 시간에 좀 더 늦게 들어가도 교육청에 보내야 할 공문만 놓치지 않고 제때 보낼 수 있다면 능력을 인정받는 교사가 된다. 학생들을 자습시켜도 있는 실적 없는 실적을 다 끌어모아서 계획서나 보고서를 멋지고 그럴싸하게 잘 꾸미는 능력까지 갖추고 있다면 금상첨화다. 우리 학교가 전국 100대 교육과정 학교에 선정이라도 되는 날이면 관리자가 될 길에 한 발짝 더 다가서게 되는 것이다.

수업이나 학생 생활지도보다 업무처리능력으로 인정받고 승진하게 되는 시스템. 이러한 시스템을 바꾸지 않고는 열과 성을 다하여 학생을 가르치고 지도했던 많은 선배 교사들이 그러한 지도능력을 인정받지 못하고 승진하지 못했다는 불명예를 안고 명예퇴직의 길로 돌아설 수밖에 없다.

교육기본법 제2조는 대한민국의 교육이념을 "홍익인간(弘益人間)의 이념 아래 모든 국민으로 하여금 인격을 도야(陶冶)하고 자주적 생활능력과 민주시민으로서 필요한 자질을 갖추게 함으로써 인간다운 삶을 영위하게 하고 민주국가의 발전과 인류공영(人類共榮)의 이상을 실현하는 데에 이바지하게 함을 목적으로 한다."고 규정하고 있다. 이러한 교육이념을 달성하기 위해서는 학생을 잘 가르치는 교사가 승진할 수 있는 학교를 만들어야 한다. 수업 중심형 교사보다 업무 중심형 교사를 우선시하는 그릇된 승진제도는 학교를 승진을 위한 전쟁터로 만들고 있다. 따라서 업무처리 능력이 뛰어나고 관리자와 교육청에 잘 보이는 교사가 아니라, 학생을 사랑하고 아끼고 교직을 천직으로 아는 평교사가 하루빨리 관리자가 될 수 있는 길을 열어주어야 할 것이다.

내부형 교장공모제의 확대

길게는 일제 강점기, 짧게는 이승만 독재 시대부터 군사정권에 이르기까지 교육현장에서 교장승진제도 자체에 대한 뜨거운 논의는 없었다. 기껏해야 승진으로 가는 가산점의 형평성에 초점을 맞추어 논의를 했을 뿐 교장의 자격증을 염두에 둔 승진제도 그 자체에 대해 의문을 품지는 않았다. 2000년대 진보 대통령이 들어서면서 학교를 교장의 일인 지배하에서 벗어나도록 해야 한다는 논의가 전교조를 중심으로 활발히 진행되다 나온 답이 교장선출보직제였다. 이러한 교장선출보직제에 대한 논의는 교장공모제의 시작이라는 성과를 거두었으나 빛을 보지도 못한 채 차기 정부에 들어서 수면 아래로 완전히 가라앉고 말았다. 교장공모제 또한 교장자격증을 소지한 사람만 교장이 될 수 있는 초빙형으로 인해 교장의 임기연장 수단으로 전락해 버렸다. 교장자격을 갖고 있지 않은 평교사를 대상으로 했던 내부형 공모제는 교육경력 15년 이상이면 별도의 자격 없이도 교장 임용이 가능하도록 했지만, 자율학교와 자율형 공립고 중 내부형 공모제를 신청한 학교의 15%만 교장자격증이 없는 교사를 교장으로 임용할 수 있도록 하고 있어 평교사의 교장 진출을 또한 제한하고 있다. 하지만 젊고 유능한 교사가 교장으로 공모되어 민주적인 학교경영으로 새로운 혁신학교로 거듭나는 사례들은 내부형 공모제의 제한 비율을 폐지하여 평교사가 교장이 될 기회를 확대해야 한다는 주장의 당위적 근거가 되고 있다. 교장자격증이 없는 사람을 교장으로 임용하는 것이 타당한가 하고 말하는 교육 관료들에게 묻고 싶다. 어떻게 자격증도 없는 장학사나 장학관, 교육감은 그 직을 수행하고 역할을 다 하고 있는 것인가? 그들에게도 직위에 맞는 자격증을 요구해야 하는 것이 타당하지 않은가?

대부분의 선진국은 교장을 임용할 때 공모나 공개 전형을 거쳐 선발한다. 우리나라와 같이 자격증 제도에 의거한 폐쇄적 승진 구조를 지닌 나라는 거의 없다. 내부형 교장 공모제의 확대는 교육부나 시·도교육청의 정책입안자들인 장학관이나 장학사들의 의지가 확고해야 한다. 하지만 가까운 미래에 자연스럽게 교감이 되고 교장이 될 것이라 예상되는 장학사와 장학관들은 내부형 교장 공모제가 확대되면 자신들이 차지할 수 있는 자리가 줄어드는 까닭에 그러한 제도의 확대를 반길 리 없다. 자질을 갖춘 평교사가 교장이 되었을 때 어떻게 학교를 민주적으로 변화시키는지 보여주기 위해서라도 진보적 성향의 교육부 장관과 13개 시·도 선출직 교육감들의 확고한 결단이 가장 필요한 시점이다.

원하면 누구나 관리자가 될 수 있는 학교, 교장선출보직제

학교를 교장의 지배하에 두고 불공정한 근무평가에 근거해 교감 자격연수대상자를 선발하고 평교사에게 좌절감을 안겨주는 현행 승진제도는 수정되어야 한다. 학교 민주주의를 정착시키고 교사를 교육의 주체로 올바로 일으켜 세우는 일은 관리자 중심의 학교 문화와 승진제도를 바꾸지 않고서는 어렵기 때문이다.

나는 오래전부터 교장선출보직제만이 이를 해결할 수 있는 유일한 답이라고 확신해 왔다. 누구나 교장이 될 수 있고 임기를 마치면 교사로 다시 돌아가는 것이 자랑스러움이 되고 축하를 받는 학교문화, 교사를 가장 잘 지원해 줄 수 있을 것 같은 동료를 교장으로 선출할 수 있는 학교, 동료 교사를 믿고 뽑아서 학교를 위해 봉사하라고 교장을 맡겼을 때, 신뢰를 저버리고 성실의 의무를 다하지 않으면 교장을 탄핵할 수 있는 학교. 이런 학교들이 많아질 때 비로소 학교는 민주주의의 꽃을 활짝 피울 수 있을 것이다.

교감도 해보지 않은 교사를 교장으로 임명하는 것은 교장의 자질 검증에 문제가 있다고 반대하는 사람들도 있다. 그들이 주장하는 교장의 기본적인 자질이란 어떤 것을 말하는 것인가? 많은 교장 선생님들이 교감을 해봐야 교장의 역할을 잘 수행할 수가 있다고들 한다. 교장의 조건으로 말하는 교감의 역할 수행능력은 초중등교육법 20조 2항에 나와 있는 교감의 임무 중 '교감은 교장을 보좌하여 교무를 관리하고…' 설마 교장을 잘 보좌한 교감만이… 혹시 교감 자격에서 교장 자격으로 가는 논리는 교장이 되었을 때 교감을 잘 관리할 수 있다는 뜻이 아닐까?

역설적이게도 많은 교감이 교무를 해봐야 교감을 잘 할 수 있다고 한다. 교무를 해봐야 학교의 돌아가는 상황을 통찰할 수 있고 그러한 경험들이 앞으로 교감이 되었을 때 많은 도움이 된다고 한다. 혹시 초중등교육법 20조에 교감이 해야 할 '교무를 관리하고'의 일을 교무부장에게 떠넘기고 좀 더 편하게 관리자의 생활을 하려는 순은 의도는 아닌지 심히 의심스럽다. 위와 같은 논리대로라면 시·도 교육감의 경우 교장도 해보지 못한 사람들인데 어떻게 교장의 인사권을 쥐고 흔드는 역할을 수행하도록 내버려 두는지 궁금하다. 교장은 교감 자격도 교장 자격도 없고 그리고 교감도 교장도 해보지 않은 당선자를 어떻게 교육감으로 인정하는지 묻고 싶다. 교장도 교육감도 해보지 못한 사람이 어떻게 교육계에 수장인 교육부 장관이 될 수 있는지도 묻고 싶다. 아이러니다.

교장으로서의 자질이 있다고 인정되는 동료 교사를 교장으로 선출할 수 있는 교장선출보직제는 앞서 언급한 내부형 공모제의 확대와 마찬가지로 자격증이 있어야만 교장이 되는 시스템을 유명무실하게 만드는 제도이다. 자격증이 과연 교장이 되기 위한 필요충분조건인가를 다시 한번 되짚어보고자 한다. 교대나 사대에서 4년을 죽으라고 공부해서 따는 자격이 2급 정교사 자격증이다. 그렇다면 자격증의 가치로 볼 때 1급 정교사가 되려면 10년은 더 넘게 교사로서의 경륜을 쌓아야 할 것이다. 그러나 교육청에서 요구하는 1급 정교사의 자격 조건은 3년의 교사 경력과 단지 120시간 정도의 연수가 끝이다. 같은 맥락으로 볼 때 교장의 자격 또한 일정 기간의 교사 경력과 연수만 받으면 가능하지 않을까? 개인적인 생각이지만 교장 또한 교사 경력 15년 이상이면 충분할 것 같다. 교사경력 10년이 되는 해에 일정한 연수를 받으면 교감이 될 수 있는 자격이 발생하고, 15년 이상이면 교장이 될 수 있는 자격이 발생해야 한다. 그리고 관리자로의 자격이 갱신된 교사 중에서 동료들의 지명과 선출을 통해 누구나 교감이 될 수 있고 교장이 될 수 있어야 한다. 그렇게만 된다면 누구나 가지고 있는 관리자의 자격증은 나중에는 결국 유명무실화될 것은 자명하다.

「대한민국헌법」제67조에 "대통령으로 선거될 수 있는 자는 국회의 원의 피선거권이 있고 선거일 현재 40세에 달해야 한다."고 명시하고 있다.「공직선거법」에서는 헌법에 명시된 요건 외에 "선거일 현재 5년 이상 국내에 거주하고 있어야 한다."는 거주요건 외에 따로 대통령의 자격은 없다. 대통령의 자격 요건으로 국회의원 경력이나 장관경력을 요구하지 않는다. 대한민국 국민으로서 국민의 선택만 받는다면 누구나 대통령이 될 수 있다. 우습지만 법에서는 교육감의 자질로 딱 3년의 교육 경력만을 요구하고 있다. 대통령도 교육감도 이러할 진데 하물며 교장은 교사경력 15년이면 차고도 넘치지 않을까? 교장선출보직제는 대학과 달리 현장에 적용하기에는 법적으로 무리가 있다고 말하는 사람들도 의외로 많다. 그런데 혹시 이미 기득권을 확보한 사람들이 그 기득권을 놓치기 싫어서 반대하는 것은 아닐까? 대통령도 탄핵할 수 있는 헌법을 만들고 이를 실행해내는 대한민국 최고의 지성들이 '교장선출보직제' 그까짓 법하나 바로 만들고 세우지 못한다는 것은 믿을 수가 없다.

올해로 교감 발령 2년째를 맞았다. 2년쯤 교감을 해보니 아이들을 사랑하고 동료 교사들을 아끼는 마음만 있으면 누구나 충분히 교감의 역할을 잘 수행할 수 있을 것 같다는 생각이 들었다. 학교의 비민주성을 타파하고 민주주의의 산실이 되어야 할 민주학교의 꽃을 피우는 가장 빠른 길은 교장선출보직제일 것이다. 교사가 동료들의 선택으로 관리자가 되고 그 역할을 마쳤을 때 다시 학생들을 사랑하는 본래의 자리로 돌아가는 것이 부끄러운 일이 아니라 더 당당하고 자랑스러울 수 있도록 새로운 승진제도를 정착시켜야 할 것이다. 좋은 선생님들이 훌륭한 교장으로 거듭날 수 있도록 교육자치 시대에 걸맞는 교장선출보직제가 빨리 정착이 되어 민주학교의 문이 활짝 열리기를 소망해본다.

관리자가 되는 게 매력적이지 않은 학교로의 변화

교사의 교육력을 떨어뜨리는 학교의 가장 큰 문제가 잘못된 승진제도라고 오래전부터 생각해 왔다. 이것을 해결할 수 있는 가장 좋은 해법이 앞서 언급한 내부형공모제 확대와 교장선출보직제라고 굳게 믿고 있었다. 그런데 수업을 면제받은 교장보다 아이들과 더 가까이에서 수업하는 교사가 부러움의 대상이 되는 사회라면, 다시 말해 관리자로의 승진이 메리트가 없다면 굳이 많은 교사가 승진에 목을 매는 현상이 생길까 하는 다른 형태의 의구심이 얼마 전부터 생겼다.

한국고용정보원에서 2010년부터 실시한 직업 만족도 조사에서 도대체 무엇이 초등학교 교장을 대한민국 직업 만족도 1위로 올라서게 만든 것인가? 판검사나 의사 등의 고위직이나 고소득 직업을 제치고 1위로 올라선 이유가 사회적 지위와 시간적인 여유라고 하니 참으로 안타까운 일이다. 교사들은 수업과 업무의 쌍두마차에 지칠 대로 지쳐서 선생님인지 사무직인지 스스로 구별이 어렵다고 자조 섞인 말들을 쏟아내는데… 만약 관리자에게 주어진 사회적인 명예와 시간적인 여유, 그리고 경제적인 이득을 조금이나마 가져와서 교사에게 돌려줄 수 있다면 승진에 대한 기본적인 생각들이 바뀌지 않을까 싶어 다음의 두 가지를 제시해 본다.

첫째, 관리자보다 교사의 월급이 훨씬 많다면 어떻게 될까? 학교에서 제일 힘든 사람은 수업하는 교사인데 관리자는 수업도 하지 않으면서 관리 수당과 직위 수당을 받는다. 노동의 강도로 보았을 때 같은 경력이라면 교감보다 교사의 월급이 훨씬 많아야 한다. 업무를 처리하면서 학생들을 가르치고 학부모를 상대하는 교사의 노동 강도는 관리자의 그것과 비교할 바가 아니다. 승진을 했을 때 급여가 오히려 교사 때보다 대폭 삭감되고, 같은 교직경력인 경우 오히려 교사의 급여가 훨씬 많다면 많은 교사가 승진에 대한 생각을 달리할 것이다.

둘째, 업무와 공문을 대하는 사회적 통념이다. 교사는 수업만 하고 공문처리나 업무는 관리자나 행정실에서 하는 일로 고정된다면 굳이 승진하려고 할까? 현재와 같이 관리자는 교사가 올린 기안을 결재만 하는 시스템이 아닌, 관리자가 행정실무팀에서 공문을 기안하고 처리하는 시스템을 학교에 도입해야 한다. 민원이나 부적응아 지도를 교무실과 교장실에서 도맡아 처리하는 시스템이 있다면 승진에 대한 교사들의 생각은 달라질 것이다.

나는 위의 두 가지 시스템만 도입이 되어도 아마 많은 관리자가 직을 그만두고 교사로 다시 돌아가고 싶어 할 것으로 생각한다. 관리자는 실적을 제출하고 전시행정 중심의 업무를 자신이 직접 처리함으로써 교사가 학생지도에 전념할 수 있도록 지원하는 역할만을 수행해야 한다. 관리가 아닌 지원하는 역할로서의 교장과 교감이 될 때 그들의 이름을 '관리자'가 아닌 '지원자'로 바꿀 수 있을 것이다. 지원만 하는 역할이 매력적이지 않다고 생각하는 교사들은 지금처럼 승진에 목매지 않을 것이고, 그러한 변화가 현재의 비정상적인 승진제도하에서 충실히 학생들을 가르치고 지도하는 교사가 학교에서 소외되는 문제를 해결할 수 있는 가장 빠르고 확실한 길임을 주장해본다.

박순걸 학교문화 조성과 교사 업무 덜어내기에 관심을 가지고 보건, 방과후학교 등 학교교육과정과 관련 없는 업무들은 직접 맡아 교사를 지원하고 있다. 2010년 KBS 『인간극장』 「굿바이 비진도」 편과 2016년 KBS 『내 마음의 선생님』 특집방송에 출연하였으며, 현재 경상남도교육청 행복학교 추진단 및 컨설턴트로 활동하며 경남형 혁신학교의 일반화에 노력을 쏟고 있다.

공교육을
어떻게 살릴 것인가

이기정(미양고등학교)

고교학점제

1.

"고등학교의 고교학점제를 실시하겠습니다. 교사가 수업을 개설하고 학생이 원하는 과목을 수강하는, 완전히 다른 교실이 열릴 것입니다." (문재인 2017.03.22.)

"학점이수제도" (안철수 2017.01.26.)

"수강신청제와 무학년제" (유승민 2017.04.09.)

"선택과목 중심의 무학년제" (심상정 2017.04.02.)

고교학점제는 문재인 대통령의 주요 교육공약이다. 이것은 공교육을 망치는 적폐 중의 적폐인 현 학교내신제도와 획일적 교육과정을 개혁하는 공약이다. 다른 주요 후보들도 표현만 다를 뿐 이와 대동소이한 공약을 제시했다.

자유한국당은 반대할까? 그렇지는 않을 것이다. 고교학점제 공약은 2012년 대선 당시 새누리당 박근혜 후보가 제시했던 "학교마다 학생의 소질과 적성을 효과적으로 계발할 수 있는 교육과정을 운영"하겠단 공약과 통한다.

고교학점제는 정치권의 합의 수준이 매우 높은 공약이다.

2.

학교 공부를 아예 포기해버린 학생이 얼마나 될까? 우려할 정도로 많다. 제일 심한 과목은 수학이다. 고등학생은 수학 포기자가 60퍼센트나 된다. 수학 포기 학생을 뜻하는 '수포자'란 신조어까지 등장했다.

수포자에게 수학 수업은 어떤 시간일까? 자거나 떠들거나 멍하니 있는 시간이다. 그러다가 교사에게 야단맞는 시간이다. 무의미한 시간이다. 그렇다면 수학을 잘하는 학생들에게는 그 시간이 가치 있을까? 그렇지도 않다. 그들에게 그 시간은 어수선하거나 느슨해서 지적 만족감을 느끼기 어려운 시간이다.

우리나라 고등학교에서는 수학을 포기한 학생과 수학을 잘하는 학생의 수업 시수가 동일하다. 시수만 동일한 게 아니다. 교과서도 동일하다. 수업의 내용과 수준도 동일하다. 시험(평가) 또한 똑같다. 수포자는 수포자대로 괴롭고, 수학을 잘하는 학생은 잘하는 학생대로 불만족스러울 수밖에 없다. 이들을 함께 가르쳐야 하는 교사는 또 교사대로 힘든 상황이다.

왜 수포자여야만 할까? 포기하지 않고 버릴 수는 없는 것일까? 포기한 상태에서 억지로 수업을 받느니 그 대신 다른 과목을 선택하면 안되는 것일까? 그것이 가능하다면 수포자들의 학교생활은 한결 행복해질 것이다. 학생들의 지적 역량도 지금보다는 더 향상될 것이다. 수학을 잘하는 학생들이 더 높은 단계의 수업을 받을 수는 없는 것일까? 그것이 가능하다면 수학을 잘하는 학생들의 지적 만족도는 현저히 높아질 것이다. 수학을 잘하지는 않지만 계속 공부하고 싶으면 어떻게 해야 하나? 자신의 학습 단계에 맞는 수업을 받게 하면 될 것이다. 그것이 가능하다면 그 학생들은 수학을 포기하지 않고 꾸준히 실력을 향상시켜 나갈 수 있을 것이다.

수학을 예로 들었지만 이것은 영어, 국어, 사회, 과학, 제2외국어 등의 다른 과목에도 해당되는 이야기이다. 고교학점제 공약은 수포자가 수학을, 영포자가 영어를 버릴 수 있게 한다. 아니 수포자와 영포자를 아예 없애버린다. 이 공약이 제대로 실행되면 학생들은 더 이상 포기자가 아니다. 이제부터는 무엇을 포기하는 자가 아니라 더 좋은 선택을 위해 그것을 버리는 자이다. 얼마나 좋은, 아니 얼마나 위대한 공약인가?

3.

학점제의 취지를 살리려면 반드시 '교사별(수업별) 평가제'와 '절대평가제'를 함께 시행해야만 한다. 이 두 제도와 함께하지 않는 학점제는 제대로 된 학점제가 아니다. 자칫하면 오히려 혼란만 불러일으킬 수 있다.

교사별 평가제는 동일 과목이라도 교사마다 평가방식을 달리 하는 제도다. 이게 시행돼야 실질적으로 다양한 방식의 수업이 가능해진다. 지금처럼 교사가 달라도 평가방식을 획일화하면 교사들이 수업의 내용과 수준을 서로 일치시켜야 한다. 결국 수업이 획일화된다. 이래선 학생 선택권이 실질적인 의미를 갖기 어렵다.

절대평가제는 일정 기준을 넘는 학생 모두가 A학점을 받을 수 있는 제도다. 학점제가 절대평가제와 결합하지 못하고 상대평가제와 결합하면 어떤 문제가 생길까?

학생의 과목선택에 커다란 제약이 생긴다. 과목선택에 따른 성적경쟁의 현저한 유·불리 차이 때문이다. 상대평가 학점제에선 학생들이 원하는 과목을 버리고 경쟁에 유리한 과목을 선택하는 일이 빈번하게 발생할 수밖에 없다. 또 학교의 학점제 운영에도 상당한 제약이 생긴다. 적극적 학점제 운영이 오히려 학교의 입시성과를 나쁘게 할 수 있기 때문이다. 예컨대 상대평가제에서 학교의 수학 포기 학생들이 대대적으로 수학을 신청하지 않으면 어떻게 될까? 신청 학생끼리만 경쟁하기 때문에 학생들의 실력은 그대로인데 성적은 이전보다 나빠지게 된다. 결국 학교는 교육적 당위와 입시 현실 사이에서 계속 갈등을 겪게 된다.

학교수업의 획기적 변화를 꾀하려면 교사별 평가제와 절대평가제는 더더욱 중요하다. 이 두 제도가 없으면 학점제가 수업의 변화로 이어지기 어렵다. 시험 때문이다. 어느 교사가 "윤동주와 이육사 시(詩)의 공통점과 차이점을 논하시오"라는 완전 논술식 문제를 출제하려 한다 하자. 가능할까? 어렵다. 함께 출제하는 교사가 그런 문제를 꺼려하면 달리 방법이 없다. 해마다 다른 교사에게 매번 어떻게 동의를 얻겠는가? 동의를 해줘도 문제다. 상대평가제에서 이런 시험은 반드시 수많은 시비를 부른다. 제 아무리 훌륭한 교사라도 이런 시험을 보겠다고 마음먹기가 애초에 어렵다. 시험이 저차원적일 수밖에 없다면? 수업 또한 저차원적일 수밖에 없는 것이다. 우리가 부러워하는 교육 선진국들은 어떤가? 교사별 평가제와 절대평가제가 상식이다.

현실을 고려하여 지금의 학교내신제도(상대평가제)에서라도 학점제를 시행하는 것은 어떨까? 물론 작은 발전도 한편으로는 의미가 있다. 하지만 그것은 자칫 불필요한 혼란만 가중시킬 수 있다. 자칫하면 교육의 병은 못 고치고 학교에 혼란과 고통만 주는 위험한 제도가 될 수 있다. 왜 그런가?

아이들의 입장에서 학점제와 상대평가제는 최악의 조합이 될 수 있다. 이 조합은 자칫 교실을 지옥으로 만들 수 있다. 내신경쟁은 학교동료 간의 경쟁이기에 잔혹하다. 상대평가 학점제는 내신경쟁의 이런 잔혹성을 한층 더 강화한다. 동일한 과목을 신청한 소질과 적성이 비슷한 소수의 학생들끼리 치열한 경쟁을 벌이게 만들기 때문이다.

학교에 작가를 꿈꾸는 20명의 학생이 존재한다고 하자. 학교가 문학창작수업을 개설해주었다. 얼마나 좋은 일인가? 그런데 지금처럼 1~9등급을 가리는 냉혹한 상대평가 경쟁을 이들 20명끼리 벌여야 한다면? 물리를 좋아하고 물리에 소질이 있는 학생 20명을 위해 고급물리수업을 개설했다고 하자. 1~9등급을 가리는 냉혹한 상대평가 경쟁을 이들끼리 벌여야 한다면? 끔찍하지 않은가? 이런 환경에서 과연 차원 높은 수업이 가능할까?

제대로 된 학점제라야 완전히 다른 교실이 열릴 수 있다. 어설픈, 무늬만 학점제는 오히려 학생들에게 고통을 줄 수 있다. 그런데 제대로 된 학점제를 시행하는 것이 우리나라에선 쉬운 일이 아니다. 다른 무엇보다 입시 때문이다. 학점제는 입시제도로서의 효용성이 크게 뒤떨어지는 제도다. 필연적으로 학교시험의 입시변별력을 약화시킨다. 대학입시의 상당한 변화가 불가피하다. 그런데 우리 사회가 그것을 감당할 수 있을까? 감당할 수 없다면 문재인 대통령이 말한 완전히 새로운 교실은 열리지 않는다.

4.

학점제가 시행되면 학교시험(내신-학생부 교과)의 입시변별력이 현저히 약화될 것이다. 학생부교과전형의 운영이 어려워질 것이다. 나아가서는 학생부종합전형의 운영마저도 쉽지 않아 질 것이다. 이 문제를 해결하기 위해서는 어떻게 해야 할까?

학생부종합전형이 이로 인해 생기는 문제들을 해결할 수 있을까? 부분적으로는 그럴 수 있을 것이다. 하지만 전면적인 해결은 어려울 것이다. 그렇다면 다시 수능 위주의 입시로 돌아가야 하나? 그것은 학점제의 취지와 완전히 대립한다. 그러면 대학별본고사를 허용해야 하나? 우리는 1994학년 입시에 도입됐던 대학별본고사가 3년만에 폐지될 수밖에 없었던 사정을 잘 알고 있다.

문제를 획기적으로 타개할만한 뚜렷한 해결책은 존재하지 않는다. 문제를 어느 정도 감수하지 않는 이상 학점제의 도입은 어렵다. 이것은 학점제 시행의 최대 걸림돌이 될 것이다.

'행정 위주의 학교조직'을 '교육 중심의 학교조직'으로

우리나라의 학교는 온전한 의미의 교육기관이 아니다. 교무행정업무(교육이 아닌 교육을 보조하는 업무 및 행정업무)가 교사와 교장의 영혼을 지배하고 있다.

학교의 실질적인 교원조직체계가 교무행정업무를 토대로 구성되어 있다. 중·고등학교조차도 국어과·영어과·수학과·사회과·과학과 등의 교과가 조직체계의 기본이 아니다. 교무행정업무가 기본이다. 그래서 교사들이 교무행정업무를 토대로 만들어진 부서로 출근해서 퇴근 때까지 부서에서 근무한다. 국어교사가 국어과에서, 영어교사가 영어과에서 근무하지 않고 교무기획부·교육연구부 등의 교무행정부서에서 근무하는 것이다.

이러한 상황에서 교사는 자신이 가진 관심과 에너지의 많은 부분을 교육이 아닌 다른 일(교무행정업무)에 쏟을 수밖에 없다. 교사가 교육에 더 많은 관심과 에너지를 쏟으려 하면 할수록 학교의 조직체계(그리고 여기서 형성된 교원문화, 승진제도)와 자꾸 갈등을 빚고 충돌하게 된다. 이러한 상황에서는 학교의 교육 역량이 높아질 수 없다.

학교 본연의 임무는 교육이다. 국민이 학교에 바라는 것도 교육을 잘하는 것이다. 학교교육이 살아나려면 교사가 온전히 교육에만 전념할 수 있어야 한다. 그것이 가능한 제도와 시스템을 갖춰야 한다.

학교의 제도와 시스템을 혁신하여 학교를 명실상부한 교육기관이 되도록 해야 한다. 교사와 교장의 관심과 에너지가 학생들 가르치는 일에 집중되도록 해야 한다.

여기서 주목할 것은 반드시 학교의 조직체계에 변화를 주어야 한다는 것이다. 단순히 행정업무만 경감해서는 안 된다. 조직체계를 교육 위주로 재구성해야 실질적 효과를 발휘한다.

어떤 해결책이 있는가?

나는 오래전부터 이 문제의 해결방안으로 어떤 제안을 해왔다. 내가 '빅딜 제안'이란 이름을 붙인 제안이 그것이다. 다시 소개해본다.

빅딜 제안

교사와 정부가 거래를 했으면 하는 게 있다. '교원성과급'과 '교무행정업무전담직원'을 주고받는 거래다. 교사는 교원성과급을 내놓고 정부는 교무행정업무전담직원 5만 명을 고용하는, 일종의 빅딜이다.

빅딜이 성사되면 학교를 크게 바꿀 수 있다. 업무 중심의 학교를 교육 중심의 학교로 바꿀 수 있다. 무엇보다 학교의 기본 조직체계를 수업(교육) 중심으로 개혁할 수 있다. 우리나라 학교의 조직체계는 교육이 아니라 업무를 토대로 이루어져 있다. 교육활동에 심각한 비효율이 발생할 수밖에 없는 구조이다. 5만 명의 인력으로 교무행정업무를 전담케 하면 이러한 조직체계를 완전히 개편할 수 있다. 물론 교사들이 교육이외의 업무에서 벗어나 교육에만 전념하는 것도 가능해진다.

학교교육을 좋게 만드는 것이라면 정부의 예산을 투입해야 마땅하다는 주장이 있을 수 있다. 물론 업무전담직원의 고용은 정부예산을 투입할만한 충분한 가치가 있는 일이다. 그러나 아무리 정부라 해도 1조 수천억 원의 예산을 선뜻 투여하는 것은 쉽지 않다. 무엇보다 상당수 국민들이 부정적인 태도를 보일 것이다. 학교와 교사에 대한 국민의 감정은 좋지 않다. 게다가 대다수 국민은 업무 중심의 학교를 교육 중심의 학교로 바꾼다는 프레임으로 상황을 보지 않는다. 단순히 교사의 잡무를 줄여준다는 업무경감의 프레임으로 상황을 본다. 그래서 방학도 있고 퇴근도 빠른 교사의 업무를 무엇 때문에 줄여주냐고 생각하는 사람이 많다.

국민과 정부를 움직이려면 교사의 결단이 필요하다. 그런데 다행히 교원성과급으로 업무전담직원 5만을 고용하는 것이 교사에게 손해만은 아니다.

우선 교육 이외의 업무에서 완전히 벗어나게 된다. 이것은 교사의 근무여건이 확연히 좋아지는 것이다. 업무(잡무)에서 벗어나 오로지 교육에만 전념하는 것은 교사들이 오랫동안 가져온 간절한 소망이다. 게다가 자연스럽게 교원성과급제도를 폐지할 수 있다. 교원성과급제도는 처음 도입될 때부터 교사들이 강하게 반대했던 제도다.

빅딜은 교사, 정부, 국민 모두를 이롭게 할 수 있는 윈윈 게임이다. 물론 교사로서는 경제적으로 손해다. 하지만 업무(잡무)에서 완전히 벗어날 수 있고, 매년 교사들을 불쾌하게 만들던 교원성과급제도를 없앨 수 있다. 정부는 예산 사용의 부담 없이 학교교육의 경쟁력을 향상시키는 정책을 시행할 수 있다. 국민들은 추가적인 세금 부담 없이 자녀들에게 더 좋은 학교교육의 혜택을 받게 할 수 있다. 그리고 사회적으로 5만 개의 일자리가 창출된다. 청년실업 문제의 해결에 상당한 도움이 될 수 있다.

교원성과급제도를 폐지하면 교사 간에 서로 학생을 잘 가르치려 하는 경쟁이 사라지지 않을까 염려할 수도 있겠다. 하지만 그것은 기우다. 원래부터 교원성과급은 그런 경쟁을 불러오지 않았다. 교원성과급제도는 학교에 그런 경쟁을 불러올 수 없다. 학교만 그런 것이 아니다. 사설 학원도 상당 부분 그렇다. 사람들이 생각하는 것과는 달리 학원의 보수체계는 꽤 평등하다. 강사 간에 능력 차이가 있어도 보수에는 차별을 두지 않는 경우가 적지 않다. 실제로 대부분의 종합반 학원은 강의능력은 물론이고 나이나 경력조차 따지지 않고 보수(시간당 강의료)를 동일하게 지급한다. 강의능력에 따라 강의료에 차별을 두는 것이 현실적으로 매우 어렵기 때문이다. 명문 학원의 상당수가 이런 평등한 보수 체계를 취하고 있다. 상황이 이러한데 학교에서 교원성과급제도가 성공할 것이라 기대하는 것은 지나친 욕심이다. 실제로 교원성과급제도가 유발한 것은 교사 간의 교육 잘하기 경쟁이 아니다. 성과 등급을 정하는 방법을 둘러싸고 벌이는 교사 간의 소모적 갈등이다. 성과급제도를 폐지한다고 학교교육이 나빠질 일은 조금도 없다.

교사·교원단체는 정부에게, 반대로 정부는 교사·교원단체에게 '빅딜'을 제안해야 한다.

교원평가제도 - 교원승진제도 개혁

흔히들 생각하는 것과는 달리 우리나라 교사들은 평가를 많이 받고 있다. 다른 나라보다 많으면 많았지 결코 적지 않다. 오래전부터 존재했던 '교원근무평정제도'가 있고 비교적 역사가 짧은 '교원능력개발평가'가 있다. '교원성과급제도' 또한 교원평가의 성격을 띠고 있다. 우리나라 교사들은 교장·교감의 평가를 받고 있으며, 동료교사와 학생과 학부모의 평가도 받고 있다.

그런데 이러한 교원평가제도들이 교육의 발전에 전혀 기여하지 못하고 있다. 학교의 에너지만 헛되이 낭비할 뿐 교사들의 교육능력 향상에 전혀 기여하지 못하고 있다. 오히려 교육에 피해를 주고 있다.

언급했듯 교원성과급제도는 교사 간에 소모적인 갈등만 불러일으키고 행정업무만 발생시켜 교육의 경쟁력을 떨어뜨리는, 대표적인 나쁜 평가제도이다. 교원성과급제도는 폐지하고, 다른 평가제도는 교육의 경쟁력을 향상하는 방향으로 개혁해야 한다.

교원근무평정제도와 교원능력개발평가제도를 개혁하고 제대로 운영하여 교사에 대한 평가제도가 교육의 발전에 기여하도록 해야 한다. 또 그것을 교원승진제도와 올바로 연계시켜 학생과 동료교사의 존경을 받는 교사들이 교장으로 승진하여 학교를 발전시키도록 해야 한다.

현재의 교장승진제도는 개혁이 필요하다. 약간의 개선으론 안 된다.

어떤 조직이건 리더가 훌륭해야 조직이 발전한다. 그리고 리더가 되기 위한 구성원 간의 경쟁이 조직에 긍정적인 역할을 해야 조직이 발전한다.

학교도 마찬가지다. 학교의 리더인 교장이 훌륭해야 학교가 발전한다. 그리고 교장이 되기 위한 교사 간의 경쟁이 학교교육에 긍정적 영향을 미쳐야 학교가 발전할 수 있다.

지금의 교장승진제도는 이 둘 모두의 측면에서 완전히 실패한 제도이다. 지금의 교장승진제도에서는 훌륭한 리더가 학교장이 되는 것이 불가능하다. 그리고 교장이 되기 위한 교사 간의 경쟁은 학교교육에 이바지하기커녕 학교교육을 망치는 방향으로만 작용하고 있다.

이러한 문제점을 가진 교장자격증제도와 이에 근거한 교장승진제도는 완전히 폐지해야 한다. 지금의 교장승진제도는 폐지해야 할 것이지 부분적인 손질을 거쳐 재활용할 만한 것이 못 된다. 애초부터 존재해서는 안 되는 제도였다. 뒤늦은 감이 있지만 지금에라도 완전히 폐지해야 한다.

지금의 교장자격증은 학교 운영 능력을 보여주는 증표가 조금도 되지 못한다. 교장으로서 가져야 할 능력과 품성을 보여주는 자격증은 더더욱 되지 못한다. 교장은커녕 일반 교육자로서 갖춰야 할 능력과 품성조차도 보여주지 못한다.

지금의 교장승진제도는 교육에 삶을 바치려 하는 교사다운 교사를 승진에서 배제하는 제도이다. 수업이나 인성지도 등에 대한 능력은 조금도 필요 없는 제도이다. 일반 국민들은 지금 한 말을 표현 그대로 받아들여야 한다. 지금의 교장승진제도에서 수업이나 인성지도 능력이 필요한 정도는 정확히 제로(0)이다.

교장 승진만을 위해서라면 교사는 수업을 잘할 필요가 없다. 학생들을 인간다운 인간으로 길러낼 필요도 없다. 그런 것은 승진 경쟁에서 전혀 도움이 되지 않는다. 그래서 지금의 교장승진제도 하에서는 교장이 되기 위해 벌이는 교사 간의 경쟁이 교육에 아무런 긍정적 역할도 하지 못한다. 오히려 교육을 망치는 독소로 작용한다.

교장 승진과정에서 나타나는 부조리는 사회의 일반적인 부조리와 차이가 있다. 사실 출세에는 능력만이 아니라 아부, 맹목적 순종심, 로비,

학연, 지연 등의 다른 요소도 상당 부분 필요한 것이 사회의 일반적 현상이다. 그 정도가 얼마나 심각하느냐의 차이만 있을 뿐이다. 그래서 일반 사람들이 교장승진제도에 대한 나의 비판을 그런 식으로 이해하기 쉽다.

그러나 나는 지금 아부, 맹목적 순종심, 로비 등이 교장 승진에서 중요한 역할을 하는 부조리를 비판하는 것이 아니다. 그런 종류의 부조리는 사회 어디에나 있는 보편적 부조리에 불과하다. 그리고 그것은 점차로 줄어드는 부조리다.

나는 지금 수업과 인성지도 등 학교의 본질적 업무에 관한 능력이 조금도(전혀, 완전히, 눈곱만큼도) 필요 없는 교장승진제도만의 독특한 부조리를 비판하고 있는 것이다. 그래서 교사들의 승진 경쟁이 교육에 조금도 기여하지 못하고 오히려 교육을 망치고 있는 현상을 비판하고 있는 것이다.

지금의 교장승진제도는 승진 과정의 부정부패를 없앤다고 좋아질 성질의 것이 아니다. 승진에 큰 영향을 미치는 아부, 뇌물, 로비 등의 부조리를 없애봤자 더 중요해지는 것은 사무행정업무 능력일 뿐이다. 교장 승진이 깨끗하게 이루어져도 교사들의 승진 경쟁은 여전히 학교교육을 망치는 쪽으로만 작용하게 되는 것이다.

현재의 교장자격증제도와 교장승진제도는 완전히 폐지하고 교육자로서의 능력과 자질을 인정받으면 누구나 교장이 될 수 있는 새로운 제도를 도입해야 한다.

학교폭력예방법 - 교권보호법 개선 강화, 학생인권법 제정
- 자유가 필요한 곳에는 더 많은 자유를, 규율이 필요한 곳에는 더 엄한 규율을

학생들이 자유와 인권을 충분히 보장받지 못하고 있다. 학교는 아직도 불필요한 부분까지 학생들을 규제한다. 그래서 학생들로 하여금 학교를 싫어하게 만든다. 학생의 자유와 인권은 폭넓게 인정되어야 한다. 그래야 학생들이 학교를 사랑할 수 있다. 국가가 나서서 학생의 자유와 인권을 지키는 법적·제도적 조치를 취해야 한다.

그렇다고 학생들에게 방종을 허용할 수는 없다. 엄한 규율이 필요한 부분에는 엄한 규율을 적용해야 한다. 남에게 피해를 주고 남을 괴롭히는 잘못된 행위, 수업을 방해하고 침해하는 행위 등에는 엄한 규율을 적용해야 한다. 학교가 그런 규율을 적용할 수 있도록 국가가 법적·제도적 뒷받침을 해줘야 한다. 그래야 학생들이 행복하게 학교생활을 할 수 있다. 다수 학생이 학교폭력으로부터 안전해질 수 있다. 학생과 교사의 수업에 대한 권리가 온전히 지켜질 수 있다.

이를 위해 「학교폭력예방법」과 「교권보호법」의 취약점을 개선하고 미약한 내용을 대폭 강화하며, 「학생인권법」을 제정해야 한다.

이기정 미양고등학교 국어 교사이다. 중계중, 청량고, 창동고, 서울도시과학기술고(북공고)에서 근무했다. 저서로 『교육대통령을 위한 직언직설』 『교육을 잡는 자가 대권을 잡는다』 『국어 공부 패러다임을 바꿔라』 『내신을 바꿔야 학교가 산다』 『학교개조론』 등이 있다.

평화의 신께 드리는 글
대한민국 학교를 고통받게 하는
학교폭력 문제의 딜레마를 풀어주소서

이상우(남수원초등학교)

저는 교사들이 근무를 기피하는 열악한 학구에서 지난 5년간 인성부장을 맡아서 학교폭력에 관한 다양한 경험을 하였습니다. 학급 내에서 벌어진 학교폭력, 학급 간 벌어진 학교폭력, 전교의 모든 아이를 괴롭히는 저학년 학생, 고학년의 저학년 학생 성추행, 여러 명의 남학생이 한 학년 낮은 학생들을 때린 경우, 마찬가지로 다수의 여학생이 SNS로 후배 여학생에게 언어폭력을 행사한 경우, 다수의 여학생 또래 집단이 두 명의 친구를 집요하게 괴롭힌 경우, 이웃 학교 학생과 관련된 여러 차례의 학교폭력 사례, 중학교 학생에 의한 초등학생 금품갈취와 폭행 등등 정말 다양한 사례를 경험하였습니다.

물론 저라고 학교폭력을 총괄하는 생활인성부장을 원해서 맡은 것은 아니었습니다. 저는 본래 업무처리를 잘 못합니다. 그런데 학구가 열악하고 이미 몇 년 전 운동부 코치의 과잉 체벌 문제와 학생의 폭력 관련 사건·사고가 끊이지 않으니 선생님들이 인성부장을 기피했고, 열정적인 한 선생님의 간곡한 권유가 있어서 몇 차례 사양하다가 결국 생활인성부장을 맡게 되었습니다.

다행히 저는 학교폭력 책임교사는 아니었지만, 생활인성부장으로서 전교 대상 생활지도와 학교폭력 사안 발생시 조사, 사과 및 중재, 관련 학생상담, 학부모상담 및 부모교육을 열심히 했습니다. 보통의 인성부장보다 자발적으로 맡아서 하는 일이 많았지요. 그것이 아이들을 위한 일이고 학교폭력을 없애는 길이라 믿었습니다. 이 일을 오래 하다 보니 작년에는 수원시 학교폭력대책 현장지원단으로 활동하기도 했고, 작년과 올해에는 전교조 수원지부 학교 평화 위원장을 맡아 학교폭력과 관련된 자문과 상담을 맡고 있습니다.

제가 이렇게 저의 경험을 자세히 말씀드리는 이유는 학교폭력에 관한 자문과 상담을 오래 하면 할수록 정말 무엇이 옳은지 알기 힘들고, 학교폭력에 대한 근본적인 해결책을 알 수 없기 때문입니다.

처음에는 학교폭력예방 및 대책에 관한 법률로 만들어진 학교폭력대책자치위원회(이하 자치위원회)에서 아이들이 싸우거나 다른 사람에게 피해를 준 것을 학교폭력 사안으로 다루는 것을 꺼렸습니다. 아직 어린 나이에 학교폭력 가해학생이란 낙인이 찍히는 것 같았기 때문입니다. 자치위원회의 결정에 의해서 처분(소위 징계)을 받는다고 해서 아이가 나아질 거라는 확신도 없었습니다. 오히려 교육과 상담을 통해 자치위원회를 거치지 않고도 충분히 소위 가해학생과 피해학생이 서로 화해하고 잘 지내는 모습을 쉽게 볼 수 있었습니다. 신고한 학생에게 복수하거나 비슷한 일이 재발하는 경우도 드물었습니다. 그리고 괴롭

힘이라기보다는 힘이 비슷한 학생 사이의 싸움도 종종 있었기에 학교에서 의지를 보이고 해결을 위해 노력하면 부모님들도 이해해주시고 학교의 교육 방향을 따라 주셨습니다.

이렇게 2년 이상 학교폭력 관련 업무를 맡게 되고 업무에 대한 자신감도 생길 무렵, 남학생이 휘두른 주먹에 맞아 여학생이 크게 다치는 일이 생겼습니다. 서로 장난을 치다가 남학생이 순간적으로 욱해서 고의로 주먹을 휘두른 것입니다. 이 문제를 자치위원회로 다룰 것인가 말 것인가 고민도 했지만 이미 학부모님 사이에 소문이 커졌고, 피해학생 학부모님의 의사가 확고해 자치위원회를 열었으며, 회의를 통해서 피해학생 보호, 치료비 부담, 사과 및 교내봉사, 특별교육 조치를 내렸습니다. 아이의 부모님도 특별교육을 받는 것이 의무라서 학교에 오시는 상담 봉사자님께 특별교육을 받았습니다.

저는 책임교사와 함께 자치위원회 사안을 처음으로 다루었음에도 보람이 컸습니다. 가해학생과 평소 사이가 나쁘지 않았던 피해학생은 담임교사를 신뢰하여 아픈 몸에도 불구하고 빠른 시일 안에 등교를 했고, 가해학생의 생활태도도 나아지고 부모교육을 통해서 자녀와의 관계도 좋아지면서 양쪽 학부모도 만족하였습니다. 이러한 경험을 하면서 자치위원회를 여는 것이 꼭 부정적으로 볼 것은 아니라고 생각이 바뀌었습니다.

다만, 자치위원회를 여는 과정에서 놀라고 당황스러웠을 담임선생님에게 공감하고, 담임선생님이 해야 할 일을 코칭하며, 양쪽 학부모님에게 여러 차례 경과를 알려드리면서, 양쪽 부모님의 입장을 충분히 경청하고, 속상한 마음에 공감하고 힘을 북돋아드리는 것이 쉽지는 않았습니다. 이와 관련된 소문이 와전되어 학부모 한 분이 학교를 불신하는 일이 생겨서 이리 뛰고 저리 뛰며 자초지종을 확인하고 부모님의 오해를 풀고 설명을 드리고 신뢰를 회복하느라 고생도 많았습니다.

책임교사도 지역 교육지원청에 사안을 보고하고, 위원들에게 연락해서 개최 날짜를 잡고, 부모들에게 통보를 하고, 담임교사에게 목격자를 포함한 관련된 학생의 진술서를 받게 하고, 아이 편으로 부모의견서를 보내고, 간사로서 위원회 개최를 돕고, 회의록을 작성하고, 결과를 학부모에게 통보하고, 특별교육 관련 서류를 작성하고, 가해학생의 봉사시간과 내용, 특별교육 일정, 학부모의 특별교육 시간을 짜는 것 등 해야 하는 일이 너무 많았습니다. 학급을 맡은 담임교사가 이 일을 다 할 수 있을까요? 제가 옆에서 돕기는 했지만, 거의 모든 과정을 책임교사 한 명이 감당해야 합니다. 교사는 어쩔 수 없이 자신이 맡은 학급의 수업에 소홀하게 될 수밖에 없습니다.

그래도 한 번 해보고 나니 일에 대한 자신감도 붙고 다음에는 쉽겠다고 생각했습니다. 다행히 책임교사도 3년 연속으로 책임교사 일을 맡아주었습니다. 그런데 학생 사이에 발생한 성추행 사건은 정말 쉽지 않은 사건이었습니다. 1년에 1~2번 정도는 언어나 신체접촉으로 인한 성문제가 생기긴 했지만 비교적 경미했고, 피해 학부모가 사과받는 선에서 마무리되었으나 고학년 학생 한 명이 여러 명의 저학년 학생을 성추행한 것은 차원이 다른 문제였습니다. 가해학생이 솔직하게 자기 잘못을 이야기하지 않으니 피해학생 부모님의 아픔과 분노가 컸습니다. 그래도 교장, 교감 선생님의 도움과 교육청 인권 상담사의 조언, 학교담당 경찰관의 참여, 피해학생과 가해학생의 조사와 치유를 위한 경찰서 해바라기센터의 지원으로 겨우 자치위원회를 마무리할 수 있었습니다.

성폭력은 학교에서 다룰 사안이 아닙니다. 피해학생 학부모는 다른 학부모들에게 자기 자녀가 겪은 아픔이 알려지는 것을 극도로 꺼립니다. 심지어는 담임교사도 모르길 바라는 게 부모의 마음입니다. 그런데 자치위원회의 위원 중 3명 이상이 학부모입니다. 비밀유지를 바라는 부모의 마음이 불안해지고 복잡해집니다. 법에서는 전체 위원의 과반수를 학부모 전체회의에서 직접 선출된 학부모대표로 할 것을 정하고 있습니다. 법의 취지가 학교 당국이 자치위원회의 결정을 자의적으로 하지 않고 합리적으로 결정하기 위한 목적임은 이해하나, 개인의 사생활이 노출되고 성폭력에 관한 2차 피해를 낳을 수 있다는 점에서 문제가 있습니다. 성폭력 문제만큼은 학폭위에서 다루지 않고, 현행대로 학교가 경찰서에 신고하고 부모가 원할 경우에 상담을 지원하는 형태로 가야 할 것입니다. 그런데 문제는 학생과 학부모의 개인 사생활 보호를 위해 자치위원회를 열지 않으면 심각한 성폭력 문제를 일으킨 학생을 강제전학시킬 방법이 없다는 것입니다. 경기도 학교의 경우, 학교폭력 이외에 벌어지는 학생선도 사항은 등교정지 10일이 전부입니다. 평화의 신이시여, 이 딜레마를 어떻게 풀어야겠습니까? 관련 법을 개정해서 피해학생과 학부모의 사생활을 보호하면서 가해학생에게 적절한 처분을 내릴 수 있는 지혜를 교육부 담당자와 국회의원들에게 내려 주소서.

학교폭력 관련 업무를 맡은 책임교사도 힘들지만, 학교폭력 피해학생과 가해학생을 맡은 담임교사도 학교폭력의 회오리에서 벗어날 수는 없습니다. 학교폭력을 신고받거나 담임교사가 학교폭력 사실을 인지한 경우, 보통 학교폭력전담기구의 협의에 따라 초기 사실 확인은 학생을 맡은 담임교사가 담당하게 됩니다. 만약 관련된 학생들이 같은 반이면 양쪽 학생의 진술서를 담임교사가 받습니다. 진술서 내용이 서로 일치하면 좋겠지만, 일치하지 않는 경우가 대부분입니다. 초등학교 저학년은 더 합니다. 목격한 학생들까지 찾아야 합니다. 가급적 비밀을 유지하면서 이러한 일을 처리하는 것은 참으로 많은 인내와 노력과 시간을 필요로 합니다. 그 과정에서 진술이 일치하지 않는데 명확한 증거가 없으니 실체적 진실을 밝힐 수 없는 '애매모호한 부분'이 생깁니다. 교사가 아무리 밝히고 싶어도 밝힐 수 없습니다.

그런데 보통 부모들은 자기 자녀의 말을 믿고 자녀 편을 듭니다. 피해학생 부모는 가해학생이 거짓말을 하고 있다며 주장하고, 반대로 가해학생 부모는 일부분은 잘못했지만, 하지도 않은 것까지 인정하라고 강요받는다며 억울해 합니다. 이렇게 양측의 의견이 엇갈리니 감정싸움이 되기 십상입니다. 감정의 골은 깊어지고 학부모 간에 심한 언쟁이 오가며 불신은 커집니다. 양쪽 부모들은 자기주장이 받아들여지지 않는다는 것에 분노를 느끼고 담임교사에게 온갖 부정적 감정을 쏟아냅니다. 항의 문자 메시지와 전화가 끊이지 않습니다. 수업시간에도 연락하고 심지어는 퇴근 후 밤에도 전화를 계속 합니다.

자치위원회 회의에서도 이런 상황이 재현되고 학부모는 자치위원회의 결정도 불신하게 됩니다. 그 결과 재심을 청구하여 학교폭력대책지역위원회에서 사안을 다루게 됩니다. 피해학생 보호자가 재심을 청구하면 그렇게 하고, 가해학생 보호자는 시·도 징계조정위원회의 재심을 신청합니다. 아, 가해학생의 경우 전학과 퇴학 처분을 당할 때만 징계조위원회에 재심을 신청하고 그 외에는 행정심판을 청구해야 합니다. 평화의 신께서도 잘 아시는 내용이지만, 담당자들도 자주 헷갈릴 정도로 학교폭력해결 절차는 복잡합니다. 학교마다 다르지만 연간 4회의 정기회의를 제외하고, 학교폭력 사안 발생으로 인한 자치위원회를 1년에 몇 번씩 개최하다 보니 헷갈리는 부분이 한두 가지가 아닙니다. 처음 책임교사를 맡게 되면 여러 부분에서 실수를 하게 됩니다. 더군다나 요즘에는 학교폭력 업무를 아무도 맡으려 하지 않습니다. 중학교는 중2 담임을 맡을 것이냐, 책임교사를 맡을 것이냐 고민할 정도랍니다. 초등학교에서는 대부분 담임교사가 책임교사를 맡습니다. 업무가 과중하다 보니 책임교사를 연임하지 않는 학교가 늘고 있습니다. 교사 사이에 '학폭이 안 열리면 할 만한데, 열리면 지옥이다'라는 말이 회자될 정도입니다.

> 평화의 신께서 책임교사들에게 힘과 용기를 불어넣어 주소서. 그들의 정신적 · 육체적 피로를 풀어주시고, 사안 처리 과정 중에 받는 피로를 풀어 주시고, 마음의 상처를 치유해 주소서.

작년에 경기도 교육청에서 주최한 학교폭력 현장점검지원단 역량강화 워크숍에서 다년간 학교폭력을 전문적으로 담당한 교감 선생님(장학사 출신)이 하는 말이 "학폭은 중학교에선 이미 재심이 필수, 소송은 선택"이 현실이랍니다. 그런데 이제는 초등학교도 점차 "재심이 필수"가 되어 가고 있습니다. 가해 측이나 피해 측이나 학교의 결정을 불신합니다. 조사과정과 협의결정을 신뢰하지 않습니다. 언론에 비춰진 학교폭력 관련 뉴스의 일정한 레퍼토리가 이러한 현상을 부채질을 합니다. '학교 측에서 학교폭력 사실을 은폐하거나 무마하려고 함, 피해학생의 정신적·육체적 피해가 극심하고 가족 모두가 고통을 겪고 있음', 거기다 요즘엔 '가해학생의 반성 없음과 보호자의 적반하장식 태도'가 그것입니다. 이로 인해 학부모의 학교폭력에 대한 불안과 학교에 대한 불신이 만연한 상태입니다.

> 평화의 신께 간절히 빕니다. 언론에서 학교의 잘못된 학교폭력 사안처리를 날카롭게 비판하여 잘못을 바로잡으면서도, 한편으로는 학교폭력 사안을 처리하느라 학교가 교육의 장이 아니라, 심각한 갈등과 분쟁의 장으로 변질되고 있음을 언론에서 제대로 보도하여 국민들이 교육현장의 어려움을 알게 하여 주소서. 그리하여 국민들도 어떻게 해야 학교가 평화롭고 행복한 배움의 장으로 거듭날 수 있을지 함께 머리를 맞대고 방법을 찾을 수 있도록 도와주소서.

작년에 현장지원을 갔던 한 학교의 사례를 보면, 비교적 경미한 사안임에도 피해학생이 자치위원회의 조치에 불복해서 행정소송까지 간 경우가 있었습니다. 왜 그럴까 궁금해서 담당 교사에게 내막을 물어보니 몇 년 전에 경미한 사안이지만 피해 학부모가 자치위원회를 열어달라고 해서 서면사과 처분을 내린 경우가 있었다고 합니다. 바로 그 학부모의 첫째 아이가 가해자로 몰렸던 것의 분풀이로 작년에는 둘째 아이를 피해자 입장으로 자치위원회 회의를 남용한 것이 아닌가 하는 생가이 든다고 하였습니다. 그러나 현재 학교폭력예방법은 부모가 자치위원회를 열어달라고 하면 학교는 무조건 열어야 합니다.

　최근에 새로운 추세 중 하나가 바로 형제 중 한 명이 가해학생으로 자치위원회에 다뤄지게 되면, 그다음에는 그 학생이나 다른 형제가 피해학생임을 주장하는 형태입니다. 가면 갈수록 아이들을 보호하자고 만든 법이 평화적으로 부드럽게 해결할 수 있는 일도 촘촘한 법그물로 무조건 강경일변도로 다루어서 아이들의 상태와 관계를 악화시키는 것은 아닌지 의구심이 듭니다.

　16년간 생활인성부장으로 학교폭력문제를 비롯한 학생생활지도를 담당해온 중등 선생님 한 분이 계십니다. 그 분은 학교폭력예방법이 도움이 될 때도 있지만 문제도 많다고 말씀하시면서, 이 법의 가장 큰 피해자는 투명인간이 되어버리는 피해학생이라고 합니다. 학교폭력으로 보기에는 애매한 일도 피해학생과 학부모가 학교폭력이라고 주장하고 자치위원회 개최를 요구합니다. 이런 일이 몇 번 반복되면 아이 주변에 친구가 없어진답니다. 물론 이 학생을 괴롭히는 학생도 없답니다. 나중에는 친구를 사귀고 싶어도 친구들이 피합니다. 그렇게 혼자서 중학교 생활과 고등학교 생활을 이어간답니다. 이런 상황을 겪은 학생이 성인이 되어 건강한 인간관계를 맺고 살아갈 수 있을지 평화의 신께 여쭙고 싶습니다. 부모의 과잉보호가 오히려 학생의 독립심과 의사소통능력, 갈등해결능력의 발달을 막는 것은 아닌지 염려됩니다. 그 선생님도 학생이 학교폭력예방법을 자기도 모르는 사이에 악용하는 것 같다는 생각이 든답니다. 그러나 절대로 뭐라고 말하지는 못합니다. 아이를 돕는 과정에서 말을 잘못했다간 자칫 아동학대로 경찰에 고소당할 수 있기 때문입니다.

개인적으로 너무나 안타까웠던 경우는 경미한 학교폭력 사건으로 가해학생이 된 아이들이었습니다. 현재의 자치위원회의 가해학생 처분 기준(폭력의 심각성, 지속성, 고의성, 화해, 반성의 정도)에 따르면 서면사과 정도밖에 해당되지 않는 아이들이었는데, 피해학생은 자신의 부모님이 하던 말과 똑같이 '다시 때릴지도 모르니 무조건 처벌해 달라'고 말하였습니다. 보통 자치위원회가 열리려면 관련 사안을 조사하고 자치위원회 일정을 잡는 데 일주일은 걸립니다. 워낙 학급에서 조용하고 모범적인 아이들이라 자치위원회가 열린다는 사실 자체만으로도 소화를 못 시키고 토하거나 계속 울고 잠도 못 잤습니다. 수업 때면 눈에 초점을 잃은 듯 멍하니 쳐다보기만 해서 수업을 담당했던 선생님이 제게 아이의 상담을 요청하기도 했습니다. 그 아이들에게는 하루하루가 지옥 같았을 것입니다. 통보 기간도 2~3일 걸리는 것을 감안하면 약 2주 동안 아이들에겐 지옥과 같은 날들이 계속된 것입니다. 같은 반에서 피해당한 아이를 매일 봐야 하고, 정상적인 학교생활이 불가능해집니다. 도리어 피해학생으로 진단서를 끊은 학생은 맘껏 뛰놀고 얼굴에 웃음이 가득합니다.

서면사과로도 마찬가지의 결과를 얻을 수 있는데 무조건 엄벌주의를 내세워 모든 사안을 자치위원회에 회부하는 것이 과연 바람직한가 의문이 듭니다. 2004년에 이 법을 만들고 통과시킨 국회의원들은 이러한 상황을 예상이나 했을까요?

사회적으로 학교폭력 관련 사건이 터지기만 하면 학교의 미온적인 대응과 폭력사실 은폐, 사태 무마 시도를 비판합니다. 물론 그런 학교도 있을 것입니다. 비판받아 마땅합니다. 그런데 왜 학교폭력 처리 과정이 어려울 수밖에 없는지에 대한 사회적인 인식은 부족합니다.

학교에서 학교폭력문제를 담당하는 교사는 직을 3년 이상 맡는 경우가 매우 드뭅니다. 1년만 하고 바뀌는 경우도 많습니다. 다들 업무의 강도가 높아서 기피하기 때문입니다. 상황이 이러니 전문성을 기대하기도 어렵습니다. 학부모대표도 마찬가지입니다. 보통 2년간 위촉을 하는데 책임교사와 마찬가지로 2년을 초과해서 맡는 학부모는 드뭅니다. 민감하고 불편한 일이기 때문입니다. 해당 학교의 학교담당경찰관도 마찬가지입니다. 2년 넘게 한 학교를 담당하는 경우가 드뭅니다. 보통 학교의 교감도 위원을 맡습니다만, 자치위원회를 처음 맡는 경우가 많고, 교감도 한 학교에서 보통 2년이면 다른 학교로 옮기기 때문에 오래 하기 힘듭니다. 인성부장을 5년간 맡는 동안 3명의 교감 선생님이 위원을 거쳐가셨습니다. 책임교사도 3번 바뀌었습니다. 이웃한 모 학교는 1년 넘게 생활인성부장을 맡기는 것이 예의가 아니라는 얘기가 학교 내에서 회자되고 있다고 합니다.

학교만 그럴까요? 교육청의 학교폭력 담당 장학사도 학교폭력만 다루지 않고, 상담 관련 Wee센터도 총괄합니다. 보통 초임 장학사가 학교폭력을 담당합니다. 그리고 1년 넘게 담당하지 않습니다. 한 지역에서 8년 동안 중학교의 생활인성부장을 맡은 선생님 말에 따르면 9~10번은 장학사가 바뀌었다고 합니다. 업무의 전문성이나 연속성을 기대할 수 없습니다. 할만하면 업무가 바뀝니다. 그렇다면 교육청만 그럴까요? 교육부도 마찬가지입니다. 순환근무제라 담당자가 자주 바뀝니다. 국무총리 소속으로 학교폭력대책위원회가 설치되어 있습니다. 그러나 회의만 할 뿐 위원회 안에 사무국이 없기 때문에 실질적으로 하는 일은 적습니다. 법상에는 실무위원회가 존재하지만, 행정 각부 소속의 1명이 참여해서 회의만 할 뿐 실질적인 학교폭력대책업무를 담당할 부서가 없습니다. 결국 순환직으로 근무하는 교육부 산하 부서가 일할 뿐입니다. 국민들은 이 사실을 알고 있을까요? 학교폭력 기사가 신문에 대서특필되면 정부와 국회의원들이 이번에는 학교폭력을 뿌리 뽑겠다고 한 목소리로 외칩니다. 그러나 달라지는 것은 아무것도 없습니다. 국민들은 분노만 할 뿐, 달라진 것이 아무것도 없다는 것을 모릅니다.

적어도 특별시·도 교육청 산하에, 학교폭력만을 업무로 하는 업무 부서가 따로 있어야 합니다. 이어서 시·군·구 교육지원청 내에도 학교폭력업무를 실질적으로 담당하고 단위 학교를 감독하며 지원할 독립적인 부서를 설치해야 합니다.

현재 학교폭력문제의 가장 큰 모순은 학교에 전문성을 기대하기 힘든 상황에서 의무는 많이 지우면서, 정작 협력과 지원은 잘하지 않는다는 점입니다. 학교에서 필요시에 교육청에 전화를 해도 경력 1년 미만의 학교폭력 담당 장학사가 학교 현장을 얼마나 도와줄 수 있을까요? 지침과 규정 준수를 강조할 뿐 실질적인 도움은 주지 못합니다. 예를 들어 24간 이내 학교폭력사안보고 규정도 마찬가지입니다. 24시간 이내에 보고하라는 것은 학교폭력에 대해서 신속한 보도를 하라는 의미의 권고 규정인데, 이를 강행 규정으로 받아들여서 학교폭력 의심사건을 접한 뒤 24시간이 지나면 학교 현장에서 사안보고를 하기 꺼려 학교폭력문제 해결을 더욱 어렵게 만듭니다. 서면보고가 원칙이나 급하면 전화로 보고하는 것도 가능하지만 이것을 아는 담당자는 별로 없습니다. 교장과 교감도 학부모 민원이나 법률과 지침의 위반 여부만 신경 쓰고 담당자의 고충에는 상대적으로 관심을 덜 갖습니다. 위에서 언급한 대로 책임교사의 스트레스는 상상을 초월합니다. 당장 해야 할 일만 해도 산더미입니다.

복잡한 규정을 잘못 해석하는 경우도 있고, 처음이라 중요한 부분을 놓치거나 업무처리 과정에서 실수하기도 합니다. 법률과 매뉴얼이 있긴 하지만 워낙 복잡하고 관련 규정과 지침이 매년 바뀌고 있으니 따라가기도 버겁습니다. 이러니 학교폭력 사건이 터지면 지옥이라고 하는 겁니다. 한 번 이 일을 맡아본 사람은 학교 밖 출장이나 연수에서 누군가가 맡은 일이 학교폭력 담당이라고 하면, 측은한 눈으로 바라봅니다. 그 심각한 고충을 맡아본 사람은 누구나 실감합니다. 교사는 형사가 아닙니다. 검사가 아닙니다. 그럼에도 형사와 검사가 할 일을 맡아서 합니다. 자치위원회 교원위원은 판사 역할을 맡아야 합니다. 앞으로 학교폭력 관련 업무를 교감·교장(관리자)이 하는 것도 생각해 볼 일입니다. 책임교사가 할 일 중에 담임교사가 해야 할 기초 조사 이외의 추가조사는 관리자가 맡아서 해야 합니다.

요즘 들어 책임교사나 학교폭력이 발생한 학급의 담임교사가 병가를 내는 일이 점차 증가하고 있다고 합니다. 다들 측은해 하지만 고통받는 교사를 도와주지는 못합니다. 내 일이 아닌 것을 다행으로 생각할 뿐입니다. 당장이라도 학교폭력 전담기구에서 학교폭력 사안 중에 학생의 피해가 크고 중대한 문제라고 판단하면, 필요시 학교폭력과 관련된 학생의 담임교사와 책임교사의 수업을 대신할 보결교사를 지정하여 수업을 면제해주고, 신속하고 정확한 조사와 학교폭력 해결절차를 담당할 수 있도록 도와야 할 것입니다. 나아가 교육청에서 발생한 사안의 경중에 따라 해당 학교에 보결교사를 파견하는 방법도 고려해보아야 합니다. 짧게는 1일에서 길게는 3일 정도면 중요한 것은 충분히 준비할 수 있습니다. 학교폭력문제는 신속성이 무엇보다 중요하기 때문입니다.

요즘에는 재심청구가 점차 증가하고 있습니다. 2~3년 전까지만 해도 재심청구는 중등의 문제였지만, 이제는 초등도 재심청구율이 매우 높습니다. 그만큼 학부모가 더 이상 학교의 전문성을 믿지 않기 때문입니다. 이 점을 보완하기 위해 사안 발생시, 교육청에서 학교폭력대책 전문가를 파견할 것을 제안합니다. 현재 보통의 학교에는 주 5일 중 2~3일간 전문상담교사가 근무하고, 8~10개 정도의 학교를 담당하는 학교담당경찰관이 배치되어 있습니다. 안타까운 점은 전문상담교사의 배치율도 40% 미만이고 대부분 정식 공무원 채용이 아니라서 처우가 낮고, 개인마다 상담의지와 상담능력에서 차이가 큽니다. 학교담당경찰관 또한 도움이 되는 측면이 있으나 맡은 학교가 많고 개인적인 능력에 따라 업무수행 정도가 차이납니다.

장기적으로 전문상담교사를 모든 학교에 배치하고 처우를 개선하는 것이 필요하고, 학교담당경찰관이 맡은 학교의 수를 줄이는 것도 하나의 방법이겠지만, 먼저 이분들 중에서 학교폭력대책 전문가를 선발하고 양성하는 방안을 도입해야 합니다. 그리고 사안 발생시 해당 학교의 학교폭력문제를 자문하고 감독하는 역할을 한다면 최근 발생한 '숭의초 사태' 같은 일은 발생하지 않을 것입니다.

최근 백혜련 의원이 학교폭력대책위원회 구성으로 전문위원 1/3 이상이 포함되도록 법안을 대표 발의한 것은 책상머리에서 나온 대책으로, 현실성이 부족합니다. 어떤 의사와 변호사가 자기 생업을 제쳐두고 학교폭력대책협의회에 참석하려고 할까요? 현재 자치위원회에 위촉된 학교담당경찰관도 학교폭력대책자치위원회의 정기회의(연 4회)와 학교폭력문제 발생시 회의에 절반 정도밖에 참석하지 못하는 실정입니다. 그리고 이미 학교폭력대책자치위원회가 개최되면 절차의 2/3는 마무리된 상태입니다. 모든 일이 그렇듯이 사안이 발생하면 당일과 그다음 날까지가 매우 중요합니다. 이 시기를 놓치면 아무리 사안 처리를 잘하려고 해도 상황이 악화되어 돌이키기 쉽지 않습니다. 따라서 전문성을 가진 위원의 수만 늘리려고만 할 것이 아니라, 학교폭력문제의 골든 타임이라 할 수 있는 사안발생 초기부터 전문적 식견과 실무 능력을 갖춘 학교폭력 전문가가 나설 수 있게 해야 합니다. 이 전문가들 또한 도교육청과 시군구 교육지원청에 소속되어 지속적으로 전문성을 함양하고 자문을 받아야 학교 현장에서 원활하게 학교폭력 사안을 담당할 수 있을 것입니다.

평화의 신께 제가 말씀드린 것은 두 가지 접근입니다. 한 가지는 학교폭력 담당 업무를 책임교사와 관련 학생의 담임교사뿐만 아니라 학교 관리자에게 맡기자는 것, 그리고 사안 발생시 관련 교사의 수업에 대한 학교 자체의 보결 수업이나 교육청 소속 보결교사 파견의 필요성입니다. 또 한 가지는 교육지원청에 독립적인 학교폭력 대책 담당부서를 설치하고 학교폭력대책 전문가를 선발하고 양성하여 사안 초기부터 학교에 파견하여 학교폭력 문제해결의 전문성을 함양하고 학부모의 신뢰를 얻는 것입니다.

이제 세 번째 접근을 말씀드리려 합니다. 최근 이용섭 의원이 발의 준비 중인 법안은 학교폭력대책자치위원회를 학교에서 교육청으로 옮기자는 내용을 담고 있습니다. 이미 재심청구가 일상화된 상태에서는 단위 학교에 설치된 학교폭력대책자치위원회의 위상과 신뢰가 부족하기 때문에 자치위원회를 교육지원청으로 옮기자는 주장입니다. 이 주장은 교사와 학부모에게 환영받고 있지만, 막대한 예산 확보의 문제와 수많은 학교폭력 사안을 교육청에서 처리하는 것이 과연 가능한가 하는 비판을 받고 있습니다.

그러나 보다 넓은 관점으로 볼 때 무조건 안 된다고 할 일은 아니라고 봅니다. 현재 학교폭력 재심이 일반화되는 상황에서 학교에서 자치위원회를 개최하는 것은 한 번 할 일을 두 번 하는 것이나 마찬가지입니다. 또한 교육청에서도 감당하지 못할 문제를 전문성이 부족한 학교에서 감당하라는 것 또한 모순입니다. 현재 학교에서 학교폭력문제 사안처리로 인해 수많은 교사와 학부모, 관련 학생, 교사가 속한 학급 모두 많은 피해를 받고 있고, 학교폭력 사안의 비밀유지 또한 어려운 상황에서 학교 이외에 독립적인 학교폭력대책위원회를 설치하는 것은 합리적인 해결방법으로 고려할 만합니다.

학부모 입장에서도 현재 재심도 불신하여 행정심판과 민사소송을 제기하는 비율이 높아지고 있습니다. 인터넷 포털에서 학교폭력으로 검색하면 이와 관련된 블로그가 뜨는데 대부분 행정심판과 관련된 행정사들의 홍보성 글과, 이제는 블루오션이 아니라 수익이 쏠쏠한 시장이 되어버린 학교폭력관련 민사 · 형사소송을 안내하는 변호사들의 사진과 전화번호가 뜹니다. 학부모들이 왜 학교폭력과 관련하여 이렇게 물질과 시간과 노력을 들여서 소송까지 제기하게 되었는지 교육당국과 국회의원들은 곰곰이 생각해봐야 합니다.

학교폭력문제가 소송으로까지 비화된 이유는 여러 가지가 있지만, 가해학생의 선도 · 교육을 위하여 취해지는 조치를 학생생활기록부(이하 생기부)에 기재하게 되면서 자녀가 나쁜 학생으로 낙인이 찍히고, 향후 입시에 불이익을 받게 될 수 있다는 학부모들의 불만 때문이기도 합니다. 가해학생에 대한 조치를 생기부에 기재하는 것은 양날의 칼입니다. 생기부 기재가 두려워서 학생들이 학교폭력을 조심하게 된 것은 일정 부분 사실이지만, 사과로 끝날 문제도 정식 절차의 처분을 받게 되는 것이 두려워 아예 가해 사실을 부정하거나 상대편에게도 잘못이 있다는 쌍방 가해를 주장하여 피해학생에게 2차적인 피해를 주고, 장기적인 소송으로 비화되기도 합니다.

실제로 초등학교 6학년 학생 몇 명이 친구를 고의적으로 괴롭히고 때려서 처분을 받았는데 가해학생의 학부모가 불복하여 재심청구를 하고, 1년 뒤에 변호사를 채용하여 행정소송에서 승소한 사건이 있었습니다. 가해학생 부모가 승소한 이유는 자치위원회의 학부모위원들을 전체 학부모회의 선거로 직접 선출하지 않고, 학교 내 학부모 단체의 회장들을 학부모위원으로 삼았기 때문이었습니다. 재판부는 한마디로 자치위원회의 구성상 하자를 이유로 자치위원회의 결정을 무효로 판결하였습니다. 이 내용이 인터넷 블로그에도 소개되어 있습니다. 물론 행정사와 변호사의 블로그입니다. 이것을 가지고 가해학생 부모를 낚시질 하는 겁니다.

그런데 여기서 상황이 끝난 것이 아닙니다. 무효가 되면 첫 처분이 내려진 초등학교에서 자치위원회를 다시 열어 법에서 규정한 대로 학부모대표를 뽑아서 같은 처분을 내리게 됩니다. 결국 가해학생에 대한 조치는 원처분과 달라진 것이 없는 채로 변호사 좋은 일만 시킨 꼴이 됩니다. 만약 이 학생이 특목고 진학을 원한다면 어려울 것입니다. 졸업 전 초등학교에서 받은 처분의 생기부 기재는 자치위원회 회의를 거쳐 지울 수 있지만, 중학교 재학 중에 받은 처분은 중학교 졸업 전까지 생기부의 행동발달사항 란에 가해학생 처분 기록이 남게 되어 입시에 영향을 주기 때문입니다.

지난 7월 말, 서울시 교육청의 조희연 교육감과 여러 교육감이 경미한 사항의 경우 생기부 기재를 안 하고 교육적인 방법으로 해결하자는 의견을 제시했는데, 이 또한 첨예한 사안이라 쉽게 결정날 것 같지는 않습니다. 양쪽 모두 일리가 있기 때문입니다. 가해학생 처분 사항 기재로 인한 낙인의 부작용과 소송비화도 맞는 말이고, 생기부 기재 완화는 피해자 입장을 고려하지 않으며 후속방안 또한 미흡한 상태이기 때문입니다. 다만, 김상곤 교육부장관이 2012년 경기도교육감 재직 시절 생기부 기재에 일관되게 반대의견을 내세웠기 때문에 현정권 하에서 어떤 판단을 내릴지는 계속 주목할 만합니다.

평화의 신께 여러 가지 말씀을 드렸습니다만, 마지막으로 한 가지만 더 말씀을 올리고자 합니다. 보통 대한민국에서 교육정책에 대한 토론회는 평일 오전이나 오후 2시에 합니다. 그러면 과연 교사가 참석할 수 있을까요? 교육부와 국회의원들이 현장교사의 목소리에 귀를 기울이지 않는 것은 어제 오늘의 일이 아닙니다. 교사의 의견을 반드시 반영하라는 것도 아닙니다. 적어도 현장에서 아이들과 만나고 수업하며 함께 호흡하는 교사들이 보는 현장의 모습은 어떻고, 문제를 어떤 관점에서 보고 있으며, 원인은 무엇이라고 생각하는지, 현장에서는 어떤 대책을 생각중인지, 정부에서 생각하는 대책과 국회의원이 발의하고자 하는 법안의 효과나 부작용이 어떤지는 현장의 목소리를 들어보고서 결정해야 하지 않을까요?

평화의 신이시여, 교사를 위해서 교사의 목소리를 들어달라는 부탁이 아님은 평화의 신께서 잘 알고 계실 겁니다. 우리 아이들이 행복하고 교사와 학부모도 행복할 수 있는 정책이 수립되고 법률이 제정될 수 있도록 교사들의 대표가 공청회나 토론회에 적극적으로 참여할 기회를 주십시오. 또한 교사들이 오랜 기간 동안 현장에서 쌓은 경험을 통해 깨닫게 된 생생한 노하우와 실천지식들을 위정자들에게 전하고, 이들 위정자들이 반영할 수 있도록 그들의 귀를 열어 주소서!

이제 평화의 신께 드릴 말씀은 모두 드렸습니다. 평화의 신께 드릴 말씀을 생각하며 제가 학교 현장에서 실천하고 고민하고 다년간 학폭 관련 업무를 수행한 여러 선생님과 주변 선생님들, 페이스북으로 연결된 학계의 교수님들과 깊게 논의하면서 학교폭력을 바라보는 시야가 넓어지고 보다 깊이 있게 학교폭력문제를 바라볼 수 있게 되었습니다. 또한 학교폭력문제를 개선하는 것이 쉬운 일이 아님을 너무나 잘 알게 되었습니다.

아시다시피 저는 작년까지 학교폭력 업무를 맡았고, 올해는 학교폭력 업무를 맡고 있지 않습니다. 그러나 올해에도 학교폭력 관련 학생상담과 중재, 교사상담, 학부모상담, 학교폭력개선을 위한 연구, 관련 단체와의 협력을 계속하고 있습니다. 비록 이제는 학교폭력이 제 업무는 아니지만, 이 일이 학교교육에서 너무나 중요하기 때문입니다.

원래 학교폭력예방법에 따라 설치된 학교폭력대책자치위원회는 교육적인 목적으로 만들어졌는데, 지금은 교육적인 기능은 사라지고 '경찰이 하는 일과 법원이 하는 일'을 혼합한, 효과는 있으나 부작용 또한 만만치 않은 딜레마 장치가 되어 버렸습니다. 없애지도 못하고 개선하지도 못하는, 정체되어 있고 학생·학부모·교사·일반 국민 모두가 불신하는, 그런 부정적인 의결기구가 되었습니다.

국민들이 이 법과 이 법에 따라 구성된 자치위원회의 현실을 적나라하게 알게 되면 좋겠습니다. 그리하여 이 문제가 그리 간단하지 않음을, 모두가 함께 고민하고 해결책을 모색해야 함을 알기를 간절히 바랍니다. 그렇지 않으면 누구라도 이 학교폭력예방법이라는 보이지 않는 거대한 기계의 희생양이 될 것입니다. 과연 이 법을 만든 국회의원들은 오늘과 같은 상황을 예상했을까요? 이와 같은 상황을 예상했더라면 이 법을 만들었을까요?

저는 감히 평화의 신께 제 마음을 솔직하게 말씀드립니다. 만약 나의 아들이 비교적 경미한 학교폭력을 당했다면 저는 그냥 사과를 받고 마무리하겠습니다. 사과를 안 한다면 그냥 넘어가겠습니다. 학교폭력 절차가 도리어 나와 내 아들을 고문할 것이기 때문입니다. 절차는 잘못이 없음에도 그렇게 분위기가 돌아갑니다. 누구의 잘못이라 탓할 수 없습니다. 모두가 피해자이기 때문입니다. 만약 심각한 학교폭력을 당했다면 제가 어떻게 할까요? 학교에 신고해서 당장 내 아들이 계속 피해를 받지 않도록 담임교사에게 구체적으로 자세히 대책을 부탁할 것입니다. 그리고 만 10세가 넘었다면 촉법소년에 해당하므로 경찰서에 신고라도 할 것입니다. 만 9세 미만이라면 부모와 만나서 웬만하면 아이에 대한 지도를 부탁하고 넘어가겠습니다. 그런데도 달라지는 게 없다면 저는 민사소송을 제기할 것입니다. 현실적으로 학교폭력대책자치위원회에 기대할 것이 많지 않기 때문입니다. 이것이 제 솔직한 생각이고 실제로도 그렇게 할 것입니다.

아, 평화의 신이시여! 아직도 저는 잘 모르겠습니다. 이 딜레마를 풀 방법을 모르겠습니다. 학폭업무 5년간 했다는 사람이 자치위원회보다는 개인 간 화해나 합의를 신뢰합니다. 정신건강을 위해 가급적 참고 넘어가지만, 상황이 심각하다면 형사법이나 민사소송의 방법을 취하려고 합니다.

일반 국민과 위정자들에게 학교폭력과 관련한 현행 제도의 모순을 그대로 보여줄 방법은 제 자녀가 이런 일을 당했다면 어떻게 할 것인가 하는 것을 보여주는 것 이외에 더 확실한 방법은 없다고 생각합니다.

평화의 신이시여.
우리 아이들이 학교폭력이라는 말보다
평화라는 말을 더 많이 사용할 수 있게 하소서.
저학년 아이들 문제까지 학교폭력으로 취급되어 상처받지 않게 하소서.
그렇다고 학부모들이 자녀가 다른 아이를 때리는 것을

아무것도 아닌 것처럼 여기지 말게 하소서.

무조건 혼내고 다그치기보다 우선은 아이의 이야기를 듣고

아이의 속상한 마음은 공감하되, 바람직한 행동을 가르치게 하소서.

꾸중을 하더라도 부모가 자녀를 사랑하고

존중하는 마음이 전해지게 하소서.

부모는 자녀가 잘못했을 때 자녀가 솔직하게 자신의 잘못을 인정하고

상대 아이에게 진심을 다해 사과하며,

몸과 마음을 다친 아이가 회복하기를

진심으로 바라는 마음을 갖게 하소서.

학교폭력을 다루는 교사들의 불안하고 답답한 마음을 위로하시고

지혜롭게 일을 처리할 수 있도록 학교폭력대책 선문가를 보내주셔서

그들을 돕게 하소서.

학교폭력대책자치위원회를 학교 안에 설치하면서

지원을 강화하는 것이 좋을지,

아니면 교육청 안에 설치할지,

지역의 독립기구로 다룰지 저희는 알지 못하오니,

평화의 신께서 어떤 결정이 평화를 위해 가장 바람직한 길인지

가장 잘 아시오니

평화를 위한 결정이 내려질 수 있도록

온 국민과 위정자들에게 평화의 지혜를 주소서.

평화의 신이시여,

학교의 관리자들과 현장의 교사들이 학교를 평화롭게 하고

아이들이 즐거운 배움을 하고

학부모가 학교교육을 신뢰하고 교사가 보람을 가질 수 있도록

대한민국의 교육과 우리 아이들의 몸과 마음에 평화가 깃들게 하소서.

오직 평화만이 우리 교육에 함께하기를 기원합니다.

이상우 경기 남수원초등학교에 근무한다. 공저로 『교사독립선언 세 번째 이야기』『교사직썰 #승진』이 있다. 학생생활지도, 학교폭력, 학생·교사·학부모 상담, 부모교육, 교권 등 성장을 지향하는 인간관계형성과 공동체 구성원의 갈등관리에 관심이 많다. 풍부한 경험과 다양한 만남을 통해 교사들이 협력하면 멋진 교육 드라마를 완성할 수 있다고 확신한다. 최근에는 학교폭력대책제도 개선을 위한 시민운동에 참여하고 있다. 학교에서는 교육복지부장, 실천교육교사모임 교육활동 보호팀장, 전교조 수원지회 학교평화위원장을 맡고 있다.

학교에서의 건강한 관계를 위한 제언
돌봄, 교사업무, 교우관계를 중심으로

천경호(성남서초등학교)

저는 보통 아침 8시 전후로 출근을 합니다. 출근할 때 몇몇 아이들이 잠을 덜 깬 표정으로 엄마의 손을 잡고 학교에 걸어오는 모습을 자주 봅니다. 학교에 다다르면 엄마와 헤어져야 하는 아이의 표정을 보게 됩니다. 아이의 표정도, 엄마의 표정도 어둡습니다. 때로는 엄마의 목소리가 커지기도 하죠. 아이가 엄마랑 헤어지기 싫어하거든요. 엄마역시 아이와 헤어지기 싫지만 어쩔 수 없다는 걸 잘 알고 있죠. 그래서 결국 엄마는 아이의 손을 뿌리칩니다. 혹은 아이가 진정될 때까지 달래고 출근하기도 합니다.

엄마와 헤어진 아이가 교실로 걸어가는 뒷모습을 본 적 있으신가요? 축 처진 어깨와 무거운 발걸음으로 교실을 향하는 아이를 자주 봅니다. 아이에게 먼저 인사를 걸어보지만 아이의 기분은 쉽게 풀리지 않습니다. 매일 겪는 엄마와의 짧은 이별이지만 아이가 이겨내기에 쉽지 않은 아픔이기 때문입니다.

　부모와 건강한 애착관계를 형성한 아이들은 학교에 올 때 엄마와 분리되는 과정에 겪는 불안의 크기가 작습니다. 또한 부모의 심리가 안정적일 때는 더욱 편안한 마음으로 학교에 오게 됩니다. 반면 부모가 지나치게 높은 긴장 상태에 있다면 아이는 불안한 마음으로 학교에 오게 됩니다. 감정은 전이되거든요. 부모의 심리에 가장 민감하게 반응하는 것이 아이들입니다.

　아이들은 부모를 떠나 학교라는 세상을 탐험합니다. 미지의 세계에 대한 탐험으로 아이들은 반드시 불안에 직면하고, 불안은 아이를 긴장하게 합니다. 만약 탐험이 끝날 거라는 사실을 알게 되면 아이는 자신이 불안을 잠재우고 탐험을 시작하게 됩니다. 탐험이 끝나는 순간까지 아이는 탐험의 주체가 되어 교사와 친구를 오가며 관계를 형성하고, 새로운 지식을 학습해도 괜찮습니다. 더구나 그 탐험 시간의 종료가 친해진 친구들과 함께라면 더더욱 좋겠죠.

　그러나 돌봄교실에 가야 하는 아이들은 자신의 탐험이 아직 끝나지 않았음을 탐험이 종료되어 먼저 떠나는 친구들을 보면서 느끼게 됩니다. 친구로부터 분리되는 거죠. 몇몇 아이는 집으로 돌아가는 친구들을 부러운 눈빛으로 바라봅니다. 집으로 돌아가고 싶은 거예요. 아이의 긴장은 지속되고 불안은 더 커지게 됩니다. 돌봄교실에서 공부도 하고, 놀이도 하며, 간식도 먹지만 아이들은 집에 가는 걸 더 좋아합니다. 왜냐고요? 아이들에게 학교는 공부하는 곳이지 노는 곳이 아니거든요.

　그러다가 5시가 되면 한 명, 두 명 엄마나 아빠가 와서 아이들을 데

려갑니다. 그래도 학교에는 남아 있는 아이들이 있어요. 야간 돌봄도 하거든요. 어떤 아이들은 저녁 8시가 다 되어서야 부모가 데리러 옵니다. 유치원의 경우에는 밤 10시까지 돌봐주는 곳도 있더군요. 아이들 입장에서 생각해보면 온종일 돌봄의 또 다른 이름은 '온종일 분리'입니다. 부모와의 온종일 분리.

코르티솔(Cortisol)이라는 스트레스 호르몬이 있습니다. 코르티솔 호르몬이 오랜 시간 동안 높은 수치로 분비되면 면역력이 약해집니다. 근육 세포에도 부정적인 영향을 주죠. 팔에 오랫동안 힘을 주고 있으면 무리가 갑니다. 풍선에 바람을 계속 넣으면 터지는 것과 같이 오랫동안 긴장하고 있으면 신체에 있는 근육 세포가 조금씩 파괴된다는 거예요. 따라서 지나친 고통(distress) 상태가 오랫동안 지속되면 아이들의 발달에 부정적인 영향을 줄 가능성이 크죠. 장시간 긴장한 아이들은 이완을 어려워합니다. 이완이 어려운 아이는 주의를 집중하기 어려워합니다. 호흡이 빠르고, 신체적으로 각성되어 있어서 자신의 주의를 한 곳에 오래 머물게 하는 지속적 주의력이 짧아지게 됩니다. 아이의 학습에 필요한 주의력이 짧아지는 원인이 되는 거죠.

코르티솔은 주의력뿐만 아니라 기억력에도 영향을 줍니다. 코르티솔이 높은 수치로 분비될 경우 해마의 성장 발달을 억제하거나 손상시키기도 합니다. 해마는 기억, 학습, 동기와 밀접한 관련이 있는 부위입니다. 정보를 기억하고, 기억한 정보를 토대로 작업을 하며, 이와 같은 학습의 과정을 지속시키는 심리적 변인인 동기를 유지하는 것과 밀접한 관련이 있는 부위가 바로 해마입니다. 갑작스런 외상을 겪을 경우 단기 기억이나 작업 기억이 훼손되는 경우를 보면 알 수 있습니다. 오랜 시간 높은 강도의 스트레스를 받을 경우 뇌 신경세포인 뉴런이 소멸되면서 학습과 관련된 부위가 손상을 입게 되는 거죠.

그럼 돌봄 담당 교사들은 어떨까요? 돌봄 담당 교사들은 자기 반 아이들에 더해서 돌봄교실 아이들도 책임을 지고 있습니다. 학급의 담임으로서 1년 치 학급교육과정에 대한 나름의 목표를 세우고, 이를 어떻게 시행하며, 평가는 어떻게 할지 사전 계획을 세웁니다. 이 교육과정에는 국가, 시·도 교육청, 지역 교육청, 그리고 학교 교육청의 각종 지침이나 지시사항의 구현 유무가 반드시 들어가야 하죠. 이유는 모르지만 교육청이 교사의 학급교육과정을 컨설팅할 때의 평가기준으로 삼는 것은 교사의 교육철학을 어떻게 구현했는지가 아니라 교육부 및 교육청 등 상위 기관의 교육과정 지침 반영 여부입니다.

교사는 복잡한 상위 기관의 지침을 반영하는 교육과정을 짜고, 이를 실행해야 합니다. 더해서 돌봄교실 운영계획도 세워야 합니다. 월별 계획에 맞춰 예산계획을 세우고, 예산을 집행하기 전에 공문을 시행합니다. 집행 후에도 공문을 작성하고요. 예산 계획에는 돌봄 프로그램 강사 수당 지급도 있고요, 돌봄 아이들 간식비도 있고요, 아이들 프로그램 준비물도 있어요. 프로그램 계획에 대한 학부모 안내장을 작성해서 결재를 받습니다. 결재받은 안내장을 다시 아이들 편으로 가정에 내보내야 하죠. 토요 돌봄을 하는 아이들, 야간 돌봄을 하는 아이들이 달라서 간식비 지출도 따로 항목을 만들어 써야 해요. 이 모든 과정에는 공문이 필요합니다. 저희는 공무원이니까요.

돌봄 아이들 생활지도도 합니다. 집에 가지 못한 채 학교에 남아 있는 아이들은 예민해져 있습니다. 더구나 다른 반 아이들과 함께 모여 있어서 많이들 다투는데요. 돌봄 담당 교사는 거의 매일 벌어지는 돌봄 아이들의 다툼을 해결해야 해요. 물론 돌봄 업무를 처리하기 위해 컴퓨터 화면 앞에 앉아 있다가 다툼이 벌어지면 일을 멈추고 해결해야 합니다. 그래서 업무도 마무리가 안 되고, 아이들 생활지도에도 전념하기 힘들죠.

한 주에 한두 번은 저녁 8시가 넘어도 부모님이 안 오시는 경우가 있어요. 늦으시는 거죠. 야근이 있거나, 퇴근 시간에 길이 막히거나, 중요한 일이 있어서 늦으시기도 해요. 그런데 가끔 연락마저 안 될 때도 있어요. 그래도 기다려야 해요. 부모를 기다리는 아이들을 교실에 두고 교사 혼자 집에 갈 수는 없잖아요. 저희는 교사니까요.

심리학에는 인지부하이론(Cognitive Load Theory, CLT)이라는 것이 있습니다. 예를 들어 과제 해결에 필요한 인지 자원의 양이 본래 갖고 있는 인지 자원의 양을 초과할 때 인지 과부하(cognitive overload)가 발생한다고 합니다. 인간의 작업 기억은 한 번에 저장하고 처리할 수 있는 정보의 양이 제한되어 있는데 그 한계를 넘어서면 정보가 처리되지 못하고 소멸되거나 과부하 되는 것을 '인지 과부하'라고 합니다.

교사 개인이 책임지는 학급의 아이를 넘어서서 돌봄교실 아이들도 책임져야 합니다. 담임업무와 방과 후 업무 일체를 처리해야 합니다. 결국 교사가 반드시 처리하지 못하는 일들이 생기고, 이 업무 때문에 외면당한 아이들이 피해를 입게 될 가능성이 매우 큽니다. 아이들이 겪는 어려움에 교사가 개입하고, 이를 적절히 지도하는 것이 교사가 본래 해야 할 일입니다. 그런데 교사가 교육부나 교육청에서 요구한 공문을 처리하는 데 주의를 기울여야 한다면 우리 아이들은 어떻게 해야 할까요? 교육을 해야 할 교사의 발목을 교육부나 교육'지원청'이 잡고 있다고 많은 교사가 말하는 이유가 여기에 있다고 생각합니다.

학생지도에 전념하지 못하는 업무환경은 교사가 본래 해야 할 교육에서 얻게 되는 교사효능감을 경험할 기회가 사라진다는 것을 의미합니다. 교사가 자신의 일에서 자기효능감을 경험하지 못할 때 심리적 소진은 커지고, 우울해지며, 자존감도 낮아집니다. 그래서일까요? 현장에서 마주하는 돌봄교실 업무 담당 교사의 심리적 소진과 우울은 매우 커 보입니다.

그런데 정말 놀라운 사실은 돌봄교실 관련 법령이 없다는 겁니다. 돌봄교실의 운영 주체가 정해져 있지 않다는 거예요. 누가 돌봄교실을 담당해야 하는지 법으로 정하지 않은 상태로 10년이 넘는 기간 동안 교사들이 하고 있는 거예요. 자기가 맡은 아이들 잘 가르치기에도 부족한 시간에 돌봄을 하고 있었습니다. 돌봄교실 업무에 승진가산점을 부여해서 교사끼리 다투게 하고, 과중한 업무 부담을 주면 교사들은 아이들에게서 멀어질 수밖에 없습니다. 이래놓고 아이들을 잘 가르치지 않는다고 비난하는 근거는 무엇인가요? 교사들이 정말 원해서 자기 반 아이들 가르치는 일은 내팽겨친 채로 돌봄 아이들을 돌보고 있는 것일까요?

과연 아이들에게 온종일 돌봄은 어떤 의미일까요? 매일 12시간씩 학교가 너희를 돌봐주겠다고 말한다면 과연 아이들은 뭐라고 대답할까요? 아이들에게 정말 필요한 것은 학교의 돌봄이 아니라 부모의 돌봄이 아닐까요? 그래서 장기적으로는 부모가 아이들을 돌볼 수 있는 환경을 국가가 만들어야 합니다.

하지만 단번에 부모의 노동시간을 줄여도 양육이 가능한 급여를 주는 사회를 만들기 어렵다는 것은 저희 교사들도 잘 알고 있습니다. 그래서 제안합니다. 돌봄교실 운영 주체는 지자체가 되어야 합니다. 국민이 낸 세금으로 아이들 돌봄에 필요한 능력 있는 분들을 각 지자체가 직접 고용하는 거죠. 그리고 지역 내 유휴시설을 활용해서 마을이 학교가 되어주는 겁니다. 마을이 할 일은 마을이 하고, 학교가 할 일은 학교가 하는 거예요. 지자체는 지역 내 공공일자리를 창출해서 좋고, 아이들은 지역 사회가 제공하는 안전한 환경에서 공개 채용을 통해 보육전문 교육을 받은 분들의 보호를 받으며 배우고 놀 수 있으니 부모도 안심할 수 있습니다. 학교에서 교사들은 자기 반 아이들 교육에 전념할 수 있으니 일석삼조라고 할 수 있습니다.

다음으로 방과후학교입니다. 방과후학교는 교육격차 해소, 사교육비 경감을 목표로 2006년에 처음 시행되었습니다. 그 이후로 각 학교에서는 방과후학교 프로그램을 개설하고 이를 담당하는 교사의 책임 하에 운영하고 있습니다. 보통 한 학교에서 10개 이상의 프로그램을 운영하고 있습니다.

먼저 방과후 프로그램은 무엇을 열 것인지 설문조사를 합니다. 설문에 따라 프로그램 계획을 세우고요, 프로그램 운영에 필요한 강사 채용을 위해 공고를 냅니다. 공고에 응한 강사 분들에게 면접 일정을 안내하고요, 같이 면접하실 교장 교감 선생님께도 알려드리죠. 그리고 면접 시 참고하기 위해 접수한 서류를 확인합니다. 빠진 서류가 있는

지 확인 후 강사 분들에게 다시 알려드리죠. 빠진 서류를 챙겨오시라고요. 그리고 학교의 다른 일정이 있는지 확인한 다음에 면접 일정과 장소에 맞춰 준비합니다. 그리고 면접을 하죠. 강사 채용 평가 기준에 맞춰 강사를 채용합니다. 면접 후 교장 교감 선생님의 평가 점수 등을 참고해서 결정합니다. 채용된 강사 분들에게 방과후 강의 일정을 알려드려요. 그리고 일정에 맞춰 프로그램 계획을 받죠. 이후에 아이들에게 안내장을 배부합니다. 프로그램을 안내하면 아이들은 신청서를 냅니다. 이를 각 학년에서 모아주면, 다시 프로그램 부서별로 신청서를 나눠요. 신청서에는 각 프로그램 홍보 브로셔도 있는데 이것도 끼워서 내보내죠. 그리고 프로그램별로 수강료를 내도록 에듀파인 기안을 합니다. 그리고 수강료 납부 기한 내에 아이들이 납부했는지 확인하고요. 안 낸 아이들에게는 문자나 전화로 부모님께 연락도 합니다. 지겨우시죠? 그런데 아직 안 끝났어요. 방과후학교 수업이 시작되면 방과후 강사 분들 근무태도(출, 퇴근 등)를 평가합니다. 방과후 공개수업도 하는데요. 공개수업 안내장도 교사가 만들어서 전교에 나눠줍니다. 방과후 공개수업 참관 신청도 교사가 접수하고요. 공개수업을 학부모님들이 얼마나 참관하셨는지 확인해서 통계 보고도 합니다.

그리고 정말 중요한 것이 있는데요, 바로 자유수강권이에요. 학교가 속해 있는 지역의 사회경제적 지위에 따라 자유수강권의 수량이 다른데요. 자유수강권은 경제 소득이 낮은 가정의 아이들에게 제공되는 방과후 무료 수강권이에요. 1인당 제공되는 금액이 좀 크다 보니 정확한 가계소득을 확인한 후에 대상 아동들의 신청여부를 확인해야 해요. 이 자료는 개인정보라서 외부에 함부로 유출되어서도 안 되는 정보랍니다. 그리고 자유수강권이 지급된 아이들과 수강료를 지불한 아이들에 맞춰 강사비 지급을 계산해야 해요. 복잡하죠? 그런데 아직도 끝이 아니에요. 방과후 수업만족도 조사도 합니다. 프로그램에 참여하는 각 학년, 각 반 아이들에게 안내장을 보내요. 프로그램 만족도는 교사, 학생, 학부모를 대상으로 해요. 이들의 만족도 조사 응답지를 수집해서 통계를 내죠. 여기까지 해야 한 사이클이 도는 거예요. 이 과정을 일 년에 4회 합니다. 방과후 프로그램은 분기별로 운영하거든요.

방과후 업무만 하느냐고요? 아뇨. 담임교사의 역할도 합니다. 자기가 담당한 반 아이들이 있어요. 반 아이들 수업도 하고, 평가도 하고, 생활지도도 하고요. 학부모 상담기간에는 상담도 합니다. 아까 돌봄교실 선생님 이야기를 드렸죠? 자신이 맡은 학년의 학급 아이들의 성취기준에 맞춰서 학급교육과정을 짜고, 그에 맞춰 아이들을 가르칩니다. 자기 반 아이들을 잘 챙길 수 있을까요? 인지 과부하 말씀드렸죠? 역시 방과후 업무에 시달리느라 아이들을 챙길 시간도 여유도 없어요. 기가 막힌 것은 방과후학교 역시 법령이 없다는 거예요. 방과후학교를 누가 운영해야 하는지 아무도 모르는데 교사가 하고 있어요. 법에도 없는 일을 전국의 교사들이 하고 있다는 겁니다.

업무로 소진된 교사의 인지는 과부하에 걸립니다. 스트레스 상황인 거죠. 이때 교사는 아이들 생활지도를 할 때 눈앞에 보이는 것으로 평가하기 쉽습니다. 높은 스트레스는 우리의 정서처리를 신속하게 만듭니다. 스트레스로 인한 신체적 긴장을 이완시키기 위한 노력이죠. 따라서 시상-편도체 정서회로를 작동시킵니다. 눈에 보이는 대로 상황을 판단하고 아이들을 비난하게 되죠.

요즘 이렇게 반응하는 교사들은 민원에 시달립니다. 결국 생활지도도 힘들죠. 그래서인지 지난 2017년 2월에 전국교직원노동조합 참교육연구소가 가톨릭대 서울성모병원 직업환경의학과와 함께 교사의 직무 스트레스와 건강실태를 설문 조사한 결과를 발표했습니다. 이 연구는 전국의 초·중학교 및 일반·특성화 고 등 79개 학교 1,617명의 교사를 대상으로 했습니다. 그런데 놀랍게도 현직교사의 11.9%가 확실한 우울 증세를, 28%는 유력한 우울증을 보였습니다.

교사의 교육권을 훼손하는 업무 부담이 학생과의 관계에도 영향을 주게 된 거예요. 학습지도, 생활지도 이외에 방과후, 돌봄과 같은 업무는 본래 교사가 해야 할 교육과정에 해당하지 않는 업무입니다. 학생지도보다 우선시되는 업무처리로 아이들 생활지도에 적절히 대응하기 어려운 교사들이 겪는 심리적 고통이 통계 결과로 드러난 것입니다. 갖가지 사업으로 예산을 틀어쥔 교육부와 교육청은 아이들을 가르쳐야 하는 교사가 자신이 구상한 교육과정과 상관없이 교육부나 교육청의 사업에 치중하며 살아가게 만들었습니다. 이로 인해 아이들을 마주하지 못하게 된 교사는 자신을 찾아 헤매는 아이들을 보며 교사로서의 자존감이 무너져가고 있는 겁니다.

미국에 KIPP라는 학교가 있습니다. 이 학교의 이름인 KIPP는 Knowledge Is Power Program의 약자인데요. 이 학교는 비용 대비 아이들의 학업성취가 높고, 인성교육이 잘되는 학교로 유명합니다. 이 학교가 다른 학교와 다른 점은 딱 하나에요. 교사와 학생의 상호작용이 타 학교에 비해 60% 이상 높다는 겁니다. 교사가 컴퓨터가 아닌, 업무가 아닌, 아이들과 마주하는 시간이 높다는 이유 하나가 이 학교 아이들의 학업성취를 높이고 인성교육이 잘 되도록 만들었다는 거예요.

제가 처음 학교에 발령을 받고 아이들과 수업을 할 때였습니다. 교실에 전화가 왔어요. 받지 않았습니다. 수업 중이니까요. 또 전화가 왔어요. 받지 않았습니다. 수업 중이니까요. 잠시 후 교실 앞문이 열렸어요. 교감 선생님이 오셨습니다. 왜 전화를 받지 않느냐고 물어보셨죠. 수업 끝나고 전화드리려 했다고 말씀드렸어요. 그런데 교감 선생님께서 말씀하시더군요. 12시까지 교육청에서 공문을 보내달라는 협조 공문이 왔는데 빨리 처리해야 한다고요. 저는 아이들을 자습시키고, 공문을 처리할 수밖에 없었습니다. 우리나라 교사들은요, 수업보다 업무를 우선시해야 해요. 저희는 공무원이니까요.

특히 방과후 업무는 민원이 많아요. 조금이라도 잘못되면 책임을 온전히 교사 개인이 져야 해요. 돈과 관련된 일이라 아무도 책임을 지려 하지 않거든요. 그러니 교사들이 어떻게 수업이나 생활지도에 전념할 수 있겠어요. 법에도 없는 일을 교육부가 시키니까 해야 하는 거예요. 교사들이 너무 힘들어하니까 몇몇 교육청에서는 방과후학교 위탁 업체와 학교가 계약하도록 하고 있어요. 업체들이 해야 할 분량의 일을 그동안 교사 한두 명이 하고 있었던 셈이죠.

그런데 여기에도 문제가 있어요. 방과후학교 위탁 업체에 학원이 끼어들고, 일부 부도덕한 교장 선생님과 불공정한 계약을 하는 경우가 있거나, 방과후 강사들의 임금에 높은 수수료를 부과하거나, 혹은 강사료를 지급하지 않는 등의 문제가 생겼습니다.

그래서 지자체가 직접 운영하는 곳이 생겼습니다. 도봉구와 성남시가 올해 방과후 업무를 가져가는 시범 사업을 하고 있다고 합니다. 교사들이 원하는 방과후학교 모델은 학교가 장소를 제공하고, 방과후학교 운영에 대한 모든 권한은 지자체가 가져가는 구조입니다. 그러면 지역 내 강사 인력 관리를 지자체가 직접 할 수 있게 됩니다. 이는 지역 일자리 활성화에도 일정부분 기여할 수 있죠. 방과후학교 위탁 업체들이 강사들에게 부과하는 수수료 문제도 해결할 수 있습니다. 무엇보다도 방과후 업무로 담임교사의 시선에서 소외되는 아이들이 없어집니다. 아이들에게 교사를 돌려주는 거죠.

도봉구와 성남시의 시범사업을 살펴보니 몇 가지 문제점이 눈에 들어옵니다. 예를 들어, 방과후 업무 지자체 이양을 시범적으로 도입한 도봉구의 경우에는 별도의 방과후 프로그램을 운영하고, 업체 관리는 학교에서 합니다. 여전히 학교에서 분리하지 못한 상태인 거죠. 또한 학부모가 방과후 수강료를 지자체에 납부할 경우 소득공제 처리가 안 됩니다. 그래서 방과후 수강료 납부는 학교가 맡고 있습니다.

성남시의 경우에는 방과후 업무를 지자체로 이양하는 것을 학교비정규직 노조가 반대하고 있습니다. 일부 의견을 들어보면 지자체보다 학교에 남는 것이 고용조건 상 유리할 거라는 노조 내 의견이 있다고 합니다. 그러나 아이들을 위해서는 교사가 방과후 업무에서 벗어나도록 하는 것이 바람직하며, 교사가 학생지도에 힘쓸 수 있는 구조를 만드는 것이 다른 사회 구성원에게도 이롭다는 것을 차근차근 설명한다면 해결이 가능할 것으로 생각됩니다. 어쨌든 방과후 업무의 지자체 이양에 대한 사회적 합의를 이루기에는 아직도 넘어야 할 산이 많습니다.

마지막으로 학교폭력예방에 대한 이야기입니다. 매년 2회에 걸쳐서 우리나라 초·중·고 학생들은 학교폭력 실태조사에 응합니다. 혹시나 신고를 하다가 걸리면 가해학생에게 보복을 당하지 않도록 무기명으로 설문에 응합니다. 또한 모든 학생이 조사에 응하도록 해서 학교폭력을 예방하고 있음을 사람들에게 알리죠. 더구나 실태조사 응답률이 학교에 알려져서 실태조사에 응하지 않은 아이들이 있다면 교사들이 닦달하기도 합니다. 왜냐하면 학교폭력을 '예방'하기 위해서는 누군가의 폭력을 반드시 고발해야 하기 때문입니다.

저는 과거에 학교에서 학교폭력예방 실적을 만들기 위해 2주마다 한 번씩 학교폭력 실태조사를 한 적이 있습니다. 그런데 이 설문을 시작한 지 십여 년이 다 되어감에도 학교폭력의 양상이나 발생 건수는 크게 달라지지 않았습니다. 오히려 아이들이 서로의 말이나 행동에 학교폭력이라는 이름을 붙이기 시작했고, 사소한 갈등의 빈도는 늘어났습니다. 아이들도, 학부모도 아이들끼리 겪는 갈등을 전부 학교폭력의 시선으로 바라보게 되었습니다. 발달상 미성숙한 아이들이 겪는 성장의 한 과정으로 바라보기에는 언론을 통해 드러나는 학교폭력의 실상이 너무 무섭기 때문이겠지요.

학교폭력예방을 위한 실태조사는 아이들에게 묻습니다.

친구나 선배에게 맞거나 갇힌 적이 있습니까?

심한 욕설과 놀림, 협박을 당한 적이 있습니까?

내가 가지고 있는 돈이나 물건을 빼앗겼습니까?

강제추행, 성폭행을 당한 적이 있습니까?

친구들에게 계속 집단 따돌림을 당한 적이 있습니까?

컴퓨터, 휴대전화로 계속 괴롭힘을 당한 적이 있습니까? 등…

아이들이 이 질문에 대답하려면 질문에 대답하는 자신을 제외한 모든 친구들을 가해자로 가정해야 합니다.

문제는 바로 여기에 있습니다. 심리학에 프레임 효과라는 것이 있습니다. 예를 들어 어떤 단어를 떠올리면 관련 기억들이 생각나는 거죠. 학교폭력이라는 단어를 떠올리면 반 친구들이 했던 말이나 행동이 생각나는 거예요. 학교니까요. 그런데 폭력이 뒤에 따라 붙습니다. 학교 더하기 폭력이잖아요. 매주 학교폭력 실태조사에 응한다고 한번 상상해보세요. 같은 반 친구들이 하는 말이나 행동을 전부 학교폭력의 관점에서 바라보게 됩니다.

사람은 타고난 기질과 성격이 전부 다릅니다. 외향적인 아이가 있는가 하면, 내향적인 아이도 있고, 말보다 행동이 앞서는 아이가 있는가 하면, 행동보다 말이 앞서는 아이가 있습니다. 감정을 민감하게 인식하는 아이가 있는가 하면, 논리적으로만 대응하는 아이도 있습니다. 사람은 타고난 기질과 주어진 환경에 따라 타인과 관계를 맺는 방법이 매우 다양합니다. 학교라는 공간은 이렇게 다양하고 복잡하게 얽힌 사람들 사이의 관계를 경험하고, 이들 속에서 친밀한 우정을 만들 수 있는 기회를 제공하는 곳입니다.

그런데 만약 내향적인 아이들에게 학교폭력 설문에 응하라고 한다면 외향적인 아이가 하는 말이나 행동이 전부 학교폭력으로 비춰지지 않을까요? 혹은 감정적인 아이의 부적절한 감정표현은 논리적인 아이에게 언어폭력으로 느껴지지 않을까요? 이는 외향적인 성격을 가진 아이의 문제인가요? 감정적인 아이의 문제인가요? 만약 아이들의 문제라면 과연 학교폭력 실태조사를 실시한 이후로 학교폭력은 줄어들고 있나요?

학교폭력의 형태가 점점 은밀해지고 있습니다. 신체적 폭력은 줄어든 반면 언어폭력이나 사이버 폭력은 증가하고, 폭력을 경험하는 시기도 점차 저학년으로 내려가고 있습니다. 더구나 학교폭력 실태조사의 신뢰도 역시 많은 의심을 사고 있습니다. 학교폭력 실태조사 응답률이 관리자 평가에 반영되는 경우도 있고, 학교 평가에 반영되기도 합니다. 따라서 빠른 시간 안에 높은 응답률을 얻기 위해 편법을 쓰기도 합니다. 컴퓨터실에 아이들을 모아놓고 한자리에서 응답하도록 하는 것입니다. 이는 무기명 전수조사라는 본래의 취지에 반합니다. 그러나 응답률이 관리자나 학교 평가에 반영되고, 실태조사 응답률이 학교로 통보되는 현 상황에서 일괄로 응답하게 하는 학교는 사라지지 않습니다. 그리고 더 큰 문제는 다른 곳에 있습니다.

고정관념(Stereotype)이라는 말이 있습니다. 어떤 '특정한 대상이나 집단에 대하여 많은 사람이 공통으로 가지는 비교적 고정된 견해와 사고'를 말합니다. 학교라는 공간에는 반드시 폭력이 있다는 비교적 고정된 견해와 사고가 우리 사회에 존재함을 부정하기 어렵습니다. 이러한 고정관념은 주로 감정적 판단에 의거합니다. 언론에 드러난 학교폭력 사건이 사람들에게 강렬한 부정적 감정을 불러일으키고, 이는 학교라는 공간에서 학교폭력이 반드시 존재한다는 고정관념을 형성하는 것입니다.

고정관념 위협(Stereotype threat)라는 말도 있습니다. 고정관념이 사람들을 어떻게 위협하는지를 나타내는 말입니다. 1995년 스탠퍼드 대학의 클로드 스틸(Claude Steel) 교수가 흑인 학생들을 대상으로 실험했습니다. 실험에서 참가자들이 특정한 과제를 수행하기에 앞서 '흑인의 지능은 백인보다 열등하다'는 고정관념을 부각할 때 그렇지 않은 경우에 비하여 성과가 현저하게 나빠진 결과가 나왔습니다.

자 그럼 '학교폭력 예방을 위한 질문'을 다시 시작해보겠습니다.

친구나 선배에게 맞거나 갇힌 적이 있습니까?

심한 욕설과 놀림, 협박을 당한 적이 있습니까?

내가 가지고 있는 돈이나 물건을 빼앗겼습니까?

강제추행, 성폭행을 당한 적이 있습니까?

친구들에게 계속 집단 따돌림을 당한 적이 있습니까?

컴퓨터, 휴대전화로 계속 괴롭힘을 당한 적이 있습니까? 등…

학교폭력 예방을 위하여 설문을 매달 혹은 매주 실시한다고 가정할 때 이 질문을 읽는 아이들은 친구들을 어떻게 생각하게 될까요? 이 질문은 학교라는 공간에 반드시 폭력이 존재하고, 폭력을 가하는 이들은 다름 아닌 친구일거라는 고정관념을 아이들에게 심어주지 않을까요?

자기 충족적 예언이라는 심리학 용어가 있습니다. 쉽게 말하면 '말이 씨가 된다'라는 뜻인데요, 부모님들 말씀을 빌리면 '내 너 그럴 줄 알았다'는 것입니다. 획득된 정보의 해석과정에서 발생하는 지각 오류 중 하나로, 평가자의 기대가 피지각자에게 반영되거나 자신의 기대가 자신에게 반영되어 실제 행동으로 나타나는 것을 말합니다. 보다 쉽게 말씀드리면 부모나 사회의 부정적 기대, 즉 학교폭력이 반드시 존재할 거라는 기대가 아이들에게 반영되어 실제 행동으로 나타난다는 것입니다.

그렇다면 학교폭력예방을 위한 설문이 평가자에게 기대하는 바는 무엇인가요? 친구와 진정한 우정을 만들기일까요? 아니면 친구의 괴롭힘을 발견하는 것인가요? 아마 친구의 괴롭힘을 발견하는 것이 아닐까요? 결국 학교폭력을 당한 학생의 신고를 기대했던 평가자의 기대는 친구인 피평가자의 기대에 그대로 반영될 가능성이 클 것입니다. 기대는 아이들에게 반영되고 학교폭력은 사라지지 않게 되는 거죠.

학교폭력을 예방하기 위한 진짜 설문조사는 과연 어떻게 해야 할까요? 과연 우리 교사들은 아이들에게 진정한 우정을 어떻게 가르쳐야 할까요? 그래서 생각해 보았습니다.

> 오늘은 친구의 고민을 들어주었나요? 혹은 친구에게 고민을 털어놓았나요?
> 나에게 먼저 인사해 준 친구가 있나요?
> 나를 칭찬해 준 친구가 있나요?
> 나에게 고맙다고 말해 준 친구가 있나요?
> 나에게 미안하다고 말해 준 친구가 있나요? 등…

학교라는 글자에 우리 학교가 나아갈 길이 담겨 있습니다. 학교는 한자로 '學校'입니다. 배울 學, 학교 校예요. 학교 교는 나무 木에 사귈 交를 씁니다. 학교란 결국 자연 속에서 벗과 사귀는 법을, 친구와 사귀는 법을 배우는 곳이 학교라는 거예요.

저는 아이들에게 매일 이렇게 묻고 싶습니다.

오늘은 누가 너의 이야기에 귀를 기울여 주었니?
누가 너에게 먼저 인사를 해주었니?
누가 너에게 도움을 주었니?

그리고 친구의 노력을 서로 지켜보고 이를 칭찬하게 합니다.

그래서 교실에서 실천하고 있는 일이 있습니다. 아이들의 생일날에 하는 행사입니다. 생일인 아이의 장점, 고마운 점 등을 3가지씩 친구들이 쓰고, 이것을 모아 부모님께 선물로 드리는 거에요. 아이가 학교생활을 잘하는지 늘 걱정하는 부모님을 안심시킬 수 있는 유일한 방법은 친구들의 칭찬과 격려라고 생각하기 때문입니다. 내 아이를 신뢰하고, 아이의 친구를 믿을 수 있는 사회를 만들어주어야 아이들이 친구와의 우정에 관심을 가지고, 우정을 키워나갈 것이라고 믿기 때문입니다.

또한 가정에서 아이들에게 학교에서 어떤 좋은 일이 있었는지를 물어보도록 부탁을 드립니다. 학교에서 친구에게 괴롭힘을 당했는지 물어보는 것이 아니라 친구와 좋았던 일, 선생님과의 좋은 경험을 물어보게 하는 거죠. 하루 종일 타인을 괴롭히고 나쁘게 구는 사람은 없습니다. 좋은 일을 할 때 관심을 기울이고, 반응하는 경험을 만들어주는 일이 교사와 부모가 해야 할 일이라고 생각합니다. 그것이 심리학에서 말하는 강화이고, 격려이기 때문입니다. 인간은 자신을 좋게 바라봐주는 사람을 위해 노력하니까요.

뿐만 아니라 일주일 동안 친구를 관찰해서 친구가 열심히 노력한 일,

남을 도와준 일 등을 찾아 소개하는 일도 합니다. 누군가의 장점, 칭찬할 점을 찾으려면 관심이 필요하고, 관심을 쏟는 것에는 노력이 필요하며, 이 노력이 바로 친구를 격려하는 가장 효과적인 방법임을 느끼게 해주고 싶기 때문입니다.

진정한 학교폭력예방은 아이들에게 우정을 가르치고, 우정을 경험하도록 도우며, 벗과 함께한다는 느낌을 경험하도록 하는 데서 시작한다고 생각합니다. 또한 아이들은 다양한 유형의 친구를 만나서 인간의 다양성을 배워야 합니다. 다양한 계층이 친구들을 만나고, 생각을 주고받고, 마음을 나누는 것이 인간을 깊이 이해할 수 있게 돕는 길이라고 생각합니다. 그래야 우리 아이들이 평생을 함께할 소중한 친구를 얻을 수 있지 않을까요?

우리 아이들에게 돌봐줄 부모를, 가르쳐줄 교사를, 함께 살아갈 친구를 만들어주는 학교를 만들고 싶습니다. 그리고 이것이 모든 교사들의 꿈이 아닐까 저는 생각합니다.

천경호 경기 성남서초등학교에 근무한다. 공저로 『교사직썰 #승진』이 있다. 기초학습부진의 해결을 위해 인지심리학과 신경과학에 대한 공부를 하고 있으며, 학교폭력의 해결과 교사, 학생, 학부모 모두가 행복한 학교를 만들기 위해 긍정심리학을 공부하고 있다. 실천교육교사모임 기획팀장이며, 용문상담심리대학교 대학원에서 긍정심리 박사과정 중에 있다.

초등교사가 그리는
미래교육

차승민(광려초등학교)

2035년 6월 어느 날의 풍경

38년 교직 생활의 마지막 해에 난 24학급의 초등학교에서 4학년 담임으로 근무한다. 우리 반에는 남녀 20명의 아이가 있다. 아침에 출근해 아이들을 맞이하며 인사를 하는 것으로 하루를 시작한다.

수업 전 아이들은 자기가 원하는 활동을 한다. 나는 그 활동을 잘할 수 있도록 돕는다. 나는 오늘도 어김없이 아이들과 수업을 한다.

교과는 분리되어 있으나 필요하면 합치거나 덜거나 더해서 수업하는 주제중심통합수업은 일상화되어있다. 아이들의 특성에 맞게 학교의 시설과 주변의 환경에 맞게 교사들과 협의하여 조절한다. 음악, 미술, 체육, 영어, 과학 등 예전보다 많은 과목의 전담교사가 담임교사와와 교과구성에 대한 협의도 자주 한다.

학교는 생활과 수업에 초점이 맞춰진 기관이다. 과거에는 행정실과 교사들 간의 갈등이 있었지만 지금은 학생들을 지도하기 위한 것은 교사 주도 하에 계획하고, 교육활동은 아니나 행정기관으로서 필요한 사무와 용역은 행정실에서 맡는다. 그래서 교사와 행정사무직원은 과거보다 더 많이 늘었고 교육에 대한 기본 투자는 공공재라는 개념도 일반화되어 정책 수립에도 최우선으로 삼는다.

정권이 바뀔 때마다 실시되던 ○○교육, ★★교육과 같은 특별한 교육도 더 이상 초등학교에서는 보이지 않는다. 기초와 기본이 강조되는지라 학교와 교사를 믿고 맡겨둔다.

그도 그럴 것이 1990년대 후반부터 2010대 후반까지 학교와 교사는 혁신과 개혁의 대상으로 내몰려 엄청난 혼란과 갈등 을 겪었다.

수월성과 경쟁교육으로 담금질할수록 교육에 대한 신뢰도와 만족도가 떨어지고 학교는 황폐화되며 교사는 지치게 된다. 돌봄교육과 방과후 학교 논란은 도대체 학교의 기능이 어디까지이며 교사의 역할은 어디까지인지 한계상황까지 몰고 갔다.

민주정부와 참여정부 10년, 이명박과 박근혜 정부 9년 동안 교육현장은 진보·보수 정권과는 상관없이 시장의 논리와 효율의 논리를 학교에 늘이빌있다.

하지만 교사들도 가만있지 않았다. 좌절하고 무기력해지는 교사들이 생겼던 반면, 주체적으로 일어나 현장에서 교육의 본질을 실천하던 수없이 많은 교사는 더욱 각성하기 시작했다.

특히 헌정사상 초유의 대통령 탄핵과 이어진 조기 대선에서 문재인 정부는 흐트러진 교육의 난맥 상황에서 교육의 기본을 찾자는 구호 아래 교사들을 믿고 이들을 교육의 주체로 서게 하여 개혁의 원동력으로 삼았다.

사회 각계각층에서 교사와 공교육의 역량을 문제 삼을 때 문재인 대통령이 했던 한마디는 지금도 나의 가슴을 울린다.

"우리 교사를 믿지 않으면 누구를 믿고 우리 아이들을 가르친단 말입니까?"

그 후 교육계의 적폐 중에 적폐였던 교원승진제도도 획기적인 방향 전환을 하게 되었다.

아이들을 가르치는 것이 무엇보다 가치 있고 존중받는 상황이 되고 초등교육에서는 기초와 기본이 더욱더 강조되면서 오랜 교사의 경험은 무엇과도 바꿀 수 없고 측정하기 어려운 교육역량으로 자리잡게 되었다.

교사들이 교실 밖으로 벗어나지 않으려 하는 분위기와 승진이 교육을 보조하기 위한 행정이라는 인식이 강조되면서 교육의 본질에 충실한 교사는 교실에서, 행정에 익숙한 교사는 교육행정에서 각자의 강점을 발휘하여 시너지를 일으키고 있다.

그래서 요즘 교사들은 보통 10년 정도 교실에서 교육경험을 쌓은 후 전문 교사의 길이나 교육행정의 길 중 하나를 선택해 매진한다. 요즘은 특히 프로젝트별 장학사, 연구사도 일반화되어 있어 연구와 교육 그리고 행정에서 한시적으로 근무하다 다시 교실로 돌아오는 경우도 흔하다.

한때 교육계를 분열시켰던 성과상여금은 문재인 대통령 취임 이후부터는 사라졌고 과거 성과급 산정을 위한 회의에서 서로 얼굴 붉히고 싸웠던 이야기를 하면 젊은 교사들은 그런 게 어디 있냐고 농담하지 말라고 한다.

"박 선생, 그것뿐이 아닙니다. 학교폭력예방에 기여한 공로가 있는 교사에게 승진가산점을 주는데 학교폭력이 안 일어나게 예방을 잘하는 교사는 점수가 없고 학교폭력이 일어나야 점수를 받는 이상한 제도도 있었어요."

요즘 선생님에게 19년 전 이야기인 승진가산점, 학교폭력예방가산점, 거기다 성과상여금을 설명하는 것은 무척 어려웠다.

"예전엔 학교가 참 이상한 곳이었군요."

박 선생의 한마디는 정답인 동시에 씁쓸했다.

아직 보여주기식 연구, 시범학교 이야기, 상명하달 교무회의 이야기, 수업보다 업무와 공문이 우선이었던 이야기, 교재연구보다 실적물 만들기에 동분서주했던 이야기는 꺼내지도 못했다. 생각해보면 참 부끄럽고 어이없던 시절이다.

우리 반에는 도움이 필요한 아이가 많다. 기초능력, 기본태도 등 학교에서 뿐만 아니라 가정에서 도움을 받지 못하는 아이들이 있다. 요즘은 이런 아이가 있으면 학교가 총체적인 계획을 세워 아이를 돕는 것이 제도화되어 있다. 예전엔 부모의 동의를 받아야 했고 도움이 필요한 아이인데도 부모가 거부하면 도울 방법이 없었던 것에 비하면 격세지감이 느껴진다. 행동, 정서, 학습, 태도 등 교사가 아이에게 도움이 필요하다고 판단되면 교내 위원회에서 판단하여 각 분야의 전문가의 도움을 받을 수 있는 시스템이 갖춰져 있다. 교사들도 이미 전문상담 및 관련 공부와 학위를 취득한 경우가 대부분이다. 그래서 그런지 아이에 대한 교사의 교육적 판단을 인정하는 분위기가 형성되어 있다. 이 단계를 오기까지 교사와 학교 그리고 교육행정이 쏟아부은 노력은 가히 상상을 초월한다. 방과 후에 도움이 필요한 아이의 상담과 지도를 마친 후 인사를 하고 집으로 보낸다.

퇴근 시간을 앞두고 의자에 앉아 38년간 했었던 교육이 무엇인가? 하는 질문을 오늘도 해본다. 초등학교 교육은 실적이 있으면서도 없다. 기본 습관을 향상시킨 것을 수치로 나타낼 수 있으나 그것도 본질은 아니다. 기초능력 배양을 점수로 환산 할 수 있으나 그것이 본질은 아니다. 인성 역시 수치나 점수로 환산될 수 없다. 우리의 삶이 점수로 환산되는 것이 전부가 아니기에 그것도 본질은 아니다.

그러면 무엇을 믿고 기다려야 하는 것인가?

미성숙한 아이를 대하는 성숙한 어른인 교사와의 관계에서 답을 찾는다.

앎이 삶으로 바뀌고 삶이 다시 앎으로 바뀌는 것.

아이와 교사의 관계 속에서, 아이들끼리의 관계 속에서, 아이들과 교사의 관계 속에서 삶과 앎이 조금 더 성숙해가는 교육. 그것을 믿는 것이 바로 내가 38년 동안 초등학교 교실에서 실천해온 교육이라고 생각한다.

초등교사가 바라는 미래교육은 무엇인가?

　초등교육이란 거창하고 대단한 것이 아니다. 학교에서 아이들과 일상생활에 필요한 기본 습관을 함께 지도하고 평생 살아가면서 필요한 기초능력을 수업이라는 형태로 가르친다. 기본 습관과 기초능력을 배양하는 것이 학교에서의 삶이고 이것은 곧 바른 인성함양의 밑거름이 된다. 이것이 무엇인가? 바로 아이들과 일상을 함께하는 것이다.

　아이들은 학교에 와서 친구들과 그리고 선생님과 어울리고 놀고 배우고 익힌다. 점심 시간에는 밥을 맛있게 먹고 내일을 위해 주변을 정리한 뒤에 집에 간다.

　하루가 모여 한 달이, 일 년이 되고 이런 일상 속에서 아이들은 삶을 살아가는 이치와 방법을 배우고 깨우친다. 내가 생각하는 교육은 바로 이것이다. 학교교육과 학교행정은 이것을 위해 존재한다. 교육기관의 교사로서, 행정기관의 직원으로서, 난 매번 상반된 이 개념 속에서 중심을 잡아나간다.

　교육은 아이를 위해서 존재한다. 그 주체는 아이이면서 다시 교사여야 한다. 주체가 교사가 되었을 때 아이를 위해 가장 강력한 교육적 효과가 나타날 수 있다. 그것을 믿어야 한다. 조건을 가지고 믿어야 하는 것이 아니라 조건 없이 믿어야 한다.

　가장 좋은 교육은 아이를 위한 개별화된 교육방법을 찾는 것이다. 그것이 학교와 교사가 해야 할 일이고 존재의 이유다. 교육 정책은 학교와 교사를 지원하는 방향으로 추진해야 하고, 그 지원에는 조건을 달지 말아야 한다.

아이의 미래를 위해 조건 없는 믿음을 보여야 하듯, 교육 정책의 방향도 교사를 믿고 지원하는 방향으로 가야 한다.

이 조건 없는 믿음에 이유를 찾을 필요는 없다. 맑은 물과 깨끗한 공기와 푸른 공원이 필요한 조건을 물을 이유가 없는 것과 같다.

가장 좋은 방법을 찾을 때까지 교사는 여러 시도를 하고, 교육당국은 기다려주어야 한다. 그것이 학교와 교사의 역할이다. 공공재로서 학교는 존재 그 자체만으로도 가치 있는 것이며 교사는 그 중심에서 높은 자존감과 책무성을 가질 수 있다.

초등교육의 미래를 위해 기본으로 돌아가는 정책적 전환이 필요하다. 현장의 전문가인 교사의 의견이 정책에 반영될 수 있게 해야 한다. 초등교사들을 믿어 달라. 기본과 기초가 아닌 사업은 하지 않으면 된다. 초등교사들이 기본과 기초를 가르치기 위해 필요한 것을 지원해주면 된다. 기본과 기초를 다지는 초등교육은 초등교사가 가장 잘 할 수 있다.

미래교육에서 초등교사의 역할은 무엇인가?

국가 수준 교육과정에는 교육의 기본 방향에 따른 교육 목표와 대략의 지침만 제시하고, 초등교사가 교육현장에서 주체적으로 교육활동을 해야 한다. 또한 행정 체제는 교사들의 교육활동을 전적으로 지원하는 데 초점을 맞추어야 한다.

학교는 아이를 위해 존재해야 하고, 아이를 가장 잘 가르칠 교사에게 교육의 자율권과 주도권을 보장해야 하며, 교사는 책임감 있게 지도해야 한다.

교사는 연대하여 연구하고 공부하고 성찰의 기회를 가지며, 행정은 이를 지원해야 한다.

학생은 학교에서 기본 생활 습관을 기르는 것과 각 과목의 기초 능력을 익히는 것을 우선해야 한다.

모자란 아이에게 더 많은 지원을 하고, 기본과 기초가 된 아이에게는 다양한 기회를 제공해야 한다.

연구는 교사 본연의 책무이며 교사는 교육 전문가이자 현장 실천가로서 연대를 통해 보다 나은 방법을 찾아야 한다.

사회와 정치의 요구에 맞게 교육이 바뀌는 것이 아니라, 교사 스스로 교육을 이끌어갈 힘을 가질 수 있도록 정책적으로 조력해야 한다.

교사는 교육적인 것과 교육이 아닌 것이 무엇인지 구분해야 한다. 교사는 교육이라고 불리는 것 중에서 반교육적이고 비교육적인 것을 가려낼 수 있어야 한다.

교육이라 부르기는 어렵더라도, 교육에 필요한 것이라면 수용할 수 있어야 한다.

선택과 결정은 교사에게 맡기면 된다

교육과정 구성의 방향과 초등교육의 목표를 돌아보다.

우리나라의 교육은 홍익인간의 이념 아래 모든 국민으로 하여금 인격을 도야하고, 자주적 생활 능력과 민주시민으로서 필요한 자질을 갖추게 함으로써 인간다운 삶을 영위하게 하며, 민주국가의 발전과 인류 공영의 이상을 실현하는 데에 이바지하게 함을 목적으로 하고 있다.

이를 다시 표현하면 교육으로 자주적인 사람, 창의적인 사람, 교양 있는 사람, 더불어 살 수 있는 사람이 되도록 이끄는 것이다. 즉, 자주적인 생활을 하는 민주시민의 자질을 갖추게 하는 데 그 목적이 있다.

거기에 맞춰 초등학교 교육의 목표는 학생의 일상생활과 학습에 필요한 기본 습관 및 기초능력을 기르고 바른 인성을 함양하는 데 중점을 두고 있다. 초등교사는 교육과정 구성의 방향과 초등교육의 목표에 맞게 아이들을 가르치고 싶다.

초등학교 교사는 학생들과 함께 일상을 산다.

아침에 와서 함께 인사를 하고 함께 수업을 한다. 점심때 함께 밥을 먹고 함께 청소하고 집에 간다.

별다를 것 없는 일상이다.

이 일상이 모여 기본 습관과 기초능력을 익히고 배운다.

학생들과 일상을 같이 하는 것이 초등교사의 역할이고 미래에도 바뀌지 않을 것이다.

차승민 경남 창원의 광려초등학교에서 근무하고 있다. 저서로는 『영화를 함께 보면 아이의 숨은 마음이 보인다』 『선생님 사용설명서』 『학생사용설명서』 『아이의 마음을 읽는 영화수업』 『열두 살, 나의 첫 사춘기』가 있다. 영화수업, 얼렁뚱땅 미술수업, 산책수업, 화해공감수업 등 특별한 수업을 하면서도 교육의 근간은 아이들과 일상을 함께하는 것이라 믿는다. 현재 교육현장에서 교사들의 실천을 공유하고 함께 성장하는 터전이 되는 실천교육교사모임에서 실천교육학을 연구하고 있으며 부회장을 맡고 있다.

3부

교육난상

3부에서는 지난 2017년 6월 17일에 열린 실천교육교사포럼에서 공유된 다양한 의견을 다룬다. 지정발제 후 진행된 현장 토론은 실천교육교사모임의 고문인 권재원 교사가 발제자들과 청중의 대화를 이끌었다. 토론시간에 나누었던 대화를 기록하였고 참가자들의 못다 한 이야기는 구글 문서로 모아서 정리하였다. 본서의 주제인 '교사가 말하는 교육개혁'에 직접 관련되지는 않은 내용만 최소한으로 편집하였기 때문에 실천교육교사포럼 현장의 뜨거웠던 열기와 교사들의 생생한 목소리가 독자들에게 전달될 것이라 기대한다.

현장 토론

권재원　자, 그러면 이제 시작하겠습니다. 시간이 많지 않은데 선생님들이 하실 말씀이 많은 것 같습니다. 포럼 주제에 대해서 미리 질문해 주신 내용을 먼저 다루고 오늘 참석해 주신 선생님들의 질문과 의견을 들어보도록 하겠습니다. 먼저 이기정 선생님께, 고교학점제나 교사별 평가, 이런 것들이 굉장히 의미 있다고 생각하는데, 만약 특정교사에게 학생들이 몰려버리면 어떻게 해야 하나요? 그럴 경우에 반드시 이수해야 하는 방안도 필요하지 않을까요? 라는 질문이 있었습니다.

이기정　왜 저한테는 이렇게 무거운…(웃음) 이 고교학점제, 문재인 대통령이 공약에서 완전히 다른 교실을 열 수 있는 정책이라고 이야기를 했죠. 저는 제대로만 시행된다면 진짜로 고등학교의 교실을 완전히 다른 교실로 바꿀 수 있다고 생각합니다. 그럼 이 고교학점제의 일정한 정신과 필요한 여러 가지 장치가 중학교에서 실현되어야 한다고 보고요. 그러면 중학교에도 상당히 많은 교실이 열릴 수 있다고 봅니다. 그리고 고교학점제 형식과 똑같이는 아니지만 그 정신과 취지는 초등학교에도 실현된다면 초등학교 교실도 많이 달라질 수 있다고 생각합니다. 매우 어렵죠. 그런데 매우 어렵기 때문에 천천히 가야 한다고 생각합니다. 천천히 가야 한다고 하는 말에는 위험한 내용이 좀 있습니다. 어떤 것은 천천히 가야 하는데 어떤 것은 건너 뛸 수도 있어야 합니다. 우리가 고교학점제를 높은 수준에서 실현하기 위해서는 한발짝씩 가야 합니다. 처음부터 엄청난 교과목의 선택권을 줄 수는 없습니다. 더 많은 교실이 필요할 수도 있습니다. 조금씩 교실 수를 늘려가야 합니다. 15명이 참여하는 수업이 있을 수도 있죠. 처음에는 일부 교실을 반으로 잘라서 교실 수를 조금씩 늘려가고… 이런 식의 방법으로라도 천천히 가면 된다고 봅니다. 저는 이 시설 다 어떻게 할 거야 하는 질문에 한 학교에서 안 되면 다른 학교와 연합하고 그것도 안 되면 인터넷 강의 열어주고, 이런 것들은 천천히, 할 수 있을 만큼 가면 된다고 봅니다. 그러나 우리가 도약해야만 할 부분도 있습니다. 제대로 된 학점제가 시행되려면 교사별 평가와 절대평가를 해야 합니다. 상대평가에서 절대평가로의 전환은 조금씩 가는 것이 불가능하다고 생각합니다. 이 순간 도약하는 지점이 있어야 합니다. 성취평가제는 절대평가를 해야 돼요. 그런데 현재 실제로는 상대평가를 합니다. 그러니까 절대평가와 상대평가를 섞어가면서 단계별로 전진이 잘 안 돼요. 도약이 필요한 것이죠. 교사별 평가제도 마찬가지라고 봅니다. 제가 아는 한 교육선진국의 대부분은 교과 선택제를 운영하고 있습니다. 절대평가와 교사별 평가제는 교육선진국에서는 상식이죠. 당연한 상식으로 알고 있습니다. 물론 우리가 교육선진국에서 하는 것을 한꺼번에 할 수는 없습니다. 이거는 그냥 어떻게 하냐고 저한테 물어본다면요. 조금씩 상황에 따라 늘려가면 된다가 저의 답이고요. 다만 교사별 평가와 절대평가는 일순간의 결단이 필요하다, 정부의 결단이 필요하다고 보고요. 어떻게 보면 정부와 국민과 교사단체가 한번은 결단을 해야 할 문제라고 볼 수 있죠. 구체적인 답은 여러분하고 대화로 찾아가야 할 것 같습니다.

권재원　교사별 평가제와 절대평가제를 우선 시행하고 그걸로 학교의 역량이 차츰 쌓이면 되는 순서대로. 해보자는 이야기를 해주셨습니다. 중학교는 성취평가제가 지나가고 있는데 고등학교는 성취평가제를 도입하면서 굉장히 혼란스러워하시고 있거든요. 성취평가를 들여오면서 다시 평가를 점수로 확인하는 방식을 언젠가 글에서 '네모 안 동그라미' 또는 '둥근 네모'라고 맹렬히 비판했던 기억이 납니다. 이번에는 정성식 선생님이 주신 질문인데요. "교사들이 장학사들에 대한 평가도 해야 한다고 생각합니다. 일만 벌여놓고 내빼버리는데, 장학사들의 책무성을 교사가 평가할 수 있도록 하면 어떻겠습니까 라는 질문을 유재 장학사님께 드리고 싶습니다."

유재　그리 어려운 질문이 아니네요. 그냥 하면 되고요. 실제로 경기도교육청에서는 그러한 것을 반영해서 발표를 한 적이 있어요. 이번부터 경기도교육청에서 뽑는 장학사는 일정 기간 근무한 후에 평가를 받아서 연장을 하거나, 아니면 현장으로 돌아가기로 했습니다. 그래서 장학사들도 동료평가를 합니다. 점수가 높은 사람들은 교감자격을 금방 땁니다. 근무 기간을 늘려가는 추세인데요. 앞으로 경기도교육청의 이런 계획이 전국적으로 확산이 되지 않을까 추측하고 있습니다.

권재원 여기서 보니까 오늘 와주신 선생님들이 참 젊습니다. 일정연수 온 것 같아요. 하실 말씀이 많으실 것 같습니다. 누구든 먼저 손을 들면 마이크를 드리겠습니다.

청중 1 천경호라고 합니다. 세 가지 질문을 드리려고 하는데요. 문재인 대통령이 12시간 돌봄을 하겠다고 하셨잖아요. 그런데 그것을 아이들에게 물어봤는지요. "너희들 엄마 아빠가 회사에서 12시간 동안 열심히 일할 테니까 그때까지 학교에서 잘 있어야 돼"라고 한다면 아이들은 과연 좋아할까요. 돌봄을 확대하는 것이 과연 교육적으로 옳은 일인지, 의견을 듣고 싶고요. 두 번째는 방과후 교실 업무, 너무 힘듭니다. 방과후 업무를 맡아서 하고 있는데, 너무 힘들어요. 우울하고요. 올해부터 도봉구에서 방과후 교실 업무를 지자체에서 운영하는 것으로 알고 있습니다. 여기에 대해서도 궁금하고요. 세 번째는 장학사 평가뿐 아니라 교육청 평가를 교사들이 할 수 있도록 하면 훨씬 더 좋겠다는 생각을 합니다. 학교교육과정을 12월부터 짜서 다음 해 3월부터 시행을 하는데요, 교육과정을 간섭하고 통제하는 교육청 협조 공문이 너무 많아요. 학기 중, 방학 중 할 것 없이 아무 때나 보냅니다. 이런 것들을 학교교육과정에 끼워 넣는 게 교육적으로 옳은 일인가 하는 의문이

듭니다. 교사들이 해당 교육청을 평가하고, 이 평가가 교육장이나, 교육감의 인사에 영향을 줄 수 있다면 이런 문제들이 개선될 수 있지 않을까 하는데요. 의견을 듣고 싶습니다.

이인규　선생님들은 아이가 9시까지 오면 몇 시에 끝나나요? 3시에 끝나고 그리고 방과후 하나요. 초·중등이 달라지고 제가 잘 모르겠는데요. 어쨌든 두 시간 정도 방과후를 해요. 그러고 나서 일부는 교육청에서 관할하는 돌봄교실에서 하지만, 또 일부는 청소년 쪽으로 가요. 또 지역 아동센터로 가요. 아이의 삶은 쪼개져요. 더군다나 그것도 어떤 곳은 교사가 관장을 하고 어떤 곳은 청소년 지도사, 여가부에서 관장하는 것이고, 또 어떤 곳은 지자체가 운영하는 것이고… 아이의 몸은 하나인데 부처별로 아이의 삶을 찢어가요. 또 청소년의 경우에도 돌봄이 필요해요. 지금 방과 후라고 하면 방과후학교만 생각하지만, 그거 끝나고 나서도 방과 후잖아요. 토요일, 일요일도 방과 후이고 방학도 방과 후잖아요. 그런데 우리는 교육부에 속하다 보니까 국가교육과정 플러스 알파로 방과후학교 찔끔. 그렇지만 지금 직장맘의 입장에서 보면 내가 안심하고 일할 수 있도록 총체적으로 지원했으면 좋겠다, 이거잖아요. 학교에서 우리 선생님들의 생각하는 것하고 직장맘들이 원하는 것에서 차이가 있을 때, 자 어느 것을 우선시해야 한다고 생각하세요? 그럼 학교에서 안 하면 되지 않냐 하시는데, 지금 그래도 제일 비어 있는 시설은 학교잖아요. 학교 시설을 이용해야겠고, 직장맘들, 심지어 한 부모 가정이나 이런 데는 더 열악해요. 한 부모 가정의 경우에는 24시간 전일제로 보살펴주었으면 좋겠다 그거예요. 실제로 그래요. 교육적으로는 다르다 그러지만 막상 그들의 입장에서 보면 또 달라요. 예를 들어서 아직 학생인 엄마가 있잖아요. 그들의 입장을 보세요. 우리가 생각하는 것하고 지역사회의 요구는 많이 다르다. 이 속에서 지금 이번에 공약이 나왔다고 보시면 될 것 같아요.

권재원 이거 좀 이야기가 될 것 같네요.

(플로어 흥분)

정성식 일단 저는 천경호 샘 질문 그대로 답변을 드릴게요. 세 가지 질문인데요. 돌봄, 아이들에게 안 물어봤다. 질문에 대한 답을 그대로 드리는 거예요. 그리고 이런 공약이 나왔다는 것은 엄마들의 눈치를 봤다 그렇게 답을 드릴게요. 그리고 방과후학교 교사들의 업무 과중에 대한 이야기를 하셨는데요. 제가 「매뉴얼 유감」이라는 글을 쓴 적이 있어요. 현장 체험학습 한번 가려면 우리가 얼마나 많은 일을 해야 하는지에 대해서… 방과후학교 매뉴얼 다 아시죠? 정작 교사들이 그 매뉴얼대로 하면서 자기 자식은 씨리얼 먹이고 있다는 거거든요. 그 정도로 매뉴얼이 우리의 삶을 촘촘하게 엮고 있는데요. 이게 말로는 자율성이라고 하는데, 이것도 대폭 수정해야 된다고 봅니다. 그리고 교사들이 교육청 평가, 원칙적으로 하고 있지 않나요?

청중 1 서울에서 하고 있는데요.

정성식　교사들의 의견수렴 정도죠? 법제화된 평가가 아니고요. 실제로 영향력이 있는 평가인가요?

청중 2　대전도 하고 있는데요. 얼마 전에 장학받은 것에 대해서 설문 조사를 했고, 엊그제는 교육감이 잘하고 있냐에 대한 설문조사를 하긴 했는데, 그게 어떻게 나중에 반영이 되는 것에 대해서는 잘 모르겠어요.

청중 3　그건 평가가 아니고 설문조사인 거죠.

차승민　복잡한 서는 단순하게 생각하는 제가 말씀드리겠습니다. 양쪽 다 필요하다고 하면 합시다. 대신에 방과후학교가 별도 법인이었으면 좋겠어요. 방과후 학교장이 있고, 직원을 채용하고, 별도 법인이 되고… 학교공간을 공유하는 차원이라면 교사들이 반대할 이유는 없을 것 같습니다. 그건 충분히 해결할 수 있고 그리고 고용도 창출할 수 있는, 가장 현실적인 방법이라고 생각합니다.(박수)

유재　학교는 학교의 목적이 있고, 목적을 잘 수행해야 하는데, 배보다 배꼽이 커서 학교의 목적을 잘 수행할 수 없을 때는 뭔가 잘못된 거죠. 유휴공간이 없다는 것은 인정할 수가 있어요. 학교에 학생들이 있고 끝나고 옮겨가서 학부모들이 자녀가 어린 경우에 불안해할 수 있어요. 인정합니다. 그러면 학교는 시설을 빌려줄 수 있어요. 그 운영은 지자체에서 하면 되는 거예요. 방과후 학교장에 대해 말씀하셨는데,

그게 법안으로 올라왔을 때 저희가 거부했어요. 엄밀히 말씀드리자면, 학교 내에 두 개의 교장(敎場)이 세워졌을 때 시설 운영과 그것에 대해 책임 소재가 불명확해요. 그러면 간단해요. 지자체가 운영하면 돼요. 외국도 다 그렇게 하고 있어요. 시설은 학교 시설을 쓰고 지자체가 들어와서 프로그램 운영부터 다 하는 거예요. 교사들은 신경 안 쓰고요. 그게 우리가 바라는 거고요. 실제 그러한 것들을 접목하기 위해서 여러 가지 노력을 하고 있는 것으로 알고 있어요. 경기도에서는 성남시가 그렇게 하려고 하고 있어요. 그런데 문제가 생겼어요. 성남시하고 경기도교육청하고 MOU를 맺어서 방과후학교를 진행을 하고 있어요. 그러고 나니까 어떤 문제가 생겼냐면요, 전국 학비노조에서 데모를 해요. 못하게. 왜 못하느냐, 이건 서로 좋은 거다, 고용 승계 다 해주겠다고 했는데도, 이게 다른 시도에 알려져서 퍼져나가면 불안하다고 해서 경기도교육청에 와서 데모를 해요. 우리가 잘 하는 거 있잖아요. 우리는 욕먹어도 그냥 해요. 그러니까 성남시에 가서 성남시를 둘러싼 거예요. 그러니까 성남시에서는 당신들이 하자고 해서 했는데, 너무 힘들다, 이 사람들 안 오게 하면 열심히 일할 수 있다, 그런데 우리가 그걸 막을 수 없잖아요. 이 사람들이 신분이 불안하다고 느끼는 것도 일부 이해는 가요, 우리가 고용 승계를 해주겠다고 해도 성남시 외의 다른 시·도에 가서는 어떻게 될지 모르니까요. 아무튼 이건 정부 차원에서 이 문제에 접근을 할 때 기존과 같이 학교에 온전히 맡기는 형태로 해서 학교의 정규 교육과정을 빗나가게 한다면 그 학교 자체가 교육하는 공간이 아니게 될 가능성이 발생하기 때문에… 학교는 본래의 목적에 따라 운영되어야 합니다. 학부모의 요구라고 하는 것은 충분히

받아 줄 수 있는데, 본래의 목적을 왜곡하는 것에는 반드시 목소리를 내야 한다 이렇게 생각합니다.(박수)

이인규　이게 노무현 정부 때 방과후학교에 관련된 교육법을 만들려고 했었어요. 책임의 문제잖아요. 학교장, 여가부, 보건복지부에 포괄적으로 그 관련된 업무들이 포함이 되었던 것으로 기억을 하는데, 이러한 법이 조례 수준이 아니라 법률 수준에서 필요하다고 생각합니다.

권재원　일단 장소는 학교, 운영은 어딘가 이런 쪽으로 정리가 되는 것 같습니다.

청중 4　아이들 돌봄에 관심이 많고 마을에서 돌봄을 하고 있는 학부모입니다. 아이들에게 물어보았냐고 하셨잖아요. 저는 물어보았습니다. 저희 아이가요, 돌봄교실하고 방과후학교는 다른 것 아시죠? 돌봄교실에 한 학기를 가면서 한 말이 있어요. 나는 왜 학교가 끝나도 계속 학교에 남아 있어야 해? 두 번째, 나는 방학에도 왜 학교에 가야 해? 이 두 마디에 제가 뒤통수를 꽉 잡았어요. 그러고 나서 일을 그만두고 마을에서 아이들을 돌봤는데요, 마을에 장소가 없는 게 아니었어요. 관공서, 주민센터 이런 곳은 굉장히 안전한 곳인데 공간을 제공하지 않고 있어요. 학교는 학교의 역할이 있고 방과 후에는 선생님이 아이들과 여러 가지 해야 할 일이 있습니다. 자꾸 학교를 열라고 할 게 아니라 마을에서 공공장소를 열어주는 것부터 시작해야 해요. 그리고 사실 어린이집은 보건복지부 소속인 거 아시죠. 그리고 앞으로는 보건부와 복지부가 나눠져야 해요. 어린이도 방과 후에 돌봄이 필요하고요, 청소년도 필요하고 대학생도 필요하고 그리고 중장년기 노년도 다 필요한 거죠. 요람에서 무덤까지의 복지가 이제는 만들어져야 하는 거죠. 떠맡기는 식이 아니라 교육은 교육이 담당할 몫이 있고, 복지는 요람에서 무덤까지 체계를 잡아나가는 통합적인 생각이 필요하죠. 그런 식으로 좀 가닥을 잡아서 여기서 저기로 토스하는 상황으로 몰고 가지 마시고 무엇은 어디서 담당할 것이고, 무엇을 열어 놓을 것이고 그런 것부터 먼저 판단해야 한다고 생각합니다.(박수)

청중 5　　해마다 연말이 되면 선생님들은 생활기록부 작성하시느라고 굉장히 애를 쓰시죠. 가장 의문이 가는 것이 창체 시수 때문에 해마다 출석부 뒤적거리는 일, 왜 하는지 모르겠는데, 관련된 질문을 교육청, 교육부, 다 찾아서 십여 군데에 질문했는데, 담당자와 통화를 못했고, 심지어는 굉장히 모멸감을 느끼는 경험을 하면서 교사는 을이구나 이런 생각을 하게 되었는데요. 여담이구요. 저는 특목고 체제가 바뀌면 중학교 생활기록부도 바뀌어야 한다고 생각해요. 고등학교는 학종 때문에 그렇지만, 중학교 생활기록부는 왜 이렇게 복잡해야 하는지 모르겠습니다. 중학교와 고등학교 생활기록부가 지금 거의 비슷한 것으로 알고 있거든요. 이 부분에 대해서 어느 쪽으로… 그러니까 지금 제가 교육청, 교육부 어디로 목소리를 내야 할지도 모르겠고요, 오늘 좋은 기회인데, 생활기록부 개선에 대해서 꼭 한번 저희가 생각해볼 필요가 있는 것 같습니다.

권재원　크게 생활기록부 훈령에 대한 부분인데, 그동안 학종 때문에 굉장히 내용이 많아졌습니다. 초 · 중 · 고가 분리가 안 되기 때문에 고등학교의 경우는 입시에 쓰기 위해서 작성하는 내용을 초등학교, 중학교에서도 구색을 맞추려고 같이 애를 쓰는데요. 우스개로 나오는 말인데… 고등학교 학종 때문에 이렇게 복잡해진 훈령인데 이것을 제일 잘 지키는 분들은 초등학교 선생님들이에요. (청중 웃음) 초등학교 생활기록부를 보면요, 거기 예시자료에 나온 만큼 작성을 해서 학생 한 사람당 15장씩 나옵니다. 고등학교 생활기록부의 경우에는 제가 교수님들하고 이야기를 해보면 학생의 차이를 평가해야 하는데, 학생의 출신 학교의 차이를 평가하게 되는 사태가 발생하게 된다고 합니다. 어떤 학교는 여섯 줄, 다른 학교는 열다섯 줄, 생기부 여섯 줄이 무슨 뜻인지 아시죠?(청중 웃음)

이기정　생기부, 가슴 속에 원한이 쌓이죠. 죽겠습니다. 그렇죠. 학종 때문에 생기부를 잘 써야 하고 하는데. 때로는 학종으로 가야겠다고 생각하다가도 아이고 이거 안 되겠다 이렇게 생각이 들고… 또 그래도 학종밖에 대안이 없겠다 생각을 하다가 매일매일 오락가락하는데요. 결국 아직은 명확한 해결책이 없다고 봅니다. 생활기록부를 잘 쓰게 하다가 내가 아이들에 대해서 잘 쓰게 하는 게, 이게 거짓이냐 위선이냐 조작이냐… 잘 적으려다 보면 위선이고 거짓말인 것 같고, 사실대로 쓰다 보면 아이의 불성실한 점을 드러내야 하고… 그래서 고뇌 속에 빠졌죠. 아직은 명확한 해결책이 없다고 봅니다. 우리의 고뇌를 끝없이 교육부와 사회에 전달하는 수밖에 없다고 봅니다.

정성식   해결책이 없다고 내버려둬서는 안 된다고 생각하거든요. 생활기록부의 문제는 초등학교가 15장까지 나온다고 하는데요, 맞아요. 제가 초등에 있으니까요. 그런데 안 읽는다는 거죠. 어디서도 읽지 않는 영혼 없는 문장을 심지어 복사해서 붙여넣고, 그런 예문이 돌아다니고 있고… 위키백과처럼 예문이 나돌고 이것을 편집해서 쓴다는 것을 학부모들이 안다면 우리 교사 집단을 내버려둘까… 그런데 우리가 그렇게 살 수밖에 없는 것은 시스템이 그렇게 요구한다는 거죠. 교육부장관이 바뀌면 당장에 T·F 하나 꾸려가지고 바꿔야 한다고 생각해요. 교육부 훈령으로 바꾸는 거잖아요. 생활기록부 작성에 관한 관리지침. 이 문제점 간소화를 어떻게 할 수 있을지, 그래서 정말 영혼이 있는 한 문장으로 담을 수 있는 시스템을 만들어야 한다고 봐요. 그 T·F 내에 학부모들도 들어오고 현장의 교사들도 참여해 같이 요구를 해야 한다고 생각합니다.

유재   실질적으로 교육부가 하세월해서 대단히 힘들 겁니다. 제가 봤을 때는 말 나온 단체에서 책임을 져야 해요. 여기서 말이 나왔으니까 회장님께서 책임지고 그 안을 만드시는 게 중요하구요. 그 안을 가지고 그 안을 만든 사람들이 T·F에 참가하는 것이 실질적으로 중요합니다. 애초부터 준비되지 않은 상태에서 말을 섞어가지고 이렇게 합시다 라고 그러면 안 바뀝니다.

청중 5   또 하나는 학업 중단 청소년에 관한 건데요. 중학교에서 이미 학업 중단하는 청소년이 굉장히 많은데 우리 사회에 이런 아이들을 위한 패자부활전이 있는 것인지 모르겠습니다. 대안학교 소개를 해주려고 찾다 보면, 아무런 지원이 없어서 중산층 이상 가정의 아이들이 갈 수 있었고요. 일단 학부모들이 정보도 없을 뿐만 아니라 혼자의 헤쳐나가는 것이 어렵다는 것을 교사로서 알게 되었습니다.

차승민　학업 중단 문제에 관해 말씀드리고 싶어요. 중·고등학교 학업 중단의 원인은 초등학교에 있다고 생각하거든요. 6학년만 되어도 이미 학업을 도저히 따라 갈 수 없는 아이들이 있습니다. 그 원인은 다시 내려가거든요. 3, 4학년 무렵에 기초학력 미달 학생들에게 보충학습을 지도하고 있는데요, 학생들을 남겨서 공부시키려면 학부모 동의를 받아야 해요. 이것도 문제지만, 그 이전에 학교에서 교사가 학생 심리검사부터 학부모의 양육태도 검사까지 요구할 수 있는 권한이 있어야 합니다. 기초학력에 미달하는 학생에게 당연히 학교에서 프로그램을 제공해야 하고 관련된 예산은 분명히 정부에서 지원해야 하고, 이러한 교육을 진행할 수 있는 권한은 교사들이 가져야 합니다. 형식적으로 3월에 기초학력 부진 학생을 발견해서 12월에는 해결이 되는 것처럼 보이죠. 그런데 다음해 3월이 되면 또 학습부진이 나타나는, 이 현상을 매년 보고 있습니다. 이런 학생들이 중학교에 올라가면 학업중도포기가 되는 거예요. 초등학교 교사에게 교육할 수 있는 권한을 주면 좋겠습니다.

권재원　네, 좋은 말씀이십니다. 청중석에서 계속 손을 들고 계신 분이 있는데요.

청중 6 밀양에서 온 초등학교 교감 박순걸입니다. 미래의 학교는 교장, 교감이나 장학사가 되는 것이 매력적이지 않게 되어야 하는 것이 아닐까 생각합니다. 제일 힘들고 중요한 일을 하는 사람이 교사이기 때문에 수당을 조정해서 교장, 교감 하는 것보다 교사 하는 것이 월급이 더 많은 시스템을 만들어주면 좋겠습니다. 관리자 그만두고 교사로 돌아가는 더 좋겠다는 생각이 들도록 만들어주시고요. 잡무들은 제가 직접 해보니까 왜 이걸 교사들이 해야 하는지 도저히 이해가 안 되더라고요. 직접 해보니까 이게 미친 짓입니다. 정말 이건 아니다 싶습니다. 방과후 업무도 하고 있는데, 자유수강권 업무가 더 힘들더라고요. 이런 걸 하면서 어떻게 선생님들이 수업을 하는지… 잡무는 교감과 행정실에서, 민원처리는 교장실에서 해결해야 합니다. 관리자가 되는 것이 할 일이 없어서 매력적이면 안 된다고 생각합니다. 제가 젊었을 때는 교장 선출 보직제나 교장공모제 확대가 답인 줄 알았어요. 그런데 그게 답이 아니라는 걸 교감을 해보니까 알겠습니다. 관리자가 할 일을 분명하게 하고 책임을 물어서 더 이상 매력적인 것만은 아닌 제도를 제발 만들어 주십시오.(박수)

청중 7 도봉구에서 온 초등학교 교사입니다. 사실 교사는 교감 선생님이 말씀하신 것처럼 이것이 학교라는 공간에서 이루어지 때문에 힘들다기보다는 교사들의 노동력을 너무 여기에 쏟아부어야 되기 때문에 힘든 것입니다. 그리고 그것이 교사의 본연의 업무가 아니라고 생각되기 때문에 힘든 것이구요. 그것 때문에 본업인 교육에 충실할 수 없다는 것이 힘든 것입니다. 그래서 정책을 만드시는 분들께서 무엇이 문제이고 어디에 교사의 고충이 있는지, 이걸 좀 잘 듣고서 이런 정책을 만들어 주셨으면 좋겠습니다. 문재인 정부 공약 중에 온종일 돌봄을 확대하겠다 이렇게 이야기했을 때, 이게 마을로 이관될 수 있을까 하는 희망을 가지다가도 이게 몽땅 학교에서 하라는 거고, 교육부가 하겠다는 거는 교사를 시키겠다는 것인가, 이럴까봐 한편으로는 불안한 것도 사실입니다. 학교시설을 이용한다는 것들의 내용은 문제가 없다고 생각하지만, 아이들 입장에서는 학교에 계속 있어야 하는 것도 문제일 것이고, 교사 입장에서는 전념해야 할 일에 전념하지 못하는 것이 큰 문제입니다. 이미 학생을 가르쳐야 할 일을 맡고 있는 어떤 한 교사에게 방과후 부장이라는 역할을 부여하고 자기 본연의 일을 전혀 못하게 하고 있는 시스템입니다. 지금 초등교사들의 심적인 부담이 너무나 큽니다. 이게 해결이 되면 많은 초등교사가 환호할 것이라고 생각하고요. 그리고 도봉구에서는 5개의 시범학교를 정해서 지자체가 방과후 업무를 가져가는 것을 혁신교육지구 사업으로 하고 있습니다. 운영상의 어려움도 있지만 지자체에 담당하시는 분이 충분히 지자체 예산으로 감당할 수 있다고 말씀을 하셨어요. 지자체에서 말씀을 하셨다는 것은 결국은 할 수 있다는 거거든요. 방과후학교를 지자체로 이관하는 정책을 강력히 추진해주실 것을 요청드립니다.(박수)

권재원　지금 저희가 계획한 시간이 5시까지였습니다. 그런데 이 방을 쓸 수 있는 시간은 6시까지입니다. 조금 더 할까요?

청중　예.(박수)

권재원　　질문이 있으신 분은 『손바닥 교육법』을 들어 표시해주시겠어요? 갑자기 많아지는데요. 네. 먼저 드신 분에게 기회를 드리겠습니다.

청중 8　　유치원 교사입니다. 『손바닥 교육법』을 받자마자, 보니까 유아교육법이 빠져있다는 것을 알았습니다. 학교라는 이유로 영향을 굉장히 많이 받고 있는데, 그걸 유치원 입장에서 생각해보시는 분들이 없는 거예요. 9시 등교한다, 이렇게 정해버려요. 9시 이전에 받지 말아라, 받을 거면 도서실에서 아이들 있게 하고, 9시에 오게 하라. 유치원에는 안 맞는 내용인데 그렇게 되면, 학생들이 있으니까 교사들은 자발적으로 일찍 오게 되는 거예요. 불안하니까요. 선생님이 희생해서 하는 일들이 굉장히 많거든요. 교육에 대해서 이야기를 할 때, 유치원이나 어린이집이나 이런 어린 연령에서 영향을 받을 수 있다는 것을 함께 생각하고 이야기를 해주셨으면 좋겠습니다.

권재원　　좋은 말씀 감사드리고요, 점점 더 많은 선생님이 손을 들어주시는데요. 여러분의 의견을 보내주실 수 있는 큐알 코드를 방금 만들었습니다. 못 다한 이야기는 설문지에 써주시기를 부탁드리고요. 손을 오랫동안 들고 계신 선생님께 마이크를 드리겠습니다.

청중 9　　수원에서 온 고등학교 교사 김동현입니다. 무거운 질문이 많고, 방과후학교에 대한 분노가 심각하다는 것을 느꼈고요, 이것들이 모여서 변화가 일어나면 좋겠다고 생각합니다. 시작할 때 회장님께서 이런 말씀을 하셨거든요, 2차 민원을 올린다, 저희가 실천교육교사모임인데 모임에서 할 수 있는 일이 민원인가 이런 생각이 들었어요. 더 나아가서 실천교육교사모임이 교원단체가 된다거나 혹은 협상력을 가질 수 있는 새로운 조직으로 나아가려고 하는 계획이나 이런 게 있나, 그것에 대해서 의견을 좀 듣고 싶습니다.

정성식　　　고작 민원인가, 저도 그 고민 많이 하는데요. 그 '고작'조차도 쉽지 않은 것이 교육계의 구조죠? 제가 페이스북에서 교사들이 하고 있는 교육 외의 행정업무가 어떤 것들이 있는지 조사를 해서 교육부에 법적 근거를 물었고요. 페이스북에서 보셨겠지만 그렇게 답변을 할 것이라고 예상을 했고 허망하지도 않았습니다. 왜냐하면 현장에서 이렇게 많은 교사가 세상에 이런 일을 하고 있대, 그런 분위기는 만들었다고 생각을 하고요. 2차 민원은 달라질 것이라고 생각해요. 그리고 앞으로 우리 모임이 교원단체로서 어떤 일을 해나가야 할지에 관해서는 계속 논의해 갈 문제인데요. 고민하고 있는 부분은 그래도 말씀을 드려야 할 것 같아요. 현재 저희 모임은 법인으로 보는 단체예요. 임의단체 성격을 띠고 있는데요. 출범을 할 때, 전임근무자도 없는 상황에서 조직을 너무 크게 운영하는 것 자체가 어렵다고 보았고요. 우리는 현장의 교사들이고 현장에서의 교육이 주가 되어야 한다고 생각을 하는 거예요. 이런 현실 속에서 그래도 법인 체제를 밟아나가야 한다는 생각에 많은 선생님이 공감하고 있고 올 일 년 준비해 나갈 계획입니다. 현재는 교원단체 하면 전교조, 교총의 이분법적인 프레임 속에서 협상이 이루어지고 있고, 법적인 테두리가 그렇게 되어 있죠. 시행령을 조금 수정하고 교사단체가 일정 요건을 갖추게 되면 교섭력을 가질 수 있는 정도는 요구해야 한다고 생각하거든요. 흩어져 있는 여러 교원단체가 모여서 그런 의견을 개진할 수 있도록 해야 한다고 생각합니다. 실천교육교사모임도 힘을 보태야 한다고 생각하고요.

청중 10　춘천에서 온 초등학교 교사 민천웅입니다. 모임에서도 시즌 2의 계획을 생각하고 계시겠지만, 시즌 1이 교사독립이었다면 이제는 교사자립의 단계에 있어야 하지 않겠나 생각이 들고요. 그리고 우리가 해야 할 일이 구체적으로 무엇인가라는 생각을 해보면, 교사의 상(象), 그러니까 교사의 역할 규정하는 것이 중요할 것 같습니다. 제가 생각하는 독립과 자립의 차이는 독립은 방해요소를 말하는 것이고, 자립은 우리가 지켜야 할 필수요소를 말한다고 생각하고요. 공교육 교사로서 우리가 갖추어야 하는 그 기본과 교사들이 행정시스템에 요구하는 것이 분명하다면 얼마 전에 문제가 된 현장체험학습에서 그 사건 하나로 교사가 징계받거나 하는, 그런 일이 없어질 것이라고 생각합니다. 이런 점에서 우리 모임이 어떤 방향으로 나갈 것인가에 대한 이야기를 듣고 싶습니다.

권재원　한 분 더 이야기를 들어보겠습니다.

청중 11　모임의 회원은 아닌데 궁금해서 와봤거든요. 교육개혁이라는 것은 교사가 중심에 서 있지 않으면 결국 이루어질 수 없는 것이라고 생각하거든요. 교사가 교육실천가인 동시에 교육연구자가 되었을 때 교육개혁이 가능하다고 생각을 해요. 이곳에 올 때 제가 교사가 바라는 교육개혁이라고 해서 교사가 교육개혁에 대해서 제안하는 그런 것을 기대하고 왔는데, 사실 오늘은 현 정부 홍보를 들은 것 같은 느낌이 살짝 들었어요. 모임에서 생각하는 교육개혁에 대한 근본적 논의라든지, 또는 다양한 교사들의 목소리와 철학을 모아서 합의점에 도달하는 연구를 진행하고 그 결과를 교육정책이나 교육개혁에 대한 구심점을 만들어서 제안하고 이끌어나갈 수 있는, 그런 논의나 계획이 있으신지 궁금합니다. 그렇다고 하시면 저도 가입하고 싶습니다.

권재원 저희가 처음 모였을 때 단일한 이념체계는 만들지 않기로 정했습니다. 그렇게 되면 노선투쟁이 따라오고 그러면 조직이 망가집니다. 그렇게 만들고 싶지는 않고요. 우리는 누구든 자신의 이념이나 철학을 가지고 나와서 이야기할 수 있는 장을 만들려고 합니다. 그다음부터는 그 주장의 이념이나 철학의 경쟁력이겠죠. 공감을 받으면 발전해나가는 겁니다. 선생님들이 그러한 일을 할 수 있는 플랫폼을 제공하는 것이 우리모임의 목적입니다. 현재 계획하고 있는 것은 교양지와 학술지의 성격을 겸한 간행물 출판입니다. 후원하는 회원이 500명이 되면 간행물 제작에 들어갈 수 있어요. 지금 얼마 안 남았거든요. 누구든 자신의 철학과 이론을 알릴 수 있는 기회를 가질 수 있을 것이고요. 원래 작년까지는 오프 행사가 수업나눔행사 같은 거였습니다. 그게 사실 인기도 많고 많이 모였어요. 지역의 교육청에서도 좋아하잖아요. 앞으로 한 번 정도는 학술 심포지엄 형식으로 진행할 예정입니다. 다른 한 번은 수업나눔 중심으로 진행을 할 겁니다. 그 첫 번째가 오늘입니다. 점점 호응이 좋으면 연 2회, 간행물도 연 2회가 아니라 계간으로 낼 수 있겠죠. 이렇게 해서 선생님들이 현장에서 하고 계신 전문적인 연구나 실천들이 공식적인 권위를 가질 수 있게 하자, 그게 또 하나의 목표입니다.

차승민 　　더 간단하게 말씀드릴게요. 어떤 교사단체도 교사들의 바람을 자극하지는 않는 것 같아요. 우리 모임은 전국적이고요. 포럼을 열면 150분 이상의 사람이 모이는 조직인데도 체계는 없습니다. 그러나 선생님이 자기 바람을 실현하고자 할 때, 같은 뜻을 가진 선생님들이 참여해서 우당탕 움직입니다. 실천에 옮기는 거죠. 저는 이것이 실천교육교사모임의 정체성이라고 생각하거든요. 정해진 것은 없습니다. 선생님들의 바람과 꿈을 펼칠 수 있는 플랫폼을 만들어드리겠습니다.

권재원 　　간단히 말씀드리자면 선생님들이 모임에 들어오셔서 쿠데타를 일으켜서 여기 있는 이분들을 쫓아내고 실천교육교사모임을 점령할 수 있는 기회가 다른 조직에 비해서 넓게 열려 있다는 것입니다.

청중 12 　　김계수라고 합니다. 저는 2월에 어느 분이 추천을 하셔서 가입을 했는데요. 그 어떤 교원단체도 가입하지 않았었는데 이 모임에 가입한 이유가 딱 하나 있습니다. 모임 이름에서 알 수 있듯이 '실천'이라는 단어 때문입니다. 교사는 입으로 일하는 것이 아니라 실천하는, 행동하는 사람이 되어야 한다고 생각합니다. 앞에 계신 분들은 각자의 직함을 가지고 있지만 모두 솔선해서 길을 만들어주는 분들이라서 이 모임에 주저 없이 가입하게 되었거든요. 오늘도 이 모임을 만들어주시고 새벽부터 준비하시고 실천하시는 분들에게 감사의 박수를 드리고 싶습니다.(박수) 그리고 앞으로 저와 여기 계신 분들이 모두 같이 실천하는 교사가 되도록 노력해주시면 감사하겠습니다.

권재원   이제 마무리를 좀 지어야 할 것 같습니다. 설문지로 들어오는 의견들도 이렇게 있습니다. 큐알 코드를 가지고 계시면 이 시간이 끝나도 계속 작성하실 수 있습니다. 여러분의 의견을 모아서 내용에 따라 민원도 넣을 것이고요. 앞으로 모임이 커지면 민원이 아니라 교섭을 할 수 있고… 더욱 성장해서 입법안을 낼 수 있을 만큼 될 수 있기를 바랍니다.(박수) 오늘은 이쯤에서 모임가를 부르면서 마치도록 하겠습니다. 감사합니다.

교사들이 바라는
교육개혁

다음은 2017년 6월 17일부터 일주일간 구글 문서를 통해 공모한 포럼 참가자들의 의견을 정리한 것이다.

교사가 교육에만 집중할 수 있는 환경 조성이 시급

- 교사 본연의 일인 교육에 전념할 수 있게 만드는 것이 교육개혁의 출발이라고 생각한다.
- 교육적인 일은 교사가, 그에 대한 시설관리나 보조는 교육행정직이 하도록 업무 구분이 확실히 됐으면 한다. 컴퓨터 대수 파악이나 CCTV 설치 같은 업무를 왜 교사가 해야 할까 같은 이야기는 이미 오래된 의문이다.

- 교사가 교사로서의 일을 하고, 교육의 가치를 인정받는 것이 교육 개혁이 아닐까 한다.
- 교사 잡무 축소, 학생과 수업에만 집중할 수 있는 환경 조성, 성과급 폐지, 교육과정 정상화, 비리·폭언 교감, 교장 좌천, 교무회의 민주화, 교장 독재 방식 철회 등과 같이 학교 민주주의가 기반이 된 교사효능감 향상 관련 다양한 방법들을 정책적으로 시행해야 한다.
- 국공립학교의 교육력 향상을 위하여 교원 법정 정원 확보, 학급당 학생 수 20명 이하 보장 등이 정책적으로 시행되어야 한다.
- 교사의 자발성에 기초한 교육과정 편성 및 운영을 담보할 수 있도록 기존 터미널 방식의 교육행정 시스템을 넘어 교사, 교육행정가, 교육지원청이 스스로의 경계를 세우고 서로의 범위와 권한을 존중할 수 있는 제도를 만들어야 한다. 특히, 행정조직의 하부 기관으로 교사를 인식하여 다양한 교육과정 편성 요구를 강제하는 방식을 탈피하는 등의 교사 전문성을 확립할 수 있는 방안을 구조화해야 한다.
- 이번 대구교육청 사건을 겪으며 교사들 사이에 광범위하게 퍼진 무력감을 해소할 수 있는 방안을 마련하여 교육과정 운영과 이의 운영상 발생할 수 있는 다양한 민원으로부터 교원을 보호할 수 있도록 대처방안을 마련하여야 한다. 특히, 기존의 '일반적인 민원 해결 방식'에서 '교육목적을 가운데 두고 민원을 해결하는 방식'으로 변경하여 현재의 '덮기 급급한' 민원 해결 방식의 패러다임을 전환해야 한다.

- 대통령 공약을 보면 교사의 고용과 책임, 노력에 대한 강조는 있으나 교사인권에 대한 내용은 부족한 것을 알 수 있다. 우리 모임에서 다양한 방법을 통해 교사의 인권을 교사 개인의 노력이 아닌 법과 제도로써 더 튼튼하게 보장받을 수 있도록 힘써주면 좋겠다.
- 교사는 수업 외 모든 업무에서 배제되어야 한다.
- 교사가 교사 본연의 업무를 할 수 있는 다양한 방법의 하나로서 1교실 2교사 제도를 고려해야 한다. 교사가 타인과 협력하여 교육실천에만 전념할 수 있는 방법으로 1교실 2교사 제도가 정착되었으면 한다. 또한, 학급당 학생 인원 줄이기보다 실질적인 교사 지원을 기대한다.
- 저학년 지도가 초등학교 및 교사양성대학에서 특화되어야 하며(통합교육, 기본 학습 태도와 능력 준비, 한글 지도 등 핀란드 사례 등 참고), 1교실 2교사는 여기부터 투입이 필요하다. 교사 혼자 학습과 생활지도를 감당하기에 너무 힘들다. 1교실 2교사제는 학생들에 대한 개별, 모둠 협력 학습의 실질적 지도(수업 활동 및 과제 학습), 문제 행동 학생 관찰, 공동 진단 및 지도, 교과지도에서 개별 교사의 장단점 보완 및 학생 이해 상호 보완을 위해 제도, 시스템 보완이 필요하다는 측면에서 접근이 시급하다.
- 1교실 2교사 제도에서 교생활용은 교생의 교육 실습, 역량 강화에 초점을 두고, 교사양성대학–현장학교–시·도 교육청 간의 실질 협조가 필요하다고 본다. 이런 협력을 어떻게 이끌어낼지 궁금하다.
- 공교육 교사의 역할이 명확히 정립되어 교사의 전문성을 다지며 그 안에서 다양한 실천을 꿈꿀 수 있기를 바란다.

- 교사의 전문성 신장과 관련된 방안이 마련되어야 한다.

학교폭력 예방 및 학교 밖 청소년 지원방안 필요

- 학교폭력·교권보호·학생선도와 아동청소년 성보호에 관한 법률 (아청법) 간의 모순을 개선해야 한다.
- 학교폭력예방법에 대한 근본적인 의문을 해소할 수 있는 자리가 필요하다. 또한, 이를 바탕으로 왜 초등학교는 보안관이 지켜야 하는지, 학교 안에 경찰 공권력이 들어가는 것이 과연 아이들을 지키는 것인지, 학교폭력예방교육을 경찰관이 하는 것이 합당한지 등 학교 현장과 괴리되어 시행되고 있는 학교폭력예방법의 개정이 필요하다.
- 학교폭력예방법. 학교폭력 예방과 해결 방안이 앞으로 나아가야할 방향이 무엇일까? 교육적으로 해결할 수 있는 기회는 점점 줄어들고 법리적으로만 싸우는 현실에 답답함을 느낀다. 학교폭력 해결을 위한 교사의 지도권한을 확대해야 하는 걸까, 아니면 학교폭력 해결 과정을 관리자나 교육청으로 넘기고 교사는 일상적인 교육활동에 중점을 두어야 할까. 이에 대한 논의와 개선이 필요하다.
- 학교 밖 청소년에 대한 지원과 대안이 필요하다.
- 학업 중단 청소년(학교 밖 청소년 포함)에 대한 제도 보완이 시급해 보인다. 가정 내 문제 및 학교부적응, 품행장애, ADHD 및 우울증 등 다양한 원인이 있으나 한 번 제도권 학교 밖으로 나간 후에는 다시

돌아오거나 대안 교육 등의 시스템으로 연결이 쉽지 않은 것이 현실이다.

- 대안 학교같은 경우 웬만한 곳은 중산층의 부모가 감당하기 어렵고 검정고시 등도 역시 온전히 개인의 몫이기에 경제적 부담을 지기 어려운 학생일수록 점점 회생의 기회가 멀어지는 현실이 안타깝다. 고입전형에서조차 탈락하는 학생들은 대입 재수생들보다 기회가 없어 보인다. 어려운 학생일수록 정보도 경제력도 뒤처지는 현실을 감안해 국가 차원에서 이들에게 충분한 기회와 제도권 교육으로 다시 돌아오는 문을 넓게 여는 시스템의 정비가 시급하다. 이번 새 정부의 교육공약에 유일하게 이 분야가 빠진 것 같아 안타까웠다.

교원 승진제도 개선을 위한 제언

- 수석교사제도에 대한 개선이 필요하다.
- 교장 · 교감 전면 초빙 또는 선출제를 논의해봐야 한다.
- 승진제도 개혁이 필요하며, 동료 추천제를 제안한다.
- 교장, 교감뿐 아닌 평교사도 행복한 학교를 위한 승진제도 개선이 필요하다.
- 행정업무를 교장, 교감이 전담해 처리하도록 해야 한다.

국가수준 교육과정 내용 및 운영에 관하여

- 국가수준 교육과정은 현행 교육목표 체계에서 최소 90%의 내용을 삭제해 최소 교육목표만을 제시하고, 학교급별 교육내용과 운영은 교사의 권한으로 돌려야 한다.
- 교육의 정치중립성을 확보하기 위하여 국가교육과정 개정과 관련하여 개정사항에 대한 국민 다수 의견 조사 방식 도입 등 기존절차를 개선해야 하고, 국가교육과정 운영 당사자로서 현장 교사의 참여를 제도적으로 뒷받침할 수 있어야 한다.
- 훼손된 우리의 역사의식과 공동체의식 함양을 위한 정체성 교육을 교육과정에 반영하여야 한다.
- 교육과정 패러다임은 학업성과중심 교육에서 인간중심 교육(인성교육, 자아형성교육 등)으로 변환해야 한다.
- 학교평가는 특색교육 운영, 학업성취도 평가 결과 등의 정량·정성지표를 보완하여, 단위 학교의 지역사회 기여도와 학생 행복도 등으로 다원화하여 평가해야 한다.
- 다양한 교육과정 운영 관련 업무 간소화를 위하여 각 시·도 교육청은 지도감독 기관으로서의 의무를 다하여야 한다. 이를 위하여 다양한 정책 운영 및 제안 창구를 일원화하고 각종 교육과정 운영과 관련된 단위 학교의 어려움(현장체험학습, 학교폭력 사안, 교권침해 등)을 지원할 수 있도록 지역교육지원청 단위의 실질적인 지원책을 강구해야 한다.

기타 의견

- 예비교사는 교육개혁의 원동력, 젊은 피다. 그러나 교원양성기관에서 이루어지는 교육과정 대부분은 실망스러운 내용으로, 학교 현장과의 괴리가 큰 커리큘럼을 운영하고 있는 것이 현실이다. 따라서 힘있는 교육개혁을 위해서 우리 모임이 교원양성기관과 예비교사, 현장 교사의 요구와 필요를 모아 교원양성과정의 혁신과 개혁에 앞장서는 것이 어떨까 생각한다.

- 교당경비, 급당 경비, 학생 수 경비 자체를 상향조정하여 기본적인 학교예산을 늘리고 이밖에 다양한 목적으로 학교에서 운영하고 있는 교육프로그램의 강사료 및 운영비 등을 현실화해야 한다.

- 여성가족부, 고용노동부, 국가보훈처 등의 부서로 파편화된 각종 교육을 통합하여 교육부로 일원화해야 한다.

- 초·중·고등교육은 각 시·도 교육청으로 이관하여 교육자치를 실현하고, 교육부는 기존의 대학교육 외에 여성가족부, 고용노동부, 국가보훈처, 국방부, 행안부 등에서 주관하는 여러 성인 대상 교육을 통합하여 대학교육 및 평생교육을 담당하는 조직으로 개편해야 한다.

- 소규모 학교 초빙교사제, 특별예산 지원 등과 같은 다양한 소규모 학교지원 제도를 도입해 소규모 학교만의 특색 있는 교육과정을 운영할 수 있도록 지원해야 한다.

- 어울림 학급 운영 확대(1교실 3협력교사)

- 특수교육 대상자를 확대해 학습지진, 학습부진 및 학교부적응 학

생 등에 대한 책임교육을 강화해야 한다.

– 학교 생활기록부를 대폭 개선해야 한다. 특히 중학교 생활기록부의 대대적 개선이 필요하다. 특목고 입학자 등 소수 학생만을 위한 기능에 충실했던 생기부에서 탈피해야 하며, 창제 시수 입력은 이수, 미이수 등으로 대폭 간소화하거나 삭제해야 한다. 또한, 실제 목표와 다르게 운영되거나 파행적인 방식으로 운영되는 다양한 항목들(독서기록사항, 봉사활동, 동아리활동 등)을 조사해 이를 개선할 수 있도록 현장 교사들의 다양한 의견을 충분히 수렴해 꼭 필요한 것들만 정직하고 심도 있게 기재할 수 있는 방안을 모색해야 한다.

– 아이들이 행복한 학생중심 교육생태계를 복원해야 한다. 이를 위해 교사, 학생, 학부모의 상호 신뢰 관계를 구축함과 동시에 교권, 학생인권을 상호존중할 수 있는 방안을 모색해야 한다.

* * *

교육난상을 기록하고 편집하며 이 책이 모습을 갖추고 출판될 수 있도록 힘을 보태주신 '실천교육교사모임 학술팀' 선생님들께 감사드립니다.

권재원(서울 성원중학교), 김미연(강원 동해중앙초등학교), 김종보(울산 무룡초등학교), 윤정(경기 능동초등학교), 이규정(서울 천호초등학교), 조인기(경기 상천초등학교)

교육현안에 대한
전국 교사들의 목소리를 모으다

송윤오(신사초등학교)

실천교육교사모임에서는 '교육정책의 방향에 대한 교사의견 조사 및 교원업무 정상화를 위한 입법 청원'을 주제로 2017년 8월 20일부터 9월 5일(약 16일)까지 전국의 교사들을 대상으로 온라인 설문을 실시했다. 본 설문은 각종 정책 현안의 문제점을 지적하고 개선하기 위해 다소 객관성이 떨어지더라도, 현직교사들의 의견을 적극 수용하고 향후 정책 개선 방안을 제시하기 위한 문항으로 구성했다. 또 구글 서비스를 이용해 온라인 설문을 실시해 전국 각 시·도 교육청 또는 학교급에 따라 교사들이 고르게 참여하지 못할 수도 있다는 점에서 표집의 한계가 있을 수 있다. 그러나 설문 참여 링크를 배포한지 2일이 지나지 않은 시점에서 대부분의 참여자(6,000여 명)가 응답했다는 점, 17개 시·도 교육청 소속의 7,000여 명에 가까운 대규모의 인원이 참여해 그 추이를 파악할 수 있다는 점 등을 고려할 때, 현장 교원들의 목소리를 잘 담고 있다고 볼 수 있어 그 의의가 크다고 할 수 있을 것이다.

　이에 실천교육교사모임 정책팀(팀장 신동하, 김현진, 박정선, 송윤오, 신길호, 전대원)에서는 설문 참여자들과 현직교원들의 의견을 모아 한목소리를 내고자 설문 문항과 그에 따른 결과를 함께 공유하고, 함께 나아갈 방향을 모색하는 자리를 마련하고자 한다.

　본 설문에 참여한 교사는 6,940명으로 유치원 교사 4.7%, 초등학교 교사 56.7%, 중학교 교사 21.4%, 고등학교 교사 17.3%로 구성되어 있다. 또한 근무지역에 따른 비중은 경기도교육청 47.5%, 서울특별시교육청 11.5%, 인천광역시교육청 5.6%, 전라남도교육청 4.6% 순으로 나타났으며 기타 지역에서는 30~300명 사이의 교사들이 설문에 참여했다.

　본 설문이 온라인으로 이루어진 점으로 미루어볼 때, 주로 SNS 및 웹 접근성이 높은 교사집단 및 연구활동단체 등에서 설문에 참여했을 것으로 추정되며, 수도권 교사들의 설문참여 비중이 월등히 높은 까닭 또한 이를 이용할 수 있는 기회가 많았던 것이라 추측할 수 있다. 위 지역은 추후에도 온라인 설문 등으로 현직교사들의 목소리를 내어 결집하기 용이한 잠재력을 가지고 있다고 볼 수 있다.

※ 다음 중에서 교육 본질 회복을 위해 가장 시급한 교육개혁 과제라고 생각되시는 것 두 개를 순서대로 골라주십시오.

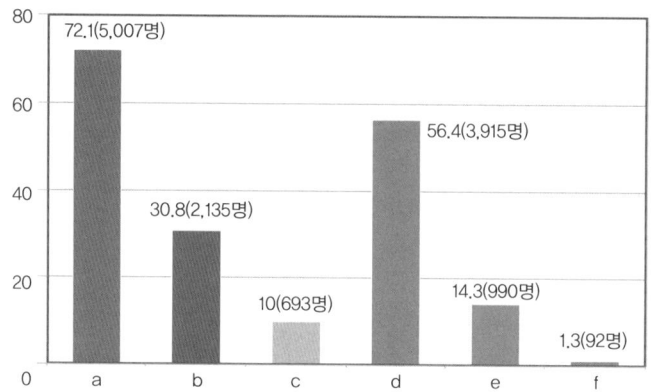

a 학급당 학생 수 감축 b 대학수학능력시험 체제 개편 c 학교 비정규직의 정규직화
d 교원업무 정상화   e 각종 교원 인사 제도 정비   f 기타 의견

    현직에 있는 교사들이 가장 시급한 문제로 언급하고 있는 두 가지는 '학급당 학생 수 감축(72.1%)'과 '교원업무 정상화(56.4%)'로 드러나 3위를 기록한 '대학수학능력시험 체제 개편(30.9%)'과 큰 격차를 보인다. 학교교육이 이루어지는 각 학급인원의 적정화, 그리고 그 학급에서 정상적인 수업을 진행하기 위한 과도한 업무로부터의 해방은 학교교육의 질을 개선하기 위한 필수불가결한 요소다. 현재 많은 수의 교사들이 정상적인 교육활동에 임하기 위해서는 수업과 관련된 기본적인 교육여건 개선이 시급하다고 보고 있고, 이에 대한 교사의 문제인식 정도 또한 여타의 문항에 비해 그 비중이 매우 크다.

1-1-0. 선생님께서는 유치원의 적정한 학급당 학생 수가 몇 명이라고 생각하십니까?

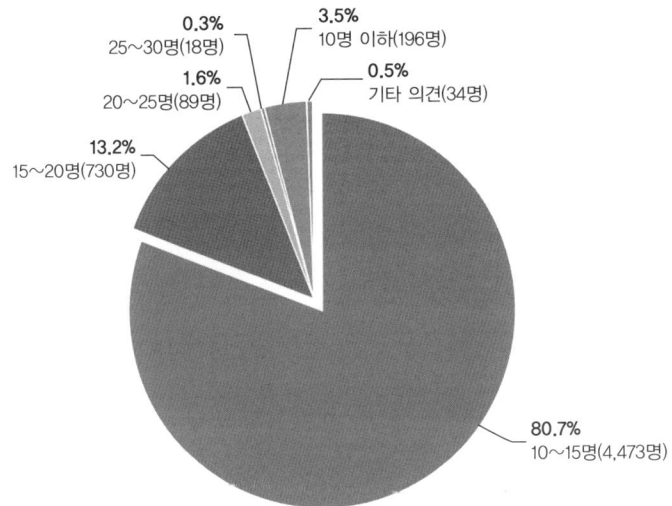

0.3%
25~30명(18명)

3.5%
10명 이하(196명)

1.6%
20~25명(89명)

0.5%
기타 의견(34명)

13.2%
15~20명(730명)

80.7%
10~15명(4,473명)

1-1-1. 선생님께서는 초등학교의 적정한 학급당 학생 수가 몇 명이라고 생각하십니까?

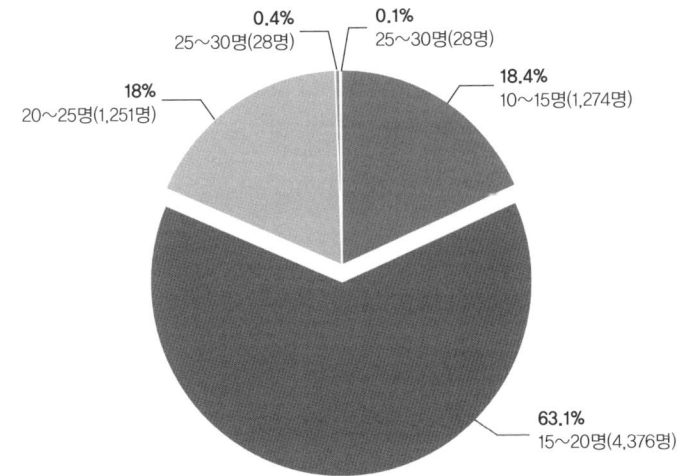

0.4%
25~30명(28명)

0.1%
25~30명(28명)

18%
20~25명(1,251명)

18.4%
10~15명(1,274명)

63.1%
15~20명(4,376명)

1-1-2. 선생님께서는 중학교의 적정한 학급당 학생 수가 몇 명이라고 생각하십니까?

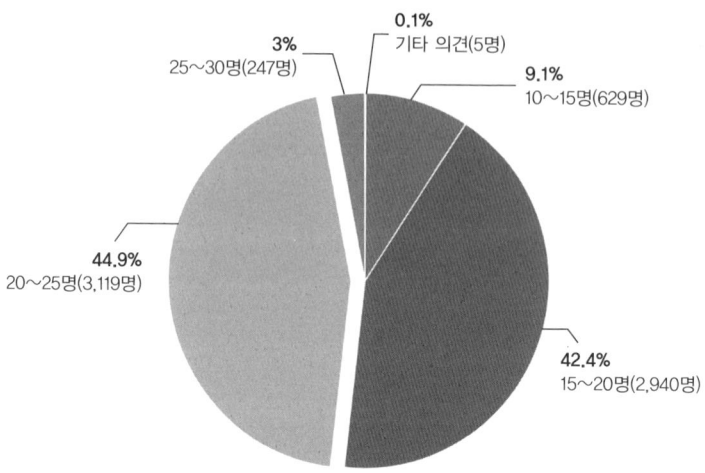

25〜30명(247명) 3%
기타 의견(5명) 0.1%
10〜15명(629명) 9.1%
20〜25명(3,119명) 44.9%
15〜20명(2,940명) 42.4%

1-1-3. 선생님께서는 고등학교의 적정한 학급당 학생 수가 몇 명이라고 생각하십니까?

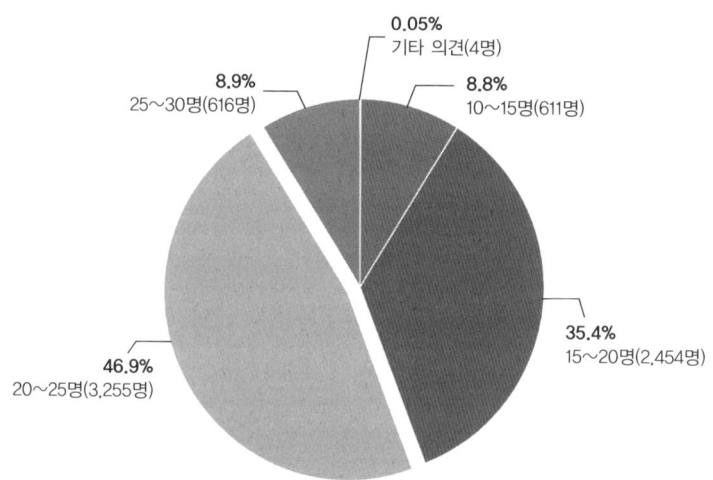

25〜30명(616명) 8.9%
기타 의견(4명) 0.05%
10〜15명(611명) 8.8%
20〜25명(3,255명) 46.9%
15〜20명(2,454명) 35.4%

유치원의 학급당 적정인원 수로는 10~15명이 80.7%로 압도적으로 높은 응답율을 보였다. 여타 학교급에 비해 유치원의 학급인원 수가 적어야 한다는 의견은 중고등학교보다 생활지도(돌봄)의 비중이 더 크기 때문으로 보인다. 이에 비해 초등학교는 15~20명(63.1%), 중학교는 15~20명(42.4%), 20~25명(44.9%), 고등학교는 20~25명(46.9%)이 높은 비중을 차지해 학교급이 올라갈수록 학급당 적정하다고 생각되는 학생 수가 더 많다고 나타났다. 실제 학교급이 높을수록, 도시 또는 수도권일수록 과밀학급 해소의 필요성이 심각하다.

한편, '교사당 학생 수' 지표를 산정할 때에 영양교사, 보건교사, 사서교사 등이 교사 정원에 포함되어 지표값이 담임의 체감에 미치지 못하는 착시가 발생한다. 따라서 교사당 학생 수 지표를 학급당 학생 수 지표로 대체할 필요가 있다.

1-2. 최근 이야기되고 있는 '1교실 2교사제'에 대해서는 어떻게 생각하십니까?

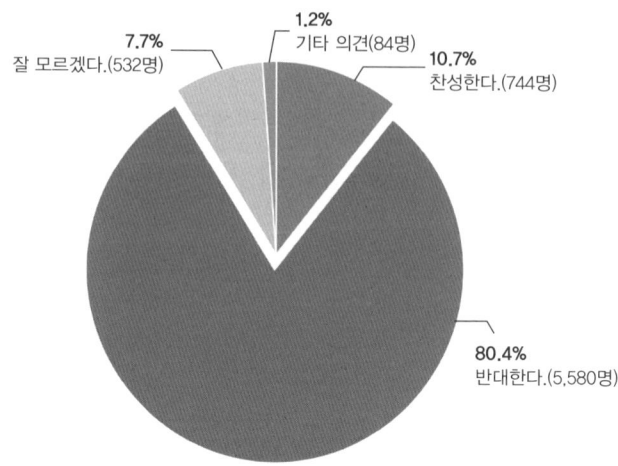

7.7%
잘 모르겠다.(532명)

1.2%
기타 의견(84명)

10.7%
찬성한다.(744명)

80.4%
반대한다.(5,580명)

　　1교실 2교사제에 대한 교사들의 의견은 '반대한다(80.4%)'가 '찬성한다(10.7%)'에 비해 월등히 높은 것으로 나타났다. 교과지도의 비중이 높은 학교일수록 교사의 반대 비중이 더 높은 것을 볼 때, 충분한 정책 도입준비와 교원역량강화 없이는 팀티칭 등이 효과를 보기 어렵다는 것을 짐작할 수 있다. 또한 기타 의견에서도 이를 학교에 적용했을 때 드러날 수 있는 부작용의 우려와 그 실효성에 의문을 품는 의견도 많았다.

1-3. 대학처럼 학생 선택에 의한 교육과정 운영을 하는 고교학점제 도입에 대해서
는 어떻게 생각하십니까?

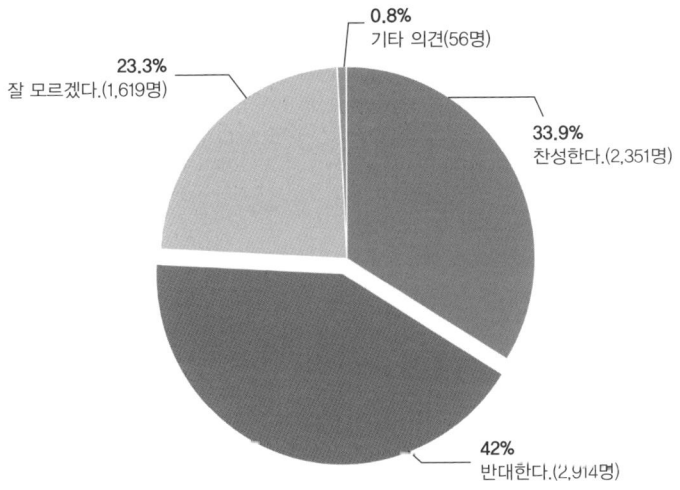

고교학점제 도입에 대해 가장 많은 의견은 '반대한다(42%)'이며, 여타 문항과 다른 점은 '찬성한다(33.9%)'와 '잘 모르겠다(23.3%)'의 비중이 크지 않다는 것이다. 교육정책이 현장에서 잘 뿌리내리기 위해서는 일선 학교 교사들의 긍정적인 인식, 현실적인 학교여건을 고려하지 않고 성공을 거두기 어렵다는 점을 볼 때 보다 세밀한 고려가 필요할 것이다. 기타 의견에서는 대학의 변화, 대입제도(대학수학능력시험 등)의 변화가 선행되었을 때에야 비로소 고교학점제가 의미가 있을 것이라는 지적이 많았다.

2–1. 교육부에서는 2021학년도 수능 절대평가를 위한 개편(안) 두 가지를 제시했습니다. 이에 대해 선생님은 어떻게 생각하십니까?

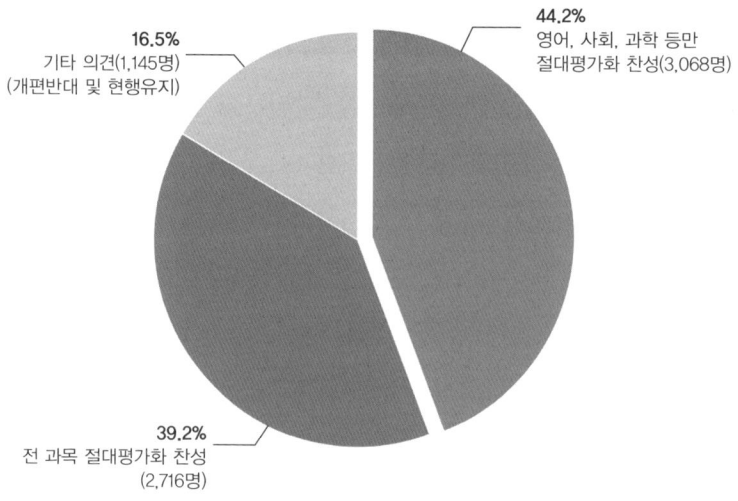

16.5%
기타 의견(1,145명)
(개편반대 및 현행유지)

44.2%
영어, 사회, 과학 등만
절대평가화 찬성(3,068명)

39.2%
전 과목 절대평가화 찬성
(2,716명)

2–2. 선생님이 교육적으로 가장 적합한 대입 전형이라고 보시는 것은 어떤 것입니까?

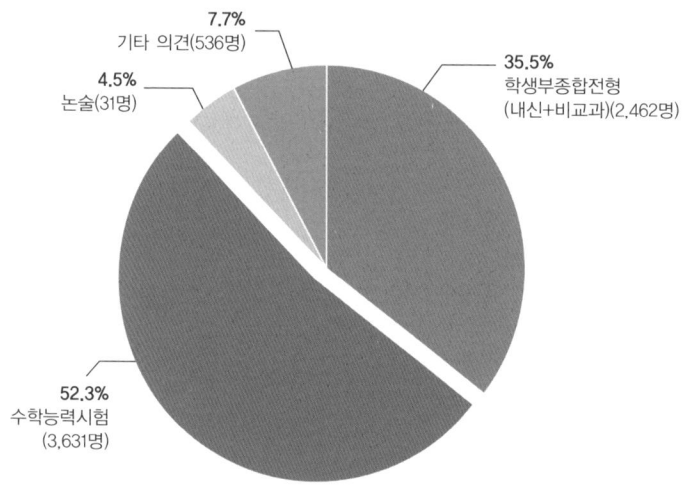

7.7%
기타 의견(536명)

4.5%
논술(31명)

35.5%
학생부종합전형
(내신+비교과)(2,462명)

52.3%
수학능력시험
(3,631명)

현직 교사들이 생각하는 가장 적합한 입시 전형 요소는 수학능력시험(52%)과 학생부종합전형(35%) 등이다. 교육계에서 수능은 미래형 교육이 아닌 문제풀이식, 주입식 교육으로 되돌아가 교육과정 파행 운영이 나타나는 한계, 그리고 고등사고력의 평가보다 문제해결의 노하우에 초점을 맞춘 사교육의 영향이 커 교육격차가 더욱 확대된다는 문제점은 이미 어느 정도 잘 알려진 사실이다. 따라서 이번 조사 결과는 과잉 스펙화로 인한 학생들의 고통과 보여주기식 인간형을 양성할 비교육성의 우려가 있는 학생부종합전형의 개선 필요성이 제기된 것으로 볼 수 있다.

3-1. 현재 전국의 각급 학교에는 무기계약직/기간제/파견용역 등 약 139종의 다양한 직종에 근무하시는 비정규직이 있습니다. 학교 비정규직의 정규직화에 대해 선생님께서는 어떻게 생각하십니까?

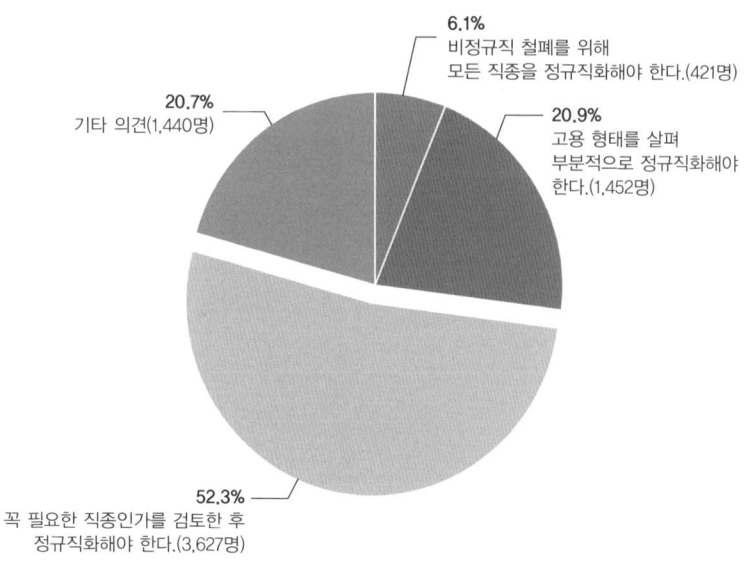

6.1%
비정규직 철폐를 위해
모든 직종을 정규직화해야 한다.(421명)

20.9%
고용 형태를 살펴
부분적으로 정규직화해야
한다.(1,452명)

20.7%
기타 의견(1,440명)

52.3%
꼭 필요한 직종인가를 검토한 후
정규직화해야 한다.(3,627명)

최근 이슈가 되고 있는 학교 비정규직 문제와 관련된 문항에서 꼭 필요한 직종인지 검토가 선행되어야 한다는 의견이 과반수(52.3%)를 넘어서 학교를 교육의 장이 아닌 일자리 창출의 장으로 보는 편향 우려를 나타나고 있음을 알 수 있다. 20.7%에 달하는 기타 의견도 비정규직의 고용문제 해결에 대한 무조건적인 정규직화에 대한 반대의견이 분분해 실제 반대의견 비중은 드러난 응답률보다 더 높으리라고 예상된다.

사실 학교 현장에는 정치적 의도나 선심성으로 만들어진 —필수적이라고 보기 힘든- 일자리가 상당수이다. 예컨대 전문성을 높이기 위해 국비로 해외연수까지 시킨 영어교사가 영어수업을 못 하는가 하면, 독서토론지도사가 고용된 곳이 있어 사서 국어교사와 싸우는 곳도 있다. 정규직 전환대상 직종 중에는 소수이긴 하지만 심지어 '차량탑승도우미'까지 있다.

이는 교사들의 비정규직 정규직 전환 반대의 목소리가 세간의 오해처럼 교사 이기주의, 특권의식이 아니라 학교 현장에서 겪는 상황에서 비롯된 것임을 시사한다.

3-2. 현재 교육부 정규직전환심의위는 4만 여 명의 공공부문 기간제 교사의 정규 직화를 심의하고 있습니다. 이에 대한 선생님의 입장을 말씀해 주십시오.

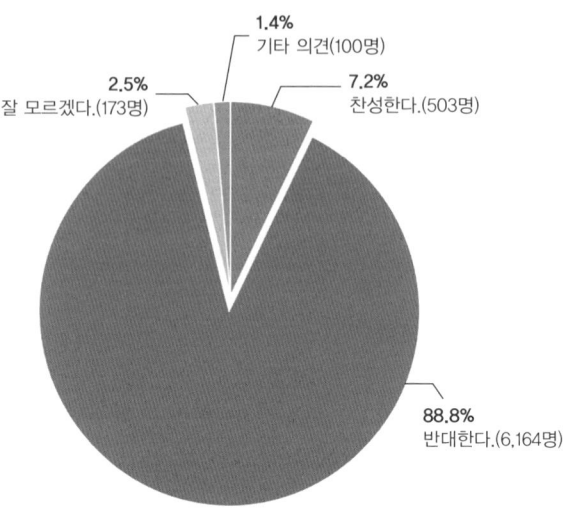

3-2-1. 위 3-2의 질문에 "① 찬성한다."를 선택하신 분께서는 그 이유를 말씀해 주십시오.(716명 대상)

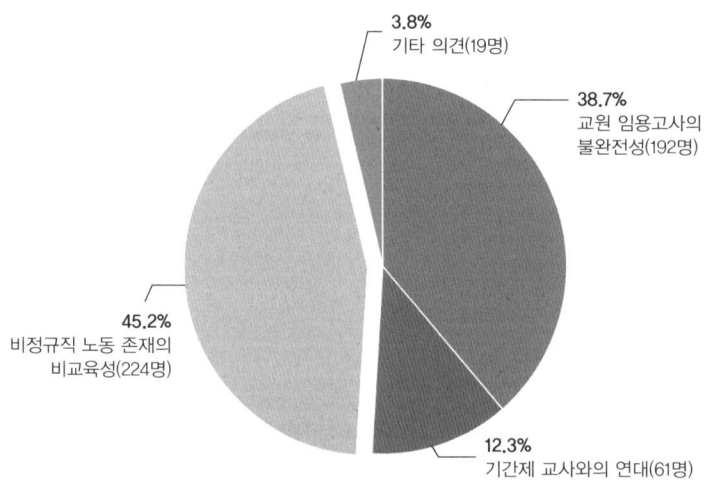

3-2-2. 위 3-2의 질문에 "② 반대한다."를 선택하신 분께서는 그 이유를 말씀해

주십시오.(6,201명 대상)

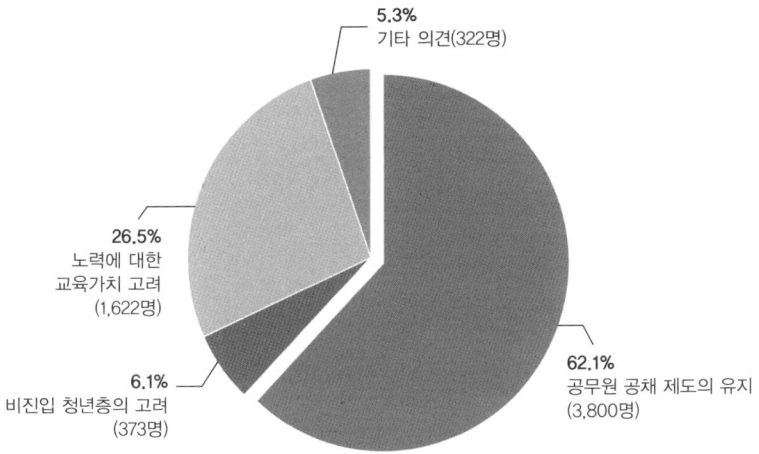

5.3%
기타 의견(322명)

26.5%
노력에 대한
교육가치 고려
(1,622명)

6.1%
비진입 청년층의 고려
(373명)

62.1%
공무원 공채 제도의 유지
(3,800명)

기간제 교사의 정규직화에 대한 반대 의견은 88.8%, 이에 비해 찬성
의견은 7.2%에 그쳐 매우 큰 의견 격차를 볼 수 있다. 고용 안정을 위
해서 찬성하는 의견들조차 그 까닭을 묻는 '3-2-1' 문항에서 정원을 늘
려 정규직을 증원시키는 방안 등 적법한 절차를 거쳐야 한다는 의견을
함께했고, 반대의견 대다수는 일선 학교 기간제 교사의 무조건적 정규
식선환에 대한 우려와 함께 공무원 채용 과정을 거쳐 선발할 것을 요
구했으며(62.1%), 육아휴직과 출산휴가 등으로 발생하는 결원에 대한
대처방안으로 기간제 교사의 필요성을 언급하기도 했다.

3-3. 정규직전환심의위는 역시 3,250여 명의 영어회화 전문강사 및 2,000여 명의

스포츠강사 등의 정규직화를 심의하고 있습니다. 이에 대한 의견을 말씀해

주십시오.

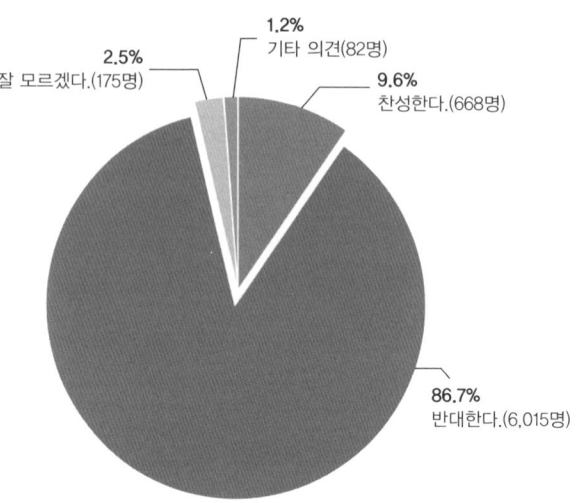

3-3-1. 위 3-3의 질문에 "① 찬성한다."를 선택하신 분께서는 그 이유를 말씀해

주십시오.(807명 대상)

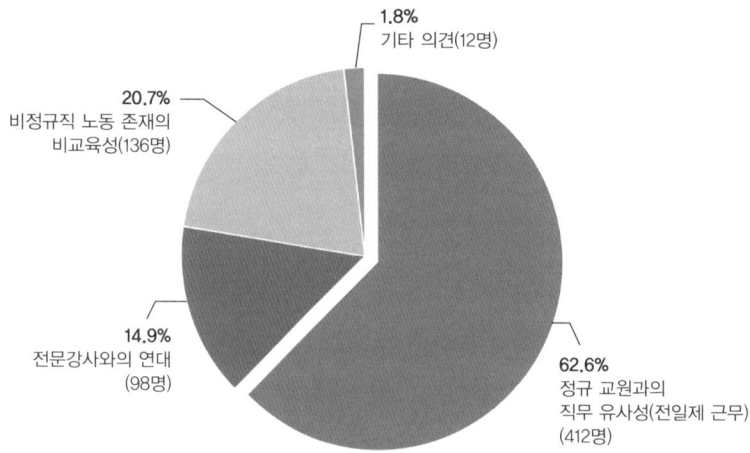

3-3-2. 위 3-3의 질문에 "② 반대한다."를 선택하신 분께서는 그 이유를 말씀해

주십시오.(6,084명 대상)

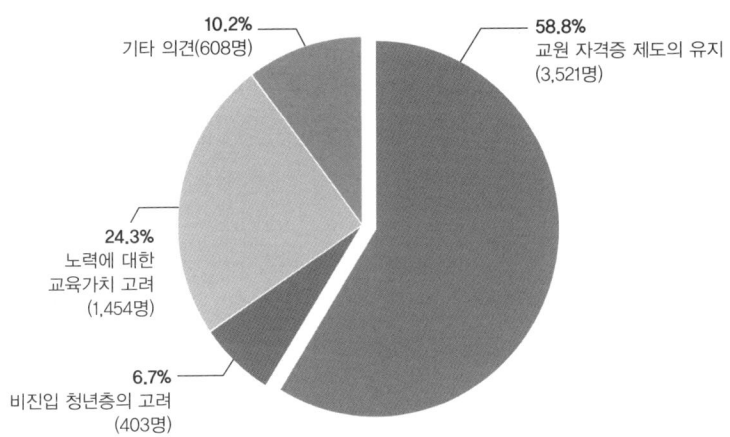

10.2%
기타 의견(608명)

58.8%
교원 자격증 제도의 유지
(3,521명)

24.3%
노력에 대한
교육가치 고려
(1,454명)

6.7%
비진입 청년층의 고려
(403명)

　영어회화 전문강사 및 스포츠강사의 정규직 전환에 대한 반대의견
은 기간제 교사 정규직 전환에 대한 반대의견(88.8%) 못지않게 높은
86.7%로 현장의 우려의 목소리가 많다. 그 이유 또한 대학과정에서부
터 교사를 준비해 공개채용을 거치는 현재의 교사임용제도의 유지가
많았으며, 많은 교사가 학교에서 필요한 영어, 체육 교과의 인력 보충
도 공개적인 채용 절차를 밟아 충원할 것을 요구했다.

4-1. 교육부 및 전국 시 · 도 교육청에서는 교원업무 정상화를 중점 정책으로 추진

해 왔는데, 선생님께서는 이에 대해 어떻게 생각하십니까?

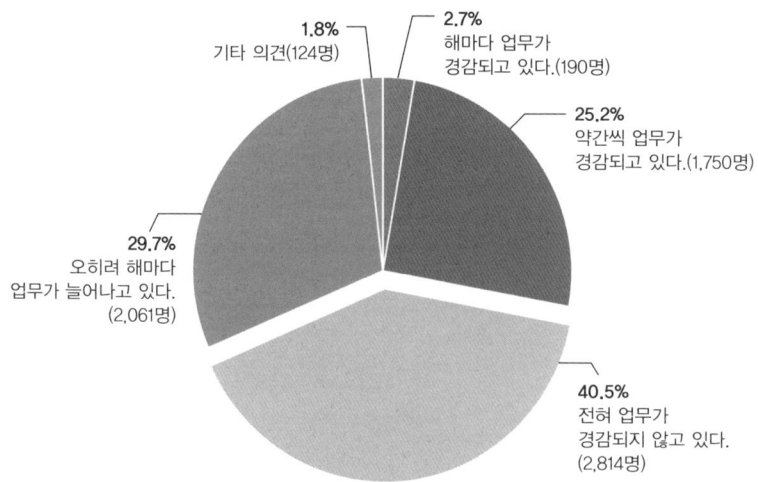

1.8%
기타 의견(124명)

2.7%
해마다 업무가
경감되고 있다.(190명)

25.2%
약간씩 업무가
경감되고 있다.(1,750명)

29.7%
오히려 해마다
업무가 늘어나고 있다.
(2,061명)

40.5%
전혀 업무가
경감되지 않고 있다.
(2,814명)

4-2. 교원업무경감을 위해 교육부 및 각 시 · 도 교육청이 우선적으로 해야 할

일을 순서대로 2개만 선택해 주십시오.

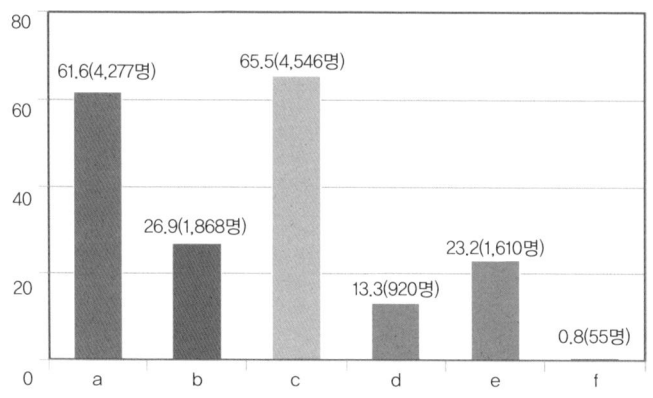

61.6(4,277명)   65.5(4,546명)

26.9(1,868명)

23.2(1,610명)

13.3(920명)

0.8(55명)

a 전시성 면피성 행정의 대폭적 감축   b 각종 훈령, 지침, 매뉴얼의 간소화
c 교사–실무사–행정직 업무 명확화 및 비교육 업무 이관 d 관리자 실무 열외 관행 타파
e 하향식 정책사업의 감축 및 단위 학교 의사결정권 강화 f 기타 의견

교원업무 정상화에 대해 해마다 또는 약간씩 경감되고 있다는 의견은 27.9%인 것에 비해 전혀 줄지 않거나 오히려 증가하고 있다는 의견은 70.2%로 일선 학교의 교사들이 느끼는 중압감은 정책의 일정한 성과에도 불구하고 해소되지 않고 있음을 알 수 있다. 이의 해결을 위해 교사들은 전산 등 비교육적 업무 일반직 담당(65.5%), 전시성 행사 폐지(61.6%), 훈령지침 간소화(27%), 특별교부금 등 정책사업 감축(23.2%), 관리자의 실무 열외 관행 타파(13%) 등이 필요하다는 의견을 보였다. 또한 교원업무 정상화가 학교마다 다르거나, 관리자에 따라 다르다는 등 일선 학교마다 적용되는 정도가 판이하다는 의견이 다수 있어 올바른 문화 정착을 위해 관리자의 학교경영 방안을 제고할 필요가 있다. 학급당 학생 수 감축과 효과는 비슷하지만 예산은 전혀 들지 않는 교원업무 정상화에 박차를 가하는 것이야말로 교육의 본질을 되찾는 지름길이 될 것이다.

5. 선생님이 생각하는 가장 우선 정비해야 할 교원인사제도를 순서대로 두 개만
   선택해 주십시오.

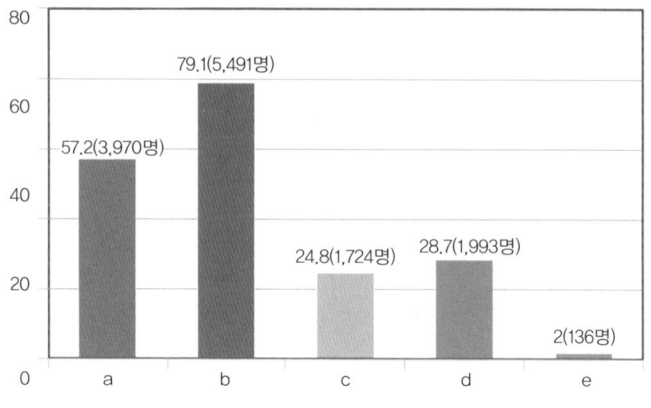

a 교원평가 정비   b 교원성과급제 폐지   c 내부형교장공모제(평교사지원) 확대
d 교사의 정치기본권(정당후원 등) 보장 확대   e 기타 의견

   현행 교원인사제도 중 현직교원들이 가장 문제라 생각하는 것은 교
원성과급(79.1%)과 교원평가(57.2%)이다. 이에 대해 현장교원들은 해
마다 교원성과급과 교원평가의 부작용의 개선을 요구하고 있는 실정
이며, 위 인사제도가 학교교육 분위기를 저해하고, 교원문화에 악영향
을 끼치는 등의 사례가 끊임없이 보도되고 있다. 향후 인사정책은 교
원의 전문성 향상 및 바람직한 교원문화 형성을 목표로 시행해야 할
것이다.

Part 2 - 교원업무 정상화를 위한 입법 청원(5,541명 대상)

※ 교원업무 정상화를 위한 입법 청원에 동의하십니까?

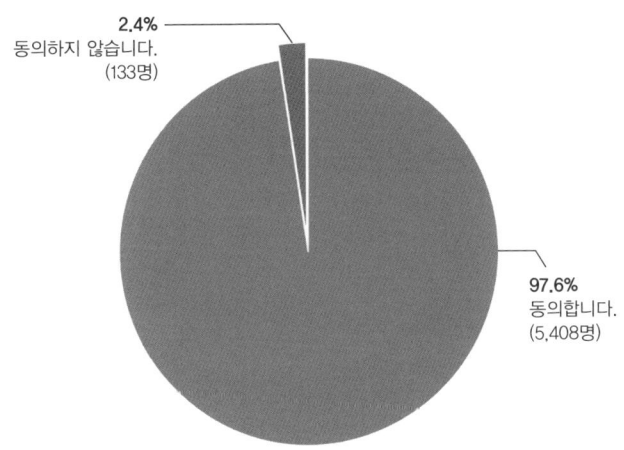

2.4%
동의하지 않습니다.
(133명)

97.6%
동의합니다.
(5,408명)

Part 1의 설문 내용을 바탕으로 차후 교원업무 정상화를 위한 입법 청원 의사를 묻는 질문에 5,408명의 교원이 의견을 모아주셨다. 이는 설문 참여자 중 97.6%라는 높은 비중에 해당되며, 학교 현장을 잘 알고 있는 교사들의 의견을 지속적으로 표현할 필요가 있음을 보여주는 지표이다.

교육개혁의 성공과 시행착오 및 부작용 최소화를 위해서는 무엇보다도 교육현장을 잘 알고 있는 교사들의 의견에 귀 기울여야 한다. 그런 의미에서 교육부의 정규직전환심의회나 국가교육회의 등에서 교사들이 사실상 배제되고 있는 점은 매우 유감스러운 일이 아닐 수 없다. 앞으로 실천교육교사모임은 이번에 수합한 교사들의 의견을 바탕으로 각종 교육 의제 개발, 교육개혁 실천 활동에 앞장설 것이다.

학교안전 관련 업무(29)	
1. 학교안전책임관 지정	16. 어르신 일자리(교통봉사) 채용, 관리, 급여 신청
2. 학교 출입자 관리 및 출입증 발급	17. 안전의 날 행사 추진, 실적 제출
3. 학교 비상벨 설치	18. 학교 안심알리미 업체 선정 및 관리
4. 배움터지킴이 운영 계획 수립, 위촉, 관리	19. 석면 실태 파악, 보고
5. 학교 안전 관리(시설물 관리) 계획	20. 공기질 관리 및 보고
6. 학교시설 현황 점검 및 보고(규모, 도로, 주차장 면적, 학교출입문 개폐, 관련인력 수, 일하는 시간 등)	21. 어린이 보호구역 설치 및 관리
7. CCTV 운용 관리 계획	22. 교외 안전지도(방과 후에 현장에 출장)
8. CCTV 점검기록부 관리	23. 학교 안전 위험성 진단
9. CCTV 화질개선 사업 추진 및 결과 보고	24. 소방대피훈련 계획 수립, 추진, 실적 보고
10. 통합관제 센터 연계 통신비 소요액 계산, 보고	25. 재난대피훈련 계획 수립, 추진, 실적 보고
11. 생애주기형 안전체험 학습 관련 업무 전반(예약, 계약, 비용 품의)	26. 유해환경업소 조사
12. 학교안전공제회 안내, 접수, 처리	27. 안전점검의 날 운영
13. 학교 주변 교통안전 관리	28. 비상대피로 작성 및 게시
14. 녹색어머니회 구성, 운영, 활동지원	29. 보안점검표 작성
15. 학교 주변 안전 점검 및 결과 보고	

학교폭력 예방 및 대책 관련 업무(13)	
30. 학교폭력대책자치위원회 운영 계획 수립	37. 학교폭력 사안 접수 및 보고
31. 학교폭력대책자치위원 선출 공고, 선거	38. 학교폭력 사안 조사 및 보고
32. 학교폭력대책자치위원회의 준비, 진행, 회의록 기록, 결과 보고	39. 학교보안관 위촉
33. 학부모위원 회의비, 출장비, 여비지급 신청	40. 학교보안관 일지 작성
34. 학교폭력대책자치위원 대상 우편물 발송, 안내, 결과 통지 등	41. 학교보안관 복무 관리

35. 학교폭력대책 선도위원회 관련 업무	42. 학교보안관 채용 계약, 근무 점검, 만족도 설문, 통계조사 및 결과 보고
36. 학교폭력 없는 학교 만들기 행사 추진, 결과 보고	

인성 관련 업무(3)	
43. 인성교육 강사 구인, 계약, 강사료 지급 신청	45. 인성교육 목적사업비 계획, 실시, 보고
44. 인성교육 프로그램 소요 물품 견적, 기안, 구입	

기초학력 관련 업무(3)	
46. 기초학력 책임 지도 강사 계약	48. 두드림학교 학생 기초학력 지도 계획 및 실적 보고
47. 기초학력 책임 지도 관련 교재 구입	

학교자치 관련 업무 (7)	
49. 학생생활규정 개정	53. 학부모회 공모사업 계획서 작성 및 제출
50. 학생회 공모사업 계획서 작성 및 제출	54. 학부모회 공모사업 집행 관련 예산 품의
51. 학생회 공모사업 집행 관련 예산 품의	55. 학부모회 공모사업 집행 결과 보고
52. 학생회 공모사업 집행 결과 보고	

학습준비물 관련 업무(5)	
56. 학습준비물 수요조사	59. 교구선정위원회 구성 및 운영
57. 학습준비물 구입	60. 교구선정위원회 회의록 작성
58. 학습준비물 구입 결과 보고	

교과용도서 관련 업무(5)	
61. 교과용도서 선정 회의 및 회의록 작성	64. 교과용도서 배부
62. 교과용도서 주문 신청	65. 교과용도서 재활용 현황 보고
63. 교과용도서 정산	

교원 인사 관련 업무(4)	
66. 스승의 날 정부 포상에 관한 서류 작성	68. 공모교장 중간평가 보고서 작성
67. 공모교장 초빙계획 수립, 선정, 보고자료 작성	69. 교권보호위원회 운영 및 실적 보고

교원능력개발평가 관련 업무(3)

70. 교원능력개발평가 위원회 구성	72. 교원능력개발평가 결과 보고
71. 교원능력개발평가 계획서 작성	

교원연수 관련 업무(2)

73. 교원연수 계획 수립	74. 교원연수 대장 관리 및 실적 보고

각종 위원회 관련 업무(2)

75. 각종 위원회 계획서 작성	76. 각종 위원회 회의 준비, 진행, 회의록 작성

학부모회 운영 관련 업무(5)

77. 학부모회 구성	80. 학부모연수 홍보
78. 학부모회 운영 계획서 작성	81. 청소년단체 구성
79. 학부모 자원봉사자 모집, 연수, 간담회, 자료구입	

청소년단체 운영 관련 업무(4)

82. 청소년단체 구성 현황 보고	84. 청소년단체 행사 추진
83. 청소년단체 가산점 대상자 보고	85. 청소년단체 관련 신청서 배부, 취합, 스쿨뱅킹, 송금

방과후학교 운영 관련 업무(16)

86. 방과후학교 운영 계획 수립	94. 방과후학교 교실 관리
87. 방과후학교 교재 및 학습자료 선정 및 구입(견적서 취합, 품의, 세금계산서 첨부)	95. 방과후학교 프로그램 만족도 조사
88. 방과후학교 자원봉사자 관리 및 수당 지급 신청	96. 토요 방과후 프로그램 수요 조사, 프로그램 작성, 강사 선정
89. 방과후학교 자유수강권 대상자 선정 및 지원, 관리(취소, 환불 등)	97. 토요 방과후 프로그램 실시에 따른 근무 계획 수립
90. 방과후학교 교육경비보조사업 정산	98. 토요일 학생 생활 안전지도 계획서 작성
91. 방과후학교 프로그램 안내	99. 방과후학교 발표회에 따른 업무 전반
92. 방과후학교 신청자 모집	100. 방과후학교 강사 모집 공고, 구비서류 양식 작성
93. 방과후학교 결·보강 관리	101. 방과후학교 강사 지원서 수합

돌봄교실 운영 관련 업무(6)

102. 돌봄교실 운영 계획서 작성	105. 돌봄교실 스쿨뱅킹
103. 돌봄교실 관리(안전 장치 설치 등)	106. 돌봄교실 범정부 수요조사
104. 돌봄교실 학습자료, 간식 구입	107. 지역아동센터나 청소년아카데미 등 학교 외 지역돌봄 수요와 현황 조사보고

강사 채용 및 관리 관련 업무(14)

108. 강사 채용 업무 전반(원어민 강사, 돌봄교실 강사, 방과후학교 프로그램별 강사, 방과후학교 전담직원, 토요스포츠교실 강사, 체험학습보조인력, 학교지키미, 보안관, 어르신봉사자 등	115. 강사 급여 지출 품의(내부기안, 에듀파인 등)
109. 강사 심사(심사 기준 마련 및 심사위원 구성)	116. 강사 출근부, 청구서, 건강보험, 연금 서류 관리(매달)
110. 강사 면접 심사 결과 보고	117. 강사 성범죄 및 아동학대 조회, 개인정보 활동 동의
111. 강사 계약서 작성	118. 동행프로그램 대학생 관리(수당, 간식 등)
112. 강사 복무 관리(NEIS)	119. 보조인력 업무지도 및 관리
113. 강사 결근 시 보결수업 대책	120. 강사 인건비 산정 및 지출 품의
114. 강사 차량 등록 및 신분증 제작	121. 문화예술 교육 강사 채용 업무 전반

현장체험학습 관련 업무(7)

122. 체험학습지 숙박시설 안전관리 계획 수립	126. 현장체험학습 차량 계약
123. 체험학습지 사전 답사, 시설점검표 작성, 기타 자료 확보	127. 체험학습 버스 음주 단속 요청, 음주측정 실시
124. 체험학습 관련 지출 품의	128. 체험학습비 정산, 보고
125. 경찰서 및 소방서에 안전요원 지원 요청 및 공문 발송	

과학 관련 업무(6)

129. 과학의 날 행사 추진	132. 과학교구 관리(구입, 고장 수리, 재구매, 과학실 학습준비물 견적, 품의, 교과서 단원별 및 수시로 준비물 추가구입, 세척, 건조, 수납정리, 자료폐기)
130. 과학실 안전계획 수립	133. 시약장 관리
131. 과학실 안전점검(별도의 장부)	134. 폐수 관리

영어 관련 업무(5)	
135. 영어 연수 이수 상황 보고(매년)	138. 영어 수업 시수 보고
136. 영어로 하는 수업 비중 보고	139. 영어실 구축 사업(견적, 세부계획, 진행 등 업무 전반)
137. 영어과 평가 영역 분석 보고	

원어민 관련 업무(6)	
140. 원어민 채용 계획서 작성	143. 원어민 픽업
141. 원어민 집 구하기	144. 원어민 거주지 인터넷, 세금납부 등
142. 원어민 출입국 사무소 서류 준비	145. 원어민 보조금 정산 및 보고

목적사업 집행 관련 업무(5)	
146. 인성교육(계획, 프로그램 구성, 예산 사용, 강사 채용, 정산, 실적보고 등)	149. 교육복지우선지원사업(계획, 프로그램 구성, 예산 사용, 강사 채용, 정산, 실적보고 등)
147. 진로체험(계획, 프로그램 구성, 예산 사용, 강사 채용, 정산, 실적보고 등)	150. 100대 교육과정(계획, 프로그램 구성, 예산 사용, 강사 채용, 정산, 실적보고 등)
148. 학생동아리(계획, 프로그램 구성, 예산 사용, 강사 채용, 정산, 실적보고 등)	

도서관 운영 관련 업무(5)	
151. 도서관 시설 관리	154. 도서관 자원봉사자 출결 관리
152. 도서구입계획, 견적, 품의, 구입, 하자관리, 반품	155. 도서선정위원회 운영
153. 도서관리(바코드 부착 및 관리시스템 입력 등)	

NEIS 관련 업무(8)	
156. NEIS 연간운영계획 수립	160. NEIS 정정대장, 관련 공문 작성
157. NEIS 학교인증서 관리	161. 업무포탈 과제카드 등 시스템 관리
158. NEIS 권한 관리	162. 교육통계 자료 입력, 오류 점검
159. NEIS 오류 발생시 정정 절차(회의, 4단 결재 등)	163. 학생학부모서비스 승인, 관리, 시스템 점검

학적 관리 관련 업무(15)	
164. 생활기록부 유예 면제 학생 처리	172. 무단결석학생 안전 확보 및 면접
165. 미인정 유학 등 정원회 학생 관리	173. 무단결석학생 출석 격려

166. 출석부 관리, 출결통계, 점검, 반별 출석 현황 NEIS 대조, 오류 점검, 수정, 보고	174. 무단결석학생 경찰에 신고, 교육청 보고
167. 취학대상자 면접 참여여부 및 미참여 학생 소재 확보	175. 전출입학생 자료 관리, 전송, 오류 점검
168. 취학유예 및 면제 대상자 대상 면접 계획, 실시, 결과 보고(교육청, 주민 센터)	176. 학생생활기록부 작성 및 관리
169. 의무교육관리위원회 위원 선정	177. 전교생 주소확인 및 입력, 수정
170. 의무교육관리위원회 규정 마련	178. 교내 PC 유지 보수
171. 미취학자 매월 소재확인	

전산, 정보 관련 업무(13)	
179. 저소득층 학생 PC 및 인터넷 지원 사업 추진, 실적 보고	186. 개인정보이용 지침 관리, 홍보
180. 개인정보보호 시스템 구축(각종 안내 및 동의서 취합, 보관 등)	187. 정보화기자재 소모품 구입 및 관리
181. 파일 암호화	188. 노후전산장비 폐기
182. 내PC지킴이(컴퓨터 보안) 실시(독촉) 및 결과 보고	189. 무선인터넷 구축 사업 진행, 관리
183. 하드웨어 관리 대장 작성(컴퓨터, 모니터 등 수량 관리 등)	190. 서버실 관리
184. 학교 IP 대장 관리	191. 학교정보공시 업무
185. 학교 홈페이지 관리	

학교시설 관리 관련 업무(6)	
192. 특별교실 공사 계획 수립	195. 리모델링 공사 계획서 작성, 회의록 작성
193. 특별교실 정리, 관리, 자료 관리	196. 운동장 마사토와 스프링클러 예산 수립, 신청, 설치
194. 체육시설 점검, 관리, 기록	197. 학교 방송시설 유지 보수 및 관리

학교환경 구성 관련 업무(7)	
198. 학급별 표시판 교체, 관리	202. 로비에 크리스마스 트리 설치, 장식
199. 유리창 디자인 스티커	203. 학교 정원 관리
200. 교표 스티커 부착	204. 교장실 게시판 관리
201. 복도 게시판 주문, 부착	

교육복지 관련 업무(4)	
205. 교육복지 계획 수립	207. 급식실 조리원 급여
206. 교육급여 및 교육비 지원학생 수시 점검, 가정통신문 발송	208. 무상급식 지원

스쿨버스 운영 관련 업무(3)	
209. 노선도 작성	211. 승하차 실무원 안전교육
210. 승하차 시간표	

특수교육 관련 업무(7)	
212. 자원봉사 관리	216. 특수교육대상자 진단 평가 관련 업무
213. 이·미용 봉사 관리	217. 장애학생 1일 보조인력 채용에 관한 업무 전체(강사임용 절차와 동일)
214. 치료지원 서비스	218. 입학초기 적응활동 매뉴얼 개발
215. 특수교육대상학생 대상 방과후 운영 강사 채용 및 강사비 지출	

기타 업무(10)	
219. 학교 신문 발행	224. 교육실습생 신원조회 동의서 작성 및 경찰서에 공문 발송
220. 학교 앨범 제작	225. 모든 영역에서 해당 업무관련 계획과 실적 정보공시
221. 청소 용구 신청 및 배부	226. ○○주간 행사 추진 및 실적 보고
222. 졸업앨범 업체 선정에서부터 관련업무 전반	227. 국회의원 요구자료 작성 및 보고
223. 청렴계획 수립 및 운영교사들의 학교 업무 목록	228. 국정감사 요구자료 작성 및 보고

만남

외로웠습니다.
현실에서 꿈을 꾸며 살아간다는 것은…

외로움이 익숙해질 즈음 저마다 외로움을 호소하며 나타난 후배들로
인하여 설레었습니다. 교육과정을 늘 고민하던 나는 왕궁초등학교 교
육과정을 보고 정성식 선생님을 알게 되었고, 혁신학교 운동과 SNS를
통해 전국의 괴물들을 만날 수 있었습니다. 그리고 2015년 찬란한 봄
날에 '괴물과 고물의 학교 이야기' 이후 일상에서 전국에 있는 괴물들
의 이야기를 접하는 것이 어느덧 나에게 위안이 되었고, 손잡고 함께
꾸는 꿈이 되었습니다. 세종에서의 설레는 첫 모임이나 전북에서의 뿌
듯한 모임에도 차마 얼굴은 드러내지는 못했지만 밴드에 올라오는 모
임사진을 보며 흐뭇해하고 토의 결과물에 하나하나 댓글을 달며 응원
했습니다.
  2016년에는 교사로서의 책임감을 자각하며 책무성을 다하기 위해
전문성과 도덕성의 계발과 연마에 힘쓰겠다고 떨리는 소리로 헌장을
제정하는 것을 지켜보았습니다. 어쩌면 이들에게 나는 고물이고 퇴물
일지 모르겠다는 생각에 가까이 가지는 못하고 지켜보고만 있었으나,
이 땅에서 진실한 교육자로서 살아가고자 하는 젊은이들의 몸부림에
서 느껴지는 전율은 저에게도 그대로 전해졌고, 그 열정이 모이고 또
모여 실천교육교사모임은 교육계의 든든한 버팀목이 되었습니다.

변화

광화문의 밤공기를 가르던 시민들의 노래와 촛불의 열기가 세상을 바꾼 만큼, 새 정부에 대한 기대는 남다릅니다. 이제 교육 대통령을 주문하던 교육계의 바람을 담아 그동안 개혁과 혁신의 대상으로 내몰리던 교사들이 주체적으로 목소리를 내고자 합니다.

지금의 학교는 교사, 학생, 학부모라는 교육의 3주체가 모두 불만 가득한 현장이 되었고, 이에 따라 교육개혁의 필요성은 누구나 공감하는 주제가 되었습니다. 국가 교육정책 수립과정에 늘 교사의 참여와 현장 의견의 반영이 미비했다는 생각에 순수하고 자발적인 교사들이 전국에서 모여 대통령 선거 캠프의 교육특보와 전국시도교육감협의회 파견 전문직에게 청하여 새 정부의 교육정책을 함께 논하고 '교사가 바라는 교육개혁' 제안을 했습니다. 현장의 의견을 듣고 반영하는 시기가 중요하기에 급히 모인 이들이 포럼을 기획하고 진행하며 토론하기까지 일체의 실천은 아름다웠습니다.

이제 그 과정에서 나온 이야기들을 책으로 엮어냄으로써 정책에 교사들의 목소리를 반영해달라는 요청과 함께 현장 교사들의 암묵적 지지를 소망하는 것이 아닌가 합니다.

바람

새 정부는 교육공약의 기조를 '교육의 국가책임 강화'로 내세우며 국가교육위원회를 구성한다고도 하고, 다양한 정책을 열거하고 있기도 합니다. 국가가 또 이 모든 정책을 강력하게 앞장서서 추진하겠다거나 국민이 요구만 한다면 이전 정부의 추진과 다른 점이 무엇인지 우려되는 가운데 다행스럽게도 유·초·중등교육을 교육감에게 이양하겠다는 뉴스도 들려옵니다. 교육과정 유연화와 교과서의 슬림화로 융·복합 교육이 가능해지길 바라며 나아가 학교를 살리기 위해서는 교육자치가 아니라 교육주민자치로 혁신해야 한다는 의견도 동의합니다.

이 책에는 교육청이나 기관을 통하지 않고 순수하게 교사들이 들려주는 솔직한 이야기가 담겨있습니다. 돌봄교실이나 방과후학교 운영 관련 갈등과 업무 고충, 고교학점제를 위한 교사별 평가와 절대평가 요구, 교원 능력 평가와 승진체제 개편, 학교폭력 관련 문제 등 교사들의 애환이 느껴지는 의견이었습니다. 드러내놓은 이야기들은 교육을 체계적·발전적으로 바라보고, 교사의 책무를 다하겠다는 성숙한 약속의 일환이라고 보며, 제안이 반영된 정책 시행의 일선에서 온몸으로 일구어내는 실천교육교사모임이 될 것이라 기대합니다.

전문성, 노덕싱, 책무성으로 자존감을 회복하고자 하는 교사들이, 학교가 기초와 기본이 강조되는 건강한 삶의 현장이 되길 바라는 소망을 담은 이야기들이 널리 읽혀지길 바랍니다.

_김성희(삼성초등학교 교장)

여기 실천교육교사모임 이분들 큰일 낼 사람들이군요.

『교사독립선언』부터 이 책에 이르기까지 벌써 여러 권의 실천적 단행본이라니 점입가경입니다. 창조는 변방에서 시작되고 뿌리 깊은 나무는 바람에 아니 흔들리듯 학교 현장에 서 있는 이분들이야말로 교육개혁의 튼실한 뿌리임을 믿습니다. 이 책을 읽는 내내 '날것' 같지만 현장감 넘치고, 무질서하게 보이나 체계가 있으며, 무엇보다 현장 교사들의 교육개혁에 대한 생생한 고민과 실천의 의지를 엿볼 수 있어 평범한 현직교사로서 행복했습니다. 존경과 감사의 마음을 담아 뜨거운 박수를 보냅니다. _박근병(흑석초등학교 교사)

* * *

교육을 통해 희망을 찾고, 행복을 느끼길 꿈꾸면서 교사가 되었습니다. 하지만 현실에서는 교사, 학생, 학부모 모두가 힘들어하고 있다는 것을 알게 되었습니다. 수준 높은 교육이 잘 이뤄지는 나라에 관심을 가지고 그 비법에 기웃거렸습니다. 공통점은 긴 호흡으로 '교육개혁'을 했다는 것입니다. 2017년 6월 17일 실천교육포럼에 참여해 희망과 앞으로의 과제에 대해 고민할 수 있었습니다. 이 책에는 어쩌면 불가능할지도 모르지만, 생각만으로 끝날 수 있지만, 그럼에도 꼭 해야만 하는 이야기가 가득해 밑줄을 그으면서 읽었습니다. 교육에서 희망을 찾고 싶은 분들과 함께 읽고 이야기 나누면 좋겠습니다.

_나승빈(유촌초등학교 교사)

먼 길을 돌고 돌아 교사의 길을 걷게 된 사람입니다. 이 길이 쉬울 거라 생각하지 않았습니다. 편할 거라고도 생각하지 않았습니다. 그럼에도 이 길을 걸어오면서 문득문득 벽과 마주할 때가 있었습니다. 때때로 돌부리에 채이기도 하고, 가끔 어디에선가 날아온 돌멩이에 맞기도 했습니다. 그럴 때마다 생각했습니다. 외로운 섬처럼 바다 위에 홀로 떠있는 존재가 아니라 서로서로 어깨를 걸고 함께할 수 있으면 좋겠다고 말입니다. 돌부리에 채일 때, 돌멩이에 맞을 때 같이 막아서서 서로에게 힘이 되어주었으면 좋겠다고요. 이 책을 보면서 빛을 봅니다. 그 빛 속으로 손을 내밉니다. 그 빛을 아이들에게 나누어주고 싶습니다. 실천교육교사모임이 오래도록 함께하면 좋겠습니다.

_이의진(월계초등학교 교사)

* * *

아주 길고 지루한 여행이었다.

자포자기의 심정이었지만, 여행을 시작하고 즐거웠던 지난날에 대한 회상과 상념을 위안 삼아 하루하루를 보내곤 했다. 창밖으로 보이는 모습을 애써 외면하며 그저 이 여행이 빨리 끝나길 바랐을 뿐이다.

간혹 전해오는 비극적인 소식들은 안타까움으로 남아 가슴 속 깊이 묻혔을 뿐, 혼자의 힘으로 달리는 기관차를 멈춰 세운다는 것은 상상할 수 없었다. 그러던 어느 날 이 여행을 끝내고 싶어 하는 이가 많다는 것을 알게 되었고, 폭주하는 기관차를 반드시 세워야 한다는 절대 명분을 찾게 되었다.

결국 기차는 세워졌지만 기차가 세워진 역사는 매우 혼잡하고 혼란스러웠다. 많은 이들이 무리를 지어 다음 행선지를 논의하기 시작하였다. 하지만 논의를 이끌어가는 리더들은 일전의 길고 지루한 여행을 이끌었던 이가 대부분이었고, 그들이 제시하는 새로운 행선지 또한 쉽게 수긍하기는 어려웠다. 그들은 여전히 우리의 이야기에 귀 기울일 줄 몰랐고, 나팔수마냥 자신의 이야기를 거침없이 쏟아내고만 있었다.

우리에게는 우리의 이야기를 풀어낼 광장이 필요했다. 다시 시작될 여행을 조금 더 늦게 시작하더라도, 이제는 즐거운 여행을 하고 싶었다. 창밖을 보며 변화해가는 자연의 모습에 감동하고, 내 옆자리 동료의 일상에 관심을 가지며, 가끔은 열차 칸을 가득 메운 소란에 직접 참여하기도 하는, 그런 여행을 하고 싶었다. 그렇기에 더욱 광장이 필요했다.

2017년 6월 17일 서울시 청년허브에 전국 각지에서 200여 명의 교사가 모였다. 문재인 정부의 교육정책에 대한 바람을 담은 작은 광장을 만들기 위해서였다. 이 자리에서 논의된 다양한 의견들은 광화문 1번가를 통해 정부에 전달된 것으로 알고 있다. 하지만 새 정부가 교육이라는 여행에서 교사를 진정한 동반자로 생각하는지는 아직까지 불분명하다. 교육혁신이라는 여행의 종착역은 같을 수 있으나 그 여행의 과정과 내용은 다를 수 있다. 하나 교육당국이 교사를 혁신의 동반자로 생각한다면 교육정책 입안자와 집행자들은 교사의 목소리에 귀 기울여야 할 것이다.

이번에 발간된 『교사, 교육개혁을 말하다』에는 지난 포럼의 자료는 물론 선생님 개개인이 보내온 교육정책에 대한 바람이 담겨 있다. 이

책의 핵심은 바로 교사의 목소리라는 것이다. 한 권의 책을 발간하였다는 눈에 보이는 의미를 넘어, 더 높은 가치를 부여할 수 있는 점은 이 책이 또 다른 교사의 광장이라는 점 때문이다. 이번 발간을 계기로 실천교육교사모임이 꾸준히 교사들의 광장, 교육을 위한 광장을 만들어 나가길 바래본다. _**박성광(광주교육청 장학사)**

* * *

학교교육에서 교사들은 항상 개혁의 대상이었다. 이 때문에 교육과 관련된 이슈들에서 교사는 항상 소외되었다. 학교에서 아이들과 부대끼며 접하는 숱한 고민들과 나름의 해결방안에 대한 이야기들은 늘 효율과 결과지향에 묻혀버렸고, 혁신 역시 학교에서 삶을 살아가는 학생과 교사들의 이야기보다는 이상적인 개혁과 변화만을 강조하였다. 그래서 교사들 나름의 고민을 모으고 이야기하기 위해 실천교육교사모임을 시작했다.

이 고민의 일부는 새 정부의 수많은 개혁적 요구와 정책 속에서 회자되기도 하지만, 교사와 학생들이 학교라는 삶 속에서 느끼는 부조리와 답답함을 짚어내기에는 여전히 부족함이 많다. 물론 다양한 개혁적 시도를 정책과 제도로 구현하는 것은 교육공동체의 구성원으로서 해야 할, 몹시 중요한 일이다. 하지만 학교에서 살아가는 이들의 이야기를 듣지 않고 고려하지 않는 정책과 제도는 결국 또 다른 효율과 결과지향이 될 뿐이며, 여전히 교사와 학생을 대상화하는 처사에 불과하다.

그런 의미에서 이 책은 실천교육교사모임이 그동안 지나온 과정을 되새겨보고 앞으로 나아갈 방향성에 대한 고민을 담고 있다. 또한 학교에서 살아가는 이들의 이야기를 본격적으로 시작하겠다고 스스로에게 던지는 선언이다. 그래서 『교사, 교육개혁을 말하다』이다.

_문정표(산원초등학교 교사)

***

어느 날 내게 혁신이 찾아왔다. 그 혁신이 도대체 무엇인지 알고 싶어 여러 곳을 찾아다녔다. 학교 안에서는 좀처럼 만날 수 없었던 다양한 괴물들을 만날 수 있었다. 그 괴물들은 내가 무기력하게 버티고 있는 공간에 태연하게 자리 잡고 있었으며 답답한 교육현실에 우격다짐으로 어떻게든 살아보려 했던 나를 자극했다.

싸워야 할까, 타협해야 할까… 복잡한 교육의 알고리즘 앞에서 난 계속 서 있었다. 하지만 그들과의 만남에서 깨닫게 된 것은 우리는 저항함으로써 성장하고 발전한다는 사실이다.

그런 의미에서 그 괴물들이 모여살고 있는 실천교사모임의 『교사, 교육개혁을 말하다』는 분명 힘들고 괴롭지만 여전히 순응적인 교육현장의 불편한 현실을 날카롭게 지적하고 있다. 그리고 새로운 프레임에서 학교를 바라볼 수 있도록 우리를 성장시키고 발전시킬 수 있는 저항의 집결체임이 틀림없다. _최현주(구산초등학교 교사)

***

교육현장의 부조리와 불합리함은 교사들에게 교직에 대한 회의감과 소외감을 가져왔다. 교육에서의 교사 소외는 학생들의 행복한 성장에 치명적이며 교육 포기라는 극단적 현상으로 이어질 수 있다. 하지만 이 책은 우리에게 분명히 희망은 있다고 말하고 있다. 연대와 소통 그리고 교육개혁에 대한 뜨거운 실천의지를 지닌 교사들이 있기 때문이다. 교육에 대한 냉철한 분석과 학생들을 향한 끝없는 사랑이 책을 읽고 있는 내내 커다란 울림으로 다가왔다. 그래. 좌절하지 말자. 우리 학생들을 위하여 묵묵히 걸어가자. _윤태연(송탄고등학교 교사)

* * *

이 책이 교사로서 아이들에게만 집중하고 싶은 내 마음을 알아줘서 눈물이 났다. 새로 만나는 아이들과 교감해야 하는 3월부터 일 년 내내 서류 작업, 업무 처리로 기운이 소진될 때마다 화가 나고 슬펐다. 교사로서 능력을 발휘하며 신나게, 즐겁게 아이들을 만나고 싶다. 이 책을 읽고서 이렇게 교사의 목소리를 모으면 그 꿈이 실현되겠구나 싶어서 설렌다. 나는 교육개혁의 주체가 되고 싶다. 교육기본법 제14조 "학교교육에서 교원의 전문성은 존중되며" 이 말이 제대로 실현되는 교육개혁의 주체가! _서단(상일초등학교 교사)

* * *

교사들이 말하는 교육개혁의 핵심은 교육이 추구하는 본래의 역할에 충실하라는 요구이며, 교사들을 온전히 아이들 곁으로 돌려주어야 하다는 외침이다. 거대하고 유창하지는 않지만, 이 책에 담긴 주장들이 가슴 깊이 공감이 되는 이유는 그만큼 절실하고 시급한 의제들이기 때문이다. 바쁜 시간을 쪼개어 현장 교사들의 다양한 바람을 진솔하게 담아 준 선생님들의 노고에 존경과 감사의 마음을 전한다.

_이호재(명진초등학교 교사)

* * *

　교육함에 있어 비본질적인 것을 신경 쓰고 살아야만 하는 현 교직은 교사가 본연의 임무를 온전히 행할 수 없게 한다. 주어진 상황에 순응하며 시키는 대로 살다가는 교사 자신도 무너지고 교육도 전진하기 어렵게 된다. 이제 탈권위적 민주주의를 지향하는 새 정부와 힘을 합해 우리 교사들이 나서서 교육에 정의를 세울 때가 되었다. 이 책은 일선에서 아이들의 바른 성장을 위해 묵묵히 헌신하고 있는 수많은 교사들을 깨우고 연대하게 하여 교사가 교육개혁의 중심에 서도록 도와줄 것이다. **_안미영(율곡초등학교 교사)**

30시간 2학점 원격연수

종이교육과정에 던지는
정성식 선생님의 통쾌한 스트라이크!

[초등] 교육과정에
돌직구를 던져라

실제 학교 현장의 사례를 통해 변화에 대한 두려움은 줄이고 공감하며, 올바른 교육과정에 대한 이해를 바탕으로
학생과 교사 모두가 행복한 학교를 만들 수 있는 운영방법을 제시하고자 합니다.

<1부> 교육과정에 삶이 있는가?

1. 교육과정의 현실 들여다보기
2. 교시기 말하는 교육과정
3. 교사와 교육법
4. 교육과정과 교사의 삶
5. 학교교육과정의 현실
6. 교육과정과 교육평가
7. 학교교육과정의 법적 근거
8. 학교교육과정과 방과후학교(1)
9. 학교교육과정과 방과후학교(2)
10. 교육과정과 학교회계 이해하기
11. 학교회계를 읽어라

<2부> 교육과정에 삶을 담자

12. 학교교육과정의 관점을 전환하라
13. 교육공동체외 약속을 전하자
14. 교육과정워크숍의 의미와 방법
15. 교육과정워크숍의 실제, 교육을 이야기하라
16. 다니고 싶은 학교를 상상하라
17. 아이의 눈으로 쓰는 교육과정
18. 성취기준과 연결하라
19. 학부모와 함께하는 교육과정
20. 교육과정은 학교자치로 꽃핀다
21. 수업친구를 만들어라
22. 의미 있는 실천, 교사학습공동체
23. 교육과정이 깊어지는 독서모임
24. 공감을 기록하라
25. NEIS 교육과정 편선외 이해
26. NEIS로 교육과정 편성하기 실제(1)
27. NEIS로 교육과정 편성하기 실제(2)
28. 전주신동초, 교육과정 재구성의 시작
29. 전주신동초, 교육과정 재구성을 넘어 개발로
30. 살아있는 교육과정을 위하여

강의 정성식

現 실천교육교사모임 회장 / 전북교육청 농어촌교육 희망 찾기 TF 위원
교육과정, 수업 컨설팅 참여 / 각 시·도교육연수원 1정연수, 자격연수, 직무연수 다수 출강
저서 교육과정에 돌직구를 던져라(에듀니티,2014)

30시간 2학점 원격연수

책읽기 좋은 봄, 여름, 가을, 겨울
교과 정규수업시간에 책 읽는 선생님들의
독서교육 이야기

교사가 지치지 않는
독서교육

독서교육에 대한 전반적인 흐름을 이해할 수 있는 연수!
다양한 교과 수업 적용 사례, 학급과 동아리 독서교육 지도법, 교사공부모임에서 하는 독서, 가정에서
하는 자녀 독서교육 지도법까지 모두 다룹니다.

강의 **송승훈선생님**
http://wintertree91.blog.me

광동고등학교 국어교사
아이들의 삶을 읽어내며, 그 안에서 자신의 꿈을 만들어가는 '꿈꾸는 교사 송승훈'선생님은
아이들이 책으로 세상을 만나고, 저마다 꿈을 꾸는 교실을 만들기 위해
전국의 선생님들에게 실패하지 않는 독서교육 방법을 전하고 있습니다.